Michio Morishima
Warum Japan so erfolgreich ist

Zum 60.

von

Benno
&
Josy

Michio Morishima

Warum Japan so erfolgreich ist

Westliche Technologie und japanisches Ethos

Aus dem Englischen übersetzt von Manfred Vasold

Verlag C. H. Beck München

Der Übersetzung liegt folgende Ausgabe zugrunde:
Michio Morishima, Why has Japan 'succeeded'?
Western technology and the Japanese ethos

Lizenzausgabe mit freundlicher Genehmigung der
Cambridge University Press

Mit 10 Tabellen

CIP-Kurztitelaufnahme der Deutschen Bibliothek

Morishima, Michio:
Warum Japan so erfolgreich ist : westl. Technologie u. japan. Ethos / Michio Morishima. Aus d. Engl. übers. von Manfred Vasold. – München : Beck, 1985.
Einheitssacht.: Why has Japan succeeded? <dt.>
ISBN 3 406 30883 X

ISBN 3 406 30883 X

Umschlaggestaltung: Bruno Schachtner, Dachau
Umschlagbild: Kaufpassage in Tokio
Foto: Süddeutscher Verlag, München

Für die deutsche Ausgabe:

Satz und Druck: C. H. Beck'sche Buchdruckerei, Nördlingen
Printed in Germany

Inhalt

Vorwort

Das vorliegende Buch beschäftigt sich mit der Frage, warum Japan so erfolgreich ist. Da jedoch kaum ein Land ausschließlich erfolgreich sein kann, will ich im folgenden auch der Frage nachgehen, welche Mißerfolge Japan hinnehmen mußte und warum dies so war. In Beantwortung dieser Frage betrachte ich Japan nicht unter dem engen Blickwinkel der „Japanologie", sondern eher so, wie Max Weber den abendländischen Kapitalismus betrachtet hat.

Japan hat seit alter Zeit eine eigene Kultur, und das Ethos des japanischen Volkes hat sich über Jahrhunderte hinweg innerhalb dieses kulturellen Umfeldes gebildet. Natürlich verändert sich jede Kultur im Lauf der Zeit, und auch die materiellen Bedingungen, unter denen sie sich entwickelt, verändern sich, und somit auch die wirtschaftlichen Bedingungen. Aber auch das Gegenteil ist richtig: Wirtschaftsstrukturen und ökonomische Beziehungen werden wiederum ihrerseits vom nationalen Ethos und der Kultur eines Volkes stark beeinflußt. Oftmals sind die materiellen Bedingungen in Japan die gleichen wie im Westen – und dennoch ist das, was in Japan möglich ist, im Westen nicht möglich, und umgekehrt. Wie wir später sehen werden, herrscht in Japan ein überaus eigentümliches Ethos vor, und als Folge davon hat Japans Kapitalismus den typischen Wirtschaftsliberalismus niemals richtig übernommen. Dieses Buch stellt sich die Frage: Wie kam es, daß ein Land mit einer so ausgeprägt nichtabendländischen Einstellung eine solche Herrschaft über die im Westen erzeugten Fertigungstechniken erlangte? Natürlich könnte man auch die Volkswirtschaften verschiedener anderer Länder unter dieser Fragestellung untersuchen, so etwa die Chinas oder der Sowjetunion, die Indiens oder die der Länder im Mittleren Osten. Und der Wert solcher Arbeiten wäre gegenwärtig beträchtlich. Max Webers Studie über die Weltreligionen entstand auf der Grundlage einer solchen umfassenden Konzeption, und obschon seine Schlußfolgerungen im einzelnen verfehlt sein mögen, sollten doch Gelehrte zusammenarbeiten und Studien dieser Art vorantreiben.

Etwas so Anspruchsvolles wie eine komparative Theorie der Wirtschaftssysteme, die auf vergleichenden Religionsstudien fußt, übersteigt indessen meine Fähigkeiten bei weitem; das vorliegende Werk über Japan versteht sich nur als ein erster Beitrag innerhalb dieses weiten Forschungsfeldes. Einleitung und erstes Kapitel sind einführende Abschnitte, die das Problem in der Art Max Webers darzulegen versuchen. Sie sind für meine Schlußfolgerungen sehr wichtig; wer aber in erster Linie Informationen über das moderne Japan sucht, für den empfiehlt es sich, mit der Lektüre des zweiten Kapitels zu beginnen. Ich hoffe allerdings, daß diese Kapitel den Leser so stark einnehmen, daß er später Einleitung und erstes Kapitel nachliest.

Bisher habe ich in englischer Sprache nur über Themen der Wirtschaftsmathematik geschrieben, wo man so vieles mit mathematischen Formeln ausdrücken kann. Die Niederschrift dieses Buches wäre nicht möglich gewesen ohne die sprachliche Hilfe vieler Menschen. Frau Prue Hutton und Frau Luba Mumford (und mein Sohn Haruo) haben die englische Fassung des ersten Kapitels für mich korrigiert. Das zweite Kapitel habe ich vor nunmehr fast zehn Jahren geschrieben, um britischen Studenten, die sich auf Japan spezialisierten, Lehrmaterial in japanischer Sprache zur Verfügung zu stellen; Dr. Emi Watanabe hat es später ins Englische übertragen. Die folgenden Kapitel sowie die Einleitung und die Schlußfolgerung sind von mir in japanischer Sprache geschrieben worden, und Dr. Janet Hunter hat sie übersetzt. Diese Art „Fließbandarbeit" sparte mir viel Zeit und ermöglichte es mir, die Grenzen meines Englischen weit zu übersteigen und mir beim Schreiben mehr Freiheiten zu nehmen. Mit ihrer Übersetzung bewies Frau Hunter, welch hohen Rang die japanische Sprachwissenschaft in Großbritannien einnimmt. Da sie sich außerdem in der japanischen Geschichte hervorragend auskennt, machte sie mich auf Irrtümer meines Gedächtnisses aufmerksam und wies mich auf Fakten hin, die mir entfallen waren.

Ich möchte schließlich denen danken, die das gesamte Manuskript – oder auch nur Teile davon – gelesen haben und mir Ermutigung und Hinweise gaben: Professor Ralf Dahrendorf von der London School of Economics, Professor Roy Radner vom Bell Institute und Professor Masahiro Tatemoto von der Universität Osaka. Auch die Kommentare derer, die mich beim Abfassen des Manuskripts sachkundig berieten, waren mir von Nutzen. Diese Arbeit wurde 1978 am Internationalen Zentrum für Wirtschaftswissenschaften und ihrer Nachbardisziplinen an der London School of Economics geschrieben, und ich möchte bei dieser Gelegenheit Keizo Saji von der Firma Suntory Ltd. und Eiji Toyoda von der Toyota Motor Co. Ltd., die das Geld für die Errichtung dieses Zentrums zur Verfügung stellten, meine tiefe Dankbarkeit ausdrücken. Mein Dank geht auch an Dr. Yujiro Hayashi von der Toyota-Stiftung, der mir ständig eine große Hilfe war, als das Zentrum errichtet wurde. M. M.

Danksagung

Seit meiner Schulzeit im Gymnasium habe ich mich für Geschichte und Soziologie interessiert, aber meine Kenntnisse in diesen Fächern sind bescheiden, und sie sind nicht tief. Dieses Buch ist daher den Werken vieler Autoren verpflichtet, die jedoch nur dort namentlich erwähnt werden, wo der Verweis unumgänglich ist. Deshalb möchte in den folgenden Autoren an dieser Stelle summarisch meinen Dank sagen:

Ando Yoshio, Aoyama Hideo, Arisawa Hiromi, Banpa Masatomo, Cho Yukio, Hayashiya Tatusaburo, Hirschmeier Johannes, Hosoya Chihiro, Kaizuka Shigeki, Kanaya Osamu, Kawasaki Tsuneyuki, Kitayama Shigeo, Kobayashi Takashi, Matsumoto Seicho, Matsuhita Konosuke, Murakami Shigeyoshi, Nagahara Keiji, Nagazumi Yoko, Nakayama Shigeru, Naramoto Tatsuya, Nozawa Yutake, Oka Yoshitake, Okawa Kazushi, Otsuka Hisao, Sakamoto Taro, Sakudo Yotaro, Shinohara Miyoshei, Sugimoto Isao, Suzuki Ryoichi (dem Historiker), Tamura Encho, Tanaka Sogoro, Toyama Shigeki, Tsuda Sokichi, Wakamori Taro, Watanabe Shoko, Watsuji Tetsuro, Yamaguchi Kazuo, Yasumoto Biten, Yui Tsunehiko.

Einleitung

I.

Karl Marx vertrat die Auffassung, Weltanschauung und Ethik seien nichts weiter als Spiegelbilder der ihnen zugrundeliegenden materiellen Bedingungen, namentlich der wirtschaftlichen. Max Weber war da völlig anderer Ansicht. In seiner Schrift ,,Die protestantische Ethik und der Geist des Kapitalismus" vertritt er die Meinung, genau das Gegenteil sei der Fall: Die Ethik sei vorgegeben, und jede Wirtschaftsform, die mit dieser Ethik eines Volkes unvereinbar sei, werde sich bei diesem Volk nicht entwickeln, vielmehr werde zwangsläufig eine Wirtschaftsform entstehen, die sich mit seiner Ethik vereinbaren lasse. Von diesem Standpunkt aus hat Weber die wichtigsten Weltreligionen untersucht.[1]

Webers Schlußfolgerungen bezüglich des Konfuzianismus lassen sich folgendermaßen zusammenfassen: Der Konfuzianismus ist, ebenso wie der Puritanismus, rational. Der fundamentale Unterschied besteht darin, daß der rationale Puritanismus nach Beherrschung dieser Welt trachtet, während der rationale Konfuzianismus einen Versuch darstellt, sich, umgekehrt, auf rationale Weise der Welt anzupassen. Überdies, so folgert Weber, sei genau diese Geisteshaltung der Konfuzianer ein wichtiger Faktor dafür gewesen, daß es in China nicht zur Ausbildung des modernen Kapitalismus gekommen sei. Aber Weber bemerkt weiter: ,,Der Chinese würde, aller Voraussicht nach, ebenso fähig, vermutlich noch fähiger sein als der Japaner, sich den technisch und ökonomisch im neuzeitlichen Kulturgebiet zur Vollendung gelangten Kapitalismus anzueignen."[2] Hier ist der Hinweis angebracht, daß die Weltanschauung Japans, oder zumindest seine wichtigste Weltanschauung, gleichfalls auf dem Konfuzianismus beruht. Da Max Weber nur sehr wenige konkrete Aussagen über Japan gemacht hat, ist es keineswegs sicher – zumindest nicht aus seiner Arbeit ,,Konfuzianismus und Taoismus" –, ob er Japan überhaupt für ein konfuzianisches Land hielt.[3]

Darüber hinaus ist auch völlig unklar, ob Max Weber den ,,Kapitalismus" der Japaner für die gleiche Art von ,,modernem Kapitalismus" hielt, die mit der protestantischen Ethik in Einklang steht. Weber hat sich dazu nicht eindeutig geäußert. Dennoch sollte das obige Zitat genügen, weitere Forschungen anzuregen.

Ich hoffe, daß es mir in der vorliegenden Studie gelingen wird, deutlich zu machen, daß der japanische Konfuzianismus sich in vieler Hinsicht vom chinesischen Konfuzianismus grundsätzlich unterscheidet, wie auch der Taoismus, der zur gleichen Zeit wie der Konfuzianismus von China nach Japan gebracht wurde, dort beträchtliche Wandlungen durchmachte und schließlich im Gewand des japanischen Schintoismus auftrat. In Europa gaben die Protestanten der Bibel eine andere Auslegung und sagten sich daraufhin vom Katholizismus los. Diese Rebellen schufen sich sodann ein völlig neues Arbeitsethos, was Max Weber als den „Geist des modernen Kapitalismus" bezeichnete. Auch der japanische Konfuzianismus geht von den gleichen Texten aus wie der chinesische, brachte aber infolge einer anderen Sehweise und einer anderen Auslegung ein völlig verschiedenes nationales Ethos hervor.

In Europa sind die meisten Länder durch eine Landgrenze miteinander verbunden, und selbst Länder wie die britischen Inseln, vom europäischen Festland nur durch den Ärmelkanal getrennt, grenzen im Grunde noch an ihre Nachbarländer an; das gilt zumindest dann, wenn man die Entfernung zwischen Japan und der Halbinsel Korea mit ihnen vergleicht. Infolge dieser geographischen Bedingungen hatte sich der Katholizismus zunächst über ganz Westeuropa ausgebreitet, jede Loslösung von ihm machte einen Aufstand oder eine Revolution erforderlich. Anders hingegen auf den abgeschiedenen japanischen Inseln: Dort konnte sich der chinesische Konfuzianismus von Anfang an nicht in seiner ursprünglichen Form ausbreiten. Fast zwangsläufig übernahmen die Japaner die Lehren des Konfuzius auf ihre Weise und gaben ihnen mehr oder weniger unterschiedliche Auslegungen. Diese totale Veränderung eines Glaubenssystems vollzog sich schnell, und wahrscheinlich unbewußt, gleich auf den Schiffen, die von China oder Korea nach Japan fuhren, oder an den Küsten Japans. Betrachtet man die Dinge unter diesem Aspekt, dann wird deutlich, daß nicht nur eine unterschiedliche Auslegung der gleichen Heiligen Schrift bei verschiedenen Völkern ein unterschiedliches Ethos bewirkt – was wiederum zu unterschiedlichen wirtschaftlichen Bedingungen führt –, sondern daß dieser Sachverhalt im Osten ebenso Gültigkeit hat wie im Westen.

Wie lauten nun die Glaubenssätze des Konfuzius? Konfuzius zählt Menschenliebe *(jen)*, Gerechtigkeit *(i)*, Formgefühl *(li)*, Wissen *(chih)* und Treue *(hsin)* zu den wichtigsten Tugenden. Die Menschenliebe *(jen)*, glaubt er, sei die oberste Tugend, sie müsse der Menschheit am meisten am Herzen liegen. Konfuzius meint, daß das menschliche Herz von Natur aus gut sei, und er glaubt vor allem, daß die natürliche Zuneigung, die zwischen den Mitgliedern einer Familie besteht, der Grundstein auch der öffentlichen Moral sei. Nach seiner Auffassung bedeutete Sittlichkeit aber nicht nur, daß man die Fügungen oder die Gebote eines höheren Wesens befolgte; Sittlichkeit besteht vielmehr darin, daß man die Zuneigung, die innerhalb einer Familie herrscht, über die engen Grenzen dieser Familie hinaus ausdehnt und sie auch auf entfernte Verwandte, ja sogar auf völlig fremde Menschen überträgt. Erst dann hat die menschliche Natur ihre Vollkommenheit erreicht, erst dann kann die gesellschaftliche Ordnung geziemend aufrecht erhalten werden. Wer diese Art von vollkommener Liebe für sich in Anspruch nehmen kann, der ist – im Sinne des Konfuzius – ein ‚Mensch der Menschenliebe' oder ein ‚tugendhafter Mensch' *(jen-che)*. Ein solcher Mensch zu werden, glaubt Konfuzius, müsse das letzte und oberste Ziel einer jeden sittlichen Erziehung sein.

Daneben sind auch die Kindesliebe *(hsiao)* und die Pflichterfüllung von seiten des jüngeren Bruders gegenüber dem älteren *(t'i)* wichtige Tugenden des Konfuzianismus. Kindesliebe besteht darin, seine Eltern zu achten, gut für sie zu sorgen und ihre Wünsche zu respektieren. Der jüngere Bruder ist daher den Wünschen seiner älteren Brüder und den Alten gegenüber zum Gehorsam verpflichtet.

Eine wichtige Voraussetzung für die Menschenliebe ist die Harmonie *(ho)*. Harmonie bedeutet, daß die Menschen miteinander in Einklang stehen und sich das gute Einvernehmen mit der Gesellschaft bewahren. Aber in dem Begriff *ho* schwingt auch ein Element mit, das auf Zerstörung angelegt ist, denn letztendlich läuft *ho* darauf hinaus, daß ein Mensch dem anderen im Grunde blindlings folgt. So wurde zum Beispiel auch die Tapferkeit *(yung)* häufig als Voraussetzung dafür betrachtet, um in den Besitz der Menschenliebe zu gelangen, aber ein tapferer Mensch ist nicht unbedingt auch zugleich ein Mensch der Menschenliebe. Tapferkeit muß sich auch das richtige Ziel setzen. Konfuzius verachtete Menschen, die zwar tapfer waren, aber kein Empfinden besaßen für Menschlichkeit.

Treue *(chung)* und Glaubwürdigkeit *(hsin)* sind die beiden Tugenden, die man im Zusammenhang mit Aufrichtigkeit nennen muß. Treue bedeutet für Konfuzius, daß man dem eigenen Gewissen gegenüber aufrichtig ist, das heißt, daß das Herz weder Anmaßung noch Selbstsucht kennt. Glaubwürdigkeit bedeutet, daß man stets die Wahrheit sagt. Somit ist Glaubwürdigkeit der äußere Ausdruck der Treue: Während Treue eine Tugend ist, die sich auf die eigene Person bezieht, steht Glaubwürdigkeit in der Beziehung zu anderen Menschen. Wie es falsch wäre, ein Versprechen, eine Ungerechtigkeit zu begehen, auch einzuhalten, gerade so kann auch die Treue für sich allein nicht die reine Tugend sein: Treue kann man nur im Zusammenhang mit Gerechtigkeit ausüben oder mit Rechtschaffenheit *(i)*. Ähnlich sollte auch die oberste Tugend, die Menschenliebe *(jen)*, durch Gerechtigkeit gemildert und durch Wissen gestärkt werden – die reine, unversehens auftretende Menschenliebe allein genügt nicht. Konfuzius beschreibt einen wirklichen Herrn (einen (*chün-tzu,* also einen, der erfüllt ist von Tugend), mit folgenden Worten:

Für den vollkommenen Edelmann gibt es neun Überlegungen. Da ist der Wunsch, etwas, das er betrachtet, klar zu sehen; der Wunsch, jede Einzelheit zu vernehmen, wenn er jemandem zuhört; der Wunsch, eine ruhige Miene zu zeigen; der Wunsch, eine achtungsvolle Einstellung zu bewahren; der Wunsch, in dem, was man sagt, aufrichtig zu sein; der Wunsch, bei seiner Arbeit sorgfältig zu sein; die Bereitschaft, Dinge, die man bezweifelt, gründlicher zu erfahren; die Bereitschaft, an die Schwierigkeiten zu denken, die aus Verärgerung folgen; die Bereitschaft, moralische Überlegungen anzustellen, wenn sich einem die Möglichkeit eines Gewinns bietet (*Die Analekten des Konfuzius,* 16. Kap.).

Konfuzius war ein Befürworter des – wie er es nannte – Prinzips der tugendhaften Regierung. Darunter versteht er eine Form des Herrschens, die das moralische Empfinden des Volkes stärkt und dadurch der Ordnung in der Gesellschaft dient, weil das Maß an Tugend im Volk zunimmt. Er lehnt jedwede Vorstellung einer konstitutionellen Herrschaftsform scharf ab, und zwar mit der Begründung, die Prinzipien des Konstitutionalismus legten der Gesellschaft eine starre Rechtsordnung auf und bestrafe die Gesetzesbrecher, so daß die Menschen nach Wegen suchten, der Bestrafung zu entgehen – in einer solchermaßen entstandenen Gesellschaft besitze jedoch der einzelne kein Schamgefühl mehr. Aber selbst eine Gesellschaft, die von einer tugendhaften Regierung geführt werde, benötige noch etwas, das den Gesetzen einer konstitutionell verfaßten Gesellschaft gleiche. Konfuzius nennt dieses Etwas *li* oder Formgefühl, womit er die Verhaltensweisen meint, die aufgrund von Gewohnheit bestehen, aber weniger starr sind als Gesetze. Sein oberster Grundsatz lautet: „Führung durch Sittlichkeit, Herrschaft durch Formgefühl". Unter diesen Voraussetzungen, so glaubte er, „werden Menschen ein Gespür für Sittlichkeit entwickeln und richtig handeln". Ferner war er der Meinung, daß es vornehmlich den oberen Rängen der Gesellschaft obliege, gemäß den Vorschriften des Formgefühls zu handeln. Ein Herrscher müsse mit seinen Untergebenen so umgehen, wie es das Formgefühl verlangt, und ein Reicher müsse sich ebenfalls anständig und in Übereinstimmung mit dem Formgefühl verhalten.

Der Konfuzianismus, wie er in Japan verstanden und verbreitet wurde, war jedoch von ganz anderer Art, und allgemein wird die Auffassung vertreten, daß die Unterschiede zwischen dem japanischen und dem chinesischen Konfuzianismus im Lauf der Zeit immer größer geworden seien. Dies wird u. a. deutlich, wenn man sich die kaiserliche Verfügung anschaut, die der Kaiser 1882 an die Mitglieder der japanischen Streitkräfte richtete. Diese Verfügung war zwar von der konfuzianischen Lehre geprägt, sie enthielt aber keineswegs einen Verhaltenskodex, der sich nur an eine scharf abgegrenzte gesellschaftliche Gruppe wandte. Nach der Meiji-Revolution (1867/68) und der Errichtung der Meiji-Herrschaft, war die traditionelle Ständegesellschaft aufgelöst worden, und der Kriegerstand hatte seine Vorrechte eingebüßt; dafür gab es nun die allgemeine Wehrpflicht. Dem Volk als Ganzem fiel die Pflicht der Landesverteidigung zu, jeder Japaner war potentiell ein Soldat.

Die ,,Kaiserliche Verfügung an Soldaten und Matrosen“ basierte auf eben diesen Überlegungen, und sie war zugleich eine kaiserliche Verlautbarung an die ganze Nation; jeder einzelne im Volk war aufgerufen, sich daran zu halten.

Dieses Dokument hob fünf der konfuzianischen Tugenden besonders hervor: Treue, Formgefühl, Tapferkeit, Glaubwürdigkeit und Bescheidenheit; während die Menschenliebe, die in China oberste Tugend war, hier keine besondere Aufmerksamkeit fand. Man könnte diesen Umstand als eine Selbstverständlichkeit ansehen, weil die Verfügung sich ja speziell an die Mitglieder der Streitkräfte beziehungsweise an das ganze Volk in seiner Eigenschaft als potentielle Soldaten wandte; doch wenn wir den Inhalt dieser Verlautbarung des Kaisers vergleichen mit dem, was in China unter Chiang Kai-shek oder im alten Korea als das Wesen des soldatischen oder kriegerischen Geistes galt, dann werden gewisse Eigentümlichkeiten des japanischen Konfuzianismus deutlich. In Chiang Kai-sheks Armee galten Weisheit, Glaubwürdigkeit, Menschenliebe, Tapferkeit und Disziplin als oberste Tugenden eines soldatischen Geistes; die Eigenschaften, die von der alten koreanischen Silla-Dynastie von einem Soldaten verlangt wurden, waren, gemäß dem *hwa-rang do* (die ‚Art des vollkommenen Soldaten‘ – das koreanische Gegenstück zum japanischen *bushido*), Treue, Kindesliebe, Glaubwürdigkeit, Menschenliebe und Tapferkeit.[4] Nur die Tugenden Glaubwürdigkeit und Tapferkeit werden in allen drei Ländern geschätzt. China und Korea betonen die Menschenliebe, die im Falle Japans eine untergeordnete Rolle spielt. Treue ist die Tugend Japans und Koreas, aber sie erscheint nicht auf der chinesischen Liste der Tugenden.

Daß Menschenliebe auf diese Weise übergangen und Treue hervorgehoben wird, müssen wir als Eigentümlichkeit des japanischen Konfuzianismus ansehen. In Japan wurde der Menschenliebe nicht einmal in Shotoku Taishis Kodex aus dem Jahr 604 n. Chr., der unter dem starken Einfluß des Konfuzianismus geschrieben wurde, eine besondere Bedeutung beigemessen. Dennoch wäre es unzutreffend zu sagen, daß die Tugend Menschenliebe in der Geschichte des japanischen Konfuzianismus stets völlig unbeachtet blieb. Allerdings stammt die vergleichsweise Geringschätzung der Menschenliebe nicht erst aus der Meiji-Zeit; sie reicht sehr weit zurück. In Japan galt seit jeher die Treue mehr als die Menschenliebe, und je mehr Japan in die Neuzeit kam, desto mehr traf dies zu.

Überdies bedeutet Treue (chin. *chung*, jap. *chu*) in China und Japan nicht das gleiche. In China bedeutete Treue, wie gesagt, seinem eigenen Gewissen treu zu sein. In Japan wurde Treue zwar auch in diesem Sinn verstanden, aber normalerweise war Treue gleichbedeutend mit Hingabe, d. h. gegenüber dem Herrn bis hin zur Selbstaufgabe. Infolgedessen interpretierten die Chinesen die Worte des Konfuzius – ,,Handle mit Treue im Dienste deines Herrn" – folgendermaßen: ,,Gefolgsleute müssen ihrem Herrn mit Lauterkeit dienen, die aber nicht in Widerspruch mit ihrem Gewissen gerät"; wohingegen die Japaner die gleichen Worte ganz anders deuteten: ,,Gefolgsleute müssen ihrem Herrn ihr ganzes Leben opfern." Mithin war Treue in Japan ein Konzept, das, zusammen mit Kindesliebe und der Pflichterfüllung gegenüber den Älteren, eine Trias von Werten bildete, welche innerhalb der Gesellschaft die Beziehungen zwischen oben und unten regelte und auf Autorität, Blutsbande und Alter beruhte. In Japan gab es – anders als in China – keine Frage, daß Treue und Glaubwürdigkeit die beiden Seiten ein und derselben Medaille darstellten.

Diese Vorstellung von Treue trat seit der Tokugawa-Zeit immer deutlicher hervor und war in ihren letzten Jahren besonders stark spürbar, da sie sich im ganzen japanischen Volk ausbreitete. Sie war keineswegs neueren Ursprungs. Bereits in der Zeit des *Manyoshu* (eine Gedichts-Anthologie, die in der zweiten Hälfte des siebten Jahrhunderts zusammengestellt wurde) sprachen Gedichte von der Treue gegenüber dem Kaiser. 749 schrieb Otomo no Yakamochi:

Im Meer sei mein Körper vom Wasser durchnäßt,
An Land sei er von Gras überwachsen,
Laßt mich sterben an der Seite meines Herrschers!
Niemals werde ich Bedauern empfinden.

Und es war im Jahr 753, als Imamatsuribe no Yosofu, ein Grenzwächter, die Zeilen schrieb:

Von heute an will ich nicht
Umkehren mich nach zuhause –
Ich, der ich mich aufgemacht habe, zu dienen
Als Seiner Majestät bescheidenes Schild.[5]

Treue in dieser Bedeutung des Wortes, nämlich einem Herrn zu dienen, mochte oftmals in Widerstreit geraten mit Treue im Sinne von: seinem Gewissen treu sein. In Japan war dies jedoch kein grundlegender Widerspruch. Geradeso wie Wehrdienstverweigerung in Japan bis 1945 nicht gestattet war (und seither hat die japanische Verfassung nominell das Bestehen einer Streitmacht, die diesen Namen trägt, untersagt), so zählte in Japan in früheren Zeiten der Befehl Herrn weitaus mehr als das Gewissen des einzelnen. Individualismus gab es nicht und gibt es bis in die Gegenwart hinein nicht, und infolgedessen hat sich niemand ernsthaft für den Liberalismus stark gemacht. Die Japaner waren verpflichtet, ihren Herrschern zu gehorchen, ihren Eltern zu dienen, die Älteren zu ehren und in Übereinstimmung mit den gesellschaftlichen Mehrheiten zu handeln. Da blieb wenig Raum, sich mit Gewissensproblemen auseinanderzusetzen.

Ein solches Verständnis von Treue konnte natürlich auch mit den Idealen der Kindesliebe (jap. *ko*)[6] und der Harmonie *(wa)* (den chinesischen Tugenden *hsiao* und *ho*) in Widerstreit geraten, wenn beispielsweise Befehle eines Herrschers den Wünschen der Eltern oder der in der Gesellschaft mehrheitlich gehegten Meinung entgegenstanden. Wir werden später noch darauf zu sprechen kommen,[7] wie Japans erster großer politischer Denker, Shotoku Taishi (573–621), dem Kaiser verbot, die Diktatur auszuüben, um zu verhindern, daß dessen Befehle in Widerstreit mit der Meinung der Mehrheit in der Gesellschaft gerieten. Gleichwohl konnten Befehle des Kaisers immer noch den Wünschen der Eltern zuwiderlaufen. Taira Shigemori (1138–1179) geriet in eine solche paradoxe Situation, und er klagte darüber mit den Worten: „Wenn ich meine Treue unter Beweis stelle, muß es aussehen, als besäße ich keine Kindesliebe; wenn ich versuche, Kindesliebe zu zeigen, kann ich nicht treu sein." Aber lange nach Shigemori hätten die Japaner wahrscheinlich der Treue den Vorzug gegeben, nicht der Kindesliebe. Dies war sogar dann der Fall, wenn der Befehl des Kaisers möglicherweise im Widerspruch stand zu den Empfindungen der Mehrheit. Wenn der Kaiser einen Befehl erteilte, der unvernünftig und tyrannisch war, dann überwand der treue Gefolgsmann seine Bedenken und leistete Gehorsam. Die Japaner machen einem Menschen mit einem schwächlichen Gewissen keinen Vorwurf, und wenn er in die jämmerliche Lage gerät, seinem eigenen Gewissen nicht gehorchen zu können, findet er ihr Mitgefühl. Während im chinesischen Konfuzianismus Menschenliebe von zentraler Bedeutung ist, ist es im japanischen Konfuzianismus die Treue. In den folgenden Kapiteln wird sich der Begriff Konfuzianismus normalerweise auf dessen japanische Spielart beziehen.

II.

Die ersten Überlieferungen der japanischen Geschichte reichen zurück bis ungefähr ins vierte Jahrhundert. Das heißt, daß die historisch erforschte Zeit vor etwa 1650 Jahren ihren Anfang nahm, dreihundert Jahre bevor Shotoku Taishi im Jahr 604 seinen Kodex herausgab. Die kaiserliche Familie war während dieses Zeitraums stets die Herrscherfamilie, aber der Kaiser war nur während eines Drittels dieser Epoche faktisch wie auch dem Namen nach der Herrscher. In der übrigen Zeit lag die wirkliche Herrschaft in den Händen von Regenten (*sessho* oder *shikken*), obersten Beratern *(kampaku)*, abgedankten Kaisern *(hoo)*, Shoguns (Militärbefehlshaber) und anderen, und der Kaiser war nichts weiter als ein Aushängeschild. Zeitweise gab es Premierminister *(Dajo Daijin)*, die anstelle abgedankter Kaiser regierten, oder Regenten, die die Stelle des Shoguns einnahmen, so daß dann selbst die Kaiser im Ruhestand oder die Shoguns lediglich Aushängeschilder waren. Doch selbst in jenen Zeiten fiel es dem Kaiser zu, den Hauptberater, den abgedankten Kaiser, Shogun oder wen auch immer zu ernennen, so daß er dem Namen nach der oberste Herrscher Japans blieb, und er besaß weiterhin seinen eigenen Verwaltungsapparat, das heißt den kaiserlichen Hof. Zwei Drittel der historischen Zeit Japans waren also Jahre der Doppel- oder zeitweise sogar der Dreierherrschaft. Sieht man vom Altertum und den Jahren seit der Meiji-Revolution ab, dann waren es nur einige wenige Jahre, in denen es – mit Unterbrechungen – eine einzige Regierung gab, die unmittelbar der kaiserlichen Herrschaft unterstand. Überdies lag in mehr als zwei Drittel dieser Zeit der Doppelherrschaft die wirkliche politische Macht in den Händen der Shoguns oder der Premierminister oder der obersten Berater, die hinter sich die Macht des Militärs hatten. Unter chinesischem Einfluß baute sich Japans kaiserliche Regierung sehr früh einen Verwaltungsapparat auf, und auch die zweite japanische Regierung, das Militär, wurde in ihren letzten Jahren zunehmend bürokratisiert; aber es entstand in Japan keine Tradition, wonach die Zivilgewalt die Streitkräfte kontrollierte.

Im Gegensatz dazu hatte China immer ein rein ziviles Verwaltungssystem. China war, wenn man es an den Kommunikationsmitteln der vormodernen Zeit mißt, so riesengroß, daß die Kontrolle durch eine einzige Zentralregierung sehr schwierig war; trotzdem unterstand das ganze Staatsgebiet (es war zu verschiedenen Zeiten unterschiedlich groß) während eines Großteils seiner Geschichte der Regierung eines einzigen kaiserlichen Herrschaftsträgers. Natürlich gab es auch in China wirre Zeiten, und auch Epochen, in denen mehrere Dynastien das Territorium unter sich aufgeteilt hatten und nebeneinander regierten. Zu Lebzeiten des Konfuzius (551–479 v. Chr.) war dies der Fall. Es war die Zeit, als die Dynastie der Chou ihre Autorität verloren hatte und mehrere kleine Feudalstaaten miteinander in Widerstreit lagen. Die Dynastie der Chou war nur eine von ihnen. Nach den Chou vereinigte der erste Kaiser der Ch'in-Dynastie das ganze Territorium unter seiner Herrschaft und errichtete ein großes Reich; die letzte kaiserliche Dynastie, die Ch'ing, werden erst etwa 2100 Jahre später gestürzt. Während dieses Zeitraums wurde das Land etwa 500 Jahre lang unter verschiedenen räumlich umgrenzten Dynastien aufgeteilt, in den restlichen 1600 Jahren war es unter der Herrschaft mehrerer gesamtchinesischer Dynastien vereinigt. Einige dieser Dynastien, beispielsweise die Han, die T'ang, die Ming und die Ch'ing, regierten mehr als 200 Jahre lang; andere waren kurzlebig, währten nur 30 oder 40 Jahre. Daher mußte der erste Gedanke einer jeden Dynastie der Verlängerung ihres Lebens gelten; der zivile Verwaltungsapparat wurde von fast allen geeinten Dynastien übernommen, gleichgültig wie ansonsten die Lage war.

Die größte Leistung des Konfuzius besteht vermutlich darin, daß er einer größeren Anzahl von Menschen den Zugang zu Kultur und Bildung öffnete, zuvor ausschließlich die Domäne des Adels. Die Schüler des Konfuzius zerstreuten sich nach seinem Tode, aber einige von ihnen traten in den Dienst der Feudalstaaten und gingen als Verwaltungsleute in die Politik. Da Konfuzius persönlich das Prinzip der tugendhaften Regierung gefordert und sich einer konstitutionell verfaßten Regierung widersetzt hatte, wendeten seine Jünger nicht einfach Gesetze an oder übten Verwaltung aus; sie waren entweder Politiker oder aber politische Berater, die ihren Herrschern ihre eigenen politischen Ideen nahelegten. Sie traten auch gegenüber der folgenden Generation als Lehrer auf. Daher erschienen in der

Zeit nach Konfuzius' Tod feudale Duodezstaaten, regiert von Beamten, die in den Grundsätzen des Konfuzianismus geschult waren, und die große Mehrzahl der geeinten Dynastien ahmte später diese Staaten nach.

Die Ch'in-Dynastie (246–207 v. Chr.), die erste geeinte Dynastie nach Konfuzius, widersetzte sich allerdings seiner Lehre und verließ die Grundsätze der tugendhaften Herrschaft. Der erste Kaiser dieser Dynastie verbot den Besitz konfuzianischer und anderer gelehrter Bücher, er ließ alle derartigen Schriften verbrennen und etliche Konfuzianer niedermetzeln. Sodann verfaßte er eine Reihe von Verlautbarungen und Befehlen, gründete eine rein konstitutionelle Herrschaft und regierte schließlich als absolutistischer, despotischer Monarch, welcher sich auf einen zentralistischen Verwaltungsapparat stützte. Der erste Kaiser widmete sich solchen Vorhaben wie dem Bau der mehrere tausend Kilometer langen Chinesischen Mauer, und er errichtete auch da und dort im Land riesige Kaiserpaläste. Er führte auch häufig Feldzüge außerhalb der chinesischen Grenzen durch. Als Folge davon brachen nach seinem Tod überall im Lande unter der schrecklich ausgebeuteten Bauernschaft Aufstände aus, und das große Reich, von dem er gehofft hatte, er habe in ihm die rechtlichen und militärischen Grundlagen gelegt, so daß es ein mächtiges Land werde, war letzten Endes sehr kurzlebig: es brach binnen kürzester Zeit zusammen.

Die Han-Dynastie, welche den Ch'in folgte (die frühen Han dauerten von 206 vor bis 9 n. Chr., die spätere Han-Dynastie von 25–220 n. Chr.), lernte ganz selbstverständlich aus den Fehlern ihrer Vorgänger. Die Han belebten den Konfuzianismus aufs neue, und, mehr noch, sie machten ihn sogar zur amtlichen Staatsauffassung. Die Intellektualität des Konfuzianismus fand Respekt; die Regierung erleichterte den Zugang zu ihren Ämtern, so daß auch Mitglieder der Intelligenz Aufnahme fanden. Wer nur reich oder nur mit der Dynastie verwandt war, für den wurde der Eintritt allerdings nun schwieriger. Gleichzeitig übernahmen die Han aber auch das, was sie als die Stärken der Ch'in ansahen. Das Land erhielt ein Gesetzbuch und einen neuen Verwaltungsapparat. Außerdem schickte die Zentralregierung ihre Statthalter in die Provinzen. Unter den alten Dynastien, vor den Ch'in, waren die Provinzen den Verwandten der kaiserlichen Familie übertragen worden; die Bande des kaiserlichen Blutes hielt die Reichsmitte und die Provinzen zusammen. Die Ch'in schafften diese Art chinesischen Feudalsystems ab und errichteten ein auf „Präfekturen" bestehendes Herrschaftssystem, in dem die Zentralregierung die Präfekten ernannte. Zuerst wiesen die Han diese Aufgaben den Mitgliedern ihrer Familie zu, aber diese den Provinzen zugeteilten Anverwandten der kaiserlichen Familie mußten in der Hauptstadt leben. Ihre Rechte in den Provinzen standen allmählich nur noch auf dem Papier; damit trat das Präfektursystem in Kraft.

Die Regierung nahm nun begabte Personen jedes Standes auf, denn jedermann konnte, wenn er genügend konfuzianische Bildung besaß, nicht nur gewöhnlicher Beamter werden, sondern sogar Leitender Minister oder Vorsteher einer Präfektur. Darüber hinaus standen auch der Armee zivile Beamte vor, die auf diese Weise rekrutiert wurden. Schritt für Schritt entstand im ganzen Land ein Prüfungssystem, das den Eintritt in die Verwaltung regelte. Dieses System wurde in der ersten Hälfte der T'ang-Dynastie (618–907) mehr oder weniger vollständig entwickelt: Die Zentralregierung ließ jedes Jahr Schulabgänger aus der Hauptstadt und den Provinzen sowie Menschen aus allen Teilen des Landes, die ihr empfohlen worden waren, zusammenrufen und Prüfungen ablegen. Wer die Prüfung bestand, wurde von der Verwaltung eingestellt. Die Kinder des Adels waren bei diesen Prüfungen im Vorteil, denn geprüft wurde unter anderem die Kenntnis der konfuzianischen Klassiker, die literarische Ausdrucksfähigkeit, die Beherrschung der Kalligraphie und das logische Denkvermögen. Dennoch hatten auch Söhne mittlerer und kleiner Grundbesitzer und anderer Angehöriger der Unterschichten Aussichten auf Erfolg. Im Grunde war das Chinesische Kaiserreich – mit seinen Gesetzen und seiner auf dem Konfuzianismus beruhenden Politik, seinem Präfektursystem, seinen durch Examina ausgewählten Bürokraten und seiner Zivilherrschaft über die Armee – bereits gegen Ende des sechsten Jahrhunderts ziemlich vollständig ausgebildet. Das war die Situation, als Japan mit China zum erstenmal in Berührung kam.

Die Gewalten, die eine solche Dynastie zu Fall bringen konnten, waren die Bauernschaft, die Eunuchen und die Völkerschaften, die an der Nordgrenze Chinas hausten. Manchmal war es nur eine dieser Kräfte, durch die eine Dynastie gestürzt wurde, nicht selten aber spielten zwei oder sogar alle drei beim Sturz einer Regierung zusammen.

Die Vernichtung einer Dynastie folgte häufig einem typischen Verlaufsmuster: Wenn der Kaiser beispielsweise, aus dem einen oder anderen Grund, ziemlich jung starb (die chinesischen Kaiser neigten dazu, einen ausschweifenden Lebensstil zu pflegen, und viele von ihnen starben daher frühzeitig), kam, da es in China nicht mehr Brauch war, daß dem Verstorbenen sein Bruder auf den Thron folgte, ein Kronprinz des verstorbenen Kaisers auf den Thron, selbst wenn er noch – was vorkam – in den Windeln lag. Die tatsächliche politische Macht ging dann in die Hände der Kaiserin (der Kaiserinwitwe) über beziehungsweise an deren Eltern oder Brüder. Gelang es der Kaiserin, die Fäden der Verwaltung in der Hand zu behalten, war die Mitsprache der Eunuchen bei der Führung der Amtsgeschäfte oft außerordentlich groß. (Neben der einen offiziellen Kaiserin hatten die chinesischen Kaiser oft mehr als hundert Kebsweiber, die in einer sorgfältig abgestimmten Ordnung rangierten; dazu kamen Tausende von Hofdamen. Die Angelegenheiten innerhalb des Hofes wurden von den Eunuchen wahrgenommen, die nach Tausenden zählten. Zeitweise waren es mehr als zehntausend.) Waren es die Eltern der Kaiserinwitwe, die die Macht übernahmen, benützten die Eunuchen ihre Machtstellung dazu, diesen elterlichen Einfluß auszuschalten. Waren die Eunuchen die eigentlichen Herrscher, ging ohne ihre Zustimmung nichts, und um diese zu bekommen, war unweigerlich Bestechung im Spiel: Die Beamten preßten den Bauern hohe Steuern ab, um damit die Eunuchen zu bestechen. Als Folge davon brachen Bauernaufstände und Unruhen aus, und die dann folgenden Wirren wurden von den nichtchinesischen Völkerschaften genutzt, um die Große Mauer zu übersteigen und Vorstöße ins Landesinnere zu versuchen. Um diese eingedrungenen Feinde zurückzuwerfen, sandte man die Armee aus, was wiederum zur Erhebung weiterer drückender Steuern führte, denn die Kosten des Feldzuges mußten gedeckt werden. Also wurde die Bauernschaft stärker mit Steuern belastet. In einem Agrarland wie China aber bröckelt die Macht der Nation sofort ab, wenn die Herrschenden die Unterstützung der Bauern verlieren, und der Sturz der Dynastie wird dann unvermeidlich.[9]

Alle Dynastien stürzten infolge einer Kette ähnlicher Ereignisse, freilich mit gewissen Abwandlungen. Ob eine Dynastie imstande war, sich an der Macht zu halten, hing ganz und gar von ihrer Landwirtschaftspolitik ab, aber kaum eine Regierung fand eine wirklich weise Lösung.

Im alten China hatte es eine Form der Landaufteilung gegeben, die man als *ching-tien* (Brunnenfeldsystem) bezeichnete. Jedes Stück Land von einer bestimmten Größe wurde in neun gleiche Teile zerlegt. Diese Parzellen wurden sodann acht Familien übertragen, der in der Mitte gelegene Teil (die Untergliederung des gesamten Stück Lands erfolgte in drei „horizontale" und drei „vertikale" Reihen) wurde von den acht Familien gemeinsam bestellt, sein Ertrag ging als Steuer an die Regierung.[10] Diese Aufteilung scheint überall im Land vorgenommen worden zu sein. Sowohl die Dynastie der Sui als auch die der T'ang hatte vorgehabt, dieses System der Verteilung von Grund und Boden landesweit durchzuführen, jedoch wurden diese Pläne im achten Jahrhundert von der T'ang-Dynastie aufgegeben. Diese unzulängliche Landwirtschaftspolitik führte schließlich zu Unruhen in der Bauernschaft und trug letzten Endes zum Sturz der Dynastie bei. Da die konfuzianischen Gelehrten, die *literati*, sofort wieder alle Regierungsämter besetzten, sobald die neue Dynastie auf dem Thron saß, ging die Herrschaft erneut in die Hände dieser Bürokraten-Gelehrten über, und die Bauern wurden wie zuvor vernachlässigt und ausgebeutet. Der Kaiser gab sich wiederum seinen Ausschweifungen hin, die verzweifelten Bauern erhoben sich aufs neue, und schließlich brach auch diese Dynastie zusammen.

Vergleichen wir die politische Struktur Japans mit der dynastischen Herrschaftsform Chinas, so finden sich viele Ähnlichkeiten, aber auch ebensoviele Unterschiede. Japan war stets ein Land mit *einer* Kaiserdynastie, das heißt, die kaiserliche Familie regierte dort ununterbrochen. Von 1192 bis 1867 jedoch wurde der Staat – ein paar Jahre ausgenommen – von einer Doppelregierung beherrscht: Die Regierung des Kaisers (der Hof) und die Regierung des Shoguns (das Bakufu) bestanden nebeneinander. Der Hof stützte sich auf eine Zivilverwaltung, die Beamten unterstand; das Bakufu unterstand einer Militärverwaltung, wurde also von Soldaten beherrscht. Da der Hof lange Zeit vor dem Bakufu entstanden war (im späten sechsten bis Mitte des siebten Jahrhunderts) und er sich China als Vorbild genommen hatte, besaß er ein Gesetzbuch *(ritsuryo)* und bürgerliche Beamte; das Bakufu der Tokugawa-Zeit hingegen (1603–1867), welches von allen Bakufu-Verwaltungen die bestorganisierte Militärregierung war, wurde von einer Militärbürokratie beherrscht, deren Amtsstellen erblich waren.

Weder die kaiserliche Familie Japans noch die des Shoguns hatten jemals einen so großen Harem besessen wie der chinesische Kaiserhof, und im Vergleich mit den chinesischen Dynastien führten diese beiden Familien ein tadellos bescheidenes Leben. Es gab auch keine Eunuchen. Die Religion der kaiserlichen Familie war der Schintoismus, doch die Weltanschauung der kaiserlichen Verwaltungsbeamten, wie auch die des Tokugawa-Bakufu, beruhte auf dem Konfuzianismus. Wenn man das Japan der Tokugawa-Zeit mit China vergleicht, muß man einfach zu dem Schluß kommen, daß China ein ziviles konfuzianisches Land war, Japan hingegen ein militärisches. Der chinesische Konfuzianismus, der Menschenliebe als die wichtigste Tugend schätzte, paßte gut zu den Herrschaftsmechanismen, wie sie in China bestanden. Der japanische Konfuzianismus, demzufolge

Treue – und das hieß: seinem Herrn sein ganzes Leben zu opfern – die zentrale Tugend war, stand in Einklang mit der japanischen Militärherrschaft. Beide Länder hatten also ein Herrschaftssystem entwickelt, das zu ihrer Weltanschauung paßte.

Die Krieger der Tokugawa-Zeit versöhnten ihre moralische Verpflichtung (Treue gegenüber dem Kaiser) und das faktische Bestehen einer Doppelherrschaft nach folgender Logik miteinander: Jeder Mensch sei gleichsam in ein Treueverhältnis hineingeboren. Der einfache Krieger und das Volk schuldeten ihrem *daimyo* Treue, ihrem unmittelbaren Herrn; jeder *daimyo* war dem Shogun zur Treue verpflichtet, der seinerseits dem Kaiser Treue schuldete. Nach dieser gestaffelten Treueverpflichtung schuldete das ganze Volk dem Kaiser Treue, und zwar entweder mittel- oder unmittelbar. Solange dieses System bestand, führten weder die Doppelherrschaft noch das Feudalsystem zu irgendwelchen Widersprüchen im Verhalten, und jedermann mußte nur seiner eigenen Treueverpflichtung gegenüber der Person nachkommen, die in der Rangordnung unmittelbar über ihm stand.

Es kam jedoch vor, daß ein *daimyo* seiner Treupflicht gegenüber dem Shogun nicht nachkam oder daß ein Shogun dem Kaiser keine Beachtung schenkte, so daß sich die Menschen zu fragen begannen, welchen Sinn Treue hatte, die doch dem japanischen Konfuzianismus so wichtig war, und wem nun ihre Treue zukam. Wenn sie zu der Folgerung gelangten, daß ihre Treue dem Kaiser zukam, dann erschallten Rufe wie: „Ehrfurcht vor dem Kaiser" *(sonno)* oder „Nieder mit dem Bakufu" *(tobaku)*, und das Bakufu befand sich politisch-ideologisch in einer schwierigen Lage. In den späten Jahren der Tokugawa-Zeit, als Japan unter dem mächtigen Druck der westlichen Länder seine Häfen öffnen sollte, wußte das Bakufu nicht, wie es die Krise meistern könnte. Bei mancherlei Anlässen ließ es den Kaiser (den Hof) außer acht und schob bei anderer Gelegenheit dem Hof für irgendwelche Unzulänglichkeiten die Verantwortung zu. Infolge dieser Handlungsweise dämmerte es dem Volk allmählich, daß das Bakufu nicht in Übereinstimmung mit der Weltanschauung Japans handelte.

Der chinesische Konfuzianismus ist überwiegend humanistisch, wohingegen der japanische Konfuzianismus hochgradig nationalistisch ist. Dieser Unterschied könnte sehr wohl ein Ausdruck des Minderwertigkeitskomplexes sein, der sich in Japan entwickelte als Reaktion auf die chinesische Vorstellung, das „Reich der Mitte" zu sein, das Zentrum der Welt, wo die Kultur wie eine herrliche Blume in schönster Pracht erblühte.

Japan war beständig in einer Lage, wo es sich von einem starken Großreich unter Druck gesetzt fühlte, und vielleicht versteifte es sich als Folge davon allzusehr auf seine Verteidigung. Instinktiv spürten die Japaner, daß sie, wollten sie weiterhin in dieser Ecke Ostasiens leben, sowohl anspruchslos als auch tapfer sein müßten. Da die kulturelle Kluft zwischen China und Japan wahrscheinlich im fünften und sechsten Jahrhundert am größten war, als Japan erstmals die Existenz Chinas gewahrte und selber noch in ziemlicher Barbarei verharrte, entwickelte sich ein defensiver Nationalismus, der bloß ein Ziel kannte: zu überleben; er wurde zum wichtigsten Merkmal des japanischen Konfuzianismus, und zwar schon sehr früh. Als Japan dann im sechzehnten Jahrhundert zum erstenmal mit westlichen Ländern in Berührung kam, wurde es sich erneut des Kulturgefälles bewußt, das zwischen ihm und anderen Ländern bestand.

Dieses Gefühl der Minderwertigkeit bewegte das Bakufu der Tokugawa schließlich dazu, eine Politik der Abschottung einzuleiten. Gegen Ende der Tokugawa-Zeit, als sich zeigte, daß die Isolation fortan unmöglich war, kam es zu einer Welle des Nationalismus. Das japanische Volk machte eine totale Kehrtwendung und verwandte alle seine Energien darauf, westliche Technologie zu übernehmen. Während in der chinesischen Verwaltung Männer saßen, die ihre chinesischen Klassiker kannten, und deren größtes Talent in der Dichtkunst lag, interessierten sich Japans Krieger-Bürokraten für Waffenkunst und folglich auch für Naturwissenschaft und Technologie. Beide Länder mögen konfuzianisch gewesen sein, aber während Chinas Bürokraten den Naturwissenschaften des Westens hartnäckigen Widerstand entgegensetzten, zeigten Japans Regierungen – das Bakufu der Tokugawa ebenso wie die kaiserliche Regierung, die nach der Meiji-Revolution den Thron bestieg – nichts weiter als den sehnsüchtig gehegten Wunsch, eben diese Kenntnisse zu erwerben. Im Westen war die treibende Kraft hinter dem Kapitalismus der Wunsch des einzelnen nach größerer Entfaltung seiner Persönlichkeit; Japan hingegen tat einen gewaltigen Schritt in die Industrialisierung, um die militärische und wissenschaftlich-technologische Kluft, die Japan vom Westen trennte, zu überwinden. Auf diesem Weg wurde vom einzelnen erwartet, daß er nicht nur seine ganze Lebenskraft opferte, sondern, wenn nötig, auch sein Leben. Dies war sein Treuebeweis, sein moralischer Rückhalt.

Wenn wir von diesem Blickwinkel aus die Entwicklung Japans betrachten, dann gibt es in der japanischen Geschichte zwei Epochen, die uns ins Auge fallen. Das ist erstens die Epoche vom Ende des sechsten bis Mitte des siebten Jahrhunderts, als Japan den Druck des Chinesichen Reiches empfindlich zu spüren bekam, und zweitens die letzten Jahre des Tokugawa-Bakufu, als Japan dem Druck der Westmächte ausgesetzt war. In diesen beiden Epochen führten die Japaner Reformen durch, die Taika-Reform und die Meiji-Revolution, und meisterten die Probleme, mit denen sie sich konfrontiert sahen. Das folgende erste Kapitel behandelt die Taika-Reform, das zweite die Meiji-Revolution. Diese beiden Kapitel kann man als einen Vorspann zu den Kapiteln 3 bis 5 ansehen, in denen die Entwicklung des japanischen Kapitalismus untersucht wird.

Die Geschichte der japanischen Wirtschaft seit der Meiji-Revolution kann man in drei Abschnitte zerlegen. Das dritte Kapitel behandelt die Epoche bis zum Ende des Ersten Weltkriegs, als es so aussah, als ob die japanische Volkswirtschaft unter der energischen Führung der Meiji-Regierung ein bemerkenswertes und beständiges Wachstum durchliefe. Bei dem Vorgang des wirtschaftlichen ,,Abhebens" *(take-off)* spielten der säkularisierte Konfuzianismus und der japanische Feudalgeist eine überaus wichtige Rolle. Diese Entwicklung begann in den letzten Tagen des Tokugawa-Shogunats und gewann an Tempo, als die neue Meiji-Regierung den Konfuzianismus, der in der Tokugawa-Zeit bei den einfachen Leuten noch keine große Rolle spielte, als Schulpflichtfach einführte. Im Selbstverständnis des Konfuzianismus der Meiji-Zeit war die wichtigste Voraussetzung für einen Samurai seine Erziehung; ein Bauer, ein Kaufmann oder ein Arbeiter konnte daher wie ein Samurai angesehen werden, sofern sie eine gute Erziehung genossen hatten. Tatsächlich war es in der späten Tokugawa-Zeit durchaus nicht ungewöhnlich, daß ein gebildeter Bauer oder Kaufmann die Tochter eines Samurai heiratete. Da die Bildung während der Meiji-Zeit intensiv gefördert wurde, vergrößerte sich auch die ,,Samurai"-Schicht, die wiederum den Konfuzianismus förderte, und auf diese Weise wurde der Konfuzianismus zur Weltanschauung der ganzen Nation und blieb nicht nur Weltanschauung der Regierung und der Elite.

Eine Gesellschaft, in der der Konfuzianismus vorherrscht, ist eine Art ,,Elite-Gesellschaft", in der sich die Menschen aufgrund ihrer Bildung auszeichnen. Ein Arbeiter wird, sofern er gebildet ist, ebenso hoch geachtet wie ein gleichermaßen gebildeter Samurai; sie werden beide als Mitglieder der Intelligenz betrachtet. Obwohl Japan nahezu 280 Jahre lang eine Ständegesellschaft bildete, war die soziale Mobilität zwischen Samurai und gebildeten Bauern und Kaufleuten in der Spätzeit der Tokugawa-Herrschaft doch ziemlich groß. Daher betrachteten die Japaner selbst nach der Einführung des Kapitalismus während der Meiji-Ära ihre Wirtschaft nicht vom Standpunkt des Westens, und sie sahen in ihrer Gesellschaft auch keine Klassengesellschaft, die aus Kapitalisten und lohnabhängigen Arbeitern bestand, zumal es der Meiji-Regierung bemerkenswerterweise gelungen war, die Ständegesellschaft aufzulösen. Sie schuf zuerst ein modernes Bildungssystem und beschäftigte sodann fleißige Universitätsabsolventen im Regierungsdienst, gleichgültig aus welcher Familie sie kamen. Unter der Leitung einer überaus tüchtigen Regierung, die einer konstitutionellen Monarchie unterstand, erfuhr Japan ein Wunder an wirtschaftlicher und militärischer Expansion.

Das vierte Kapitel behandelt die Zwischenkriegszeit, Kapitel 5 die Jahre seit 1945. In der Zwischenkriegszeit dominierten die Rechte und das Militär, und dies führte zu dem selbstmörderischen Angriff auf Pearl Harbor. Unmittelbar nach dem gescheiterten Staatsstreichversuch, den junge Offiziere 1936 unternommen hatten, begann diese Lawine unaufhaltsam zu rollen. Schließlich wurde Japan, nach dem Krieg, ein amerikanisches Herrschaftssystem auferlegt, doch seine geistigen Strukturen blieben unverändert bestehen: Die Regierung förderte wie zuvor den Konfuzianismus als die rechtgläubige Lehre, und der Buddhismus sowie der Schintoismus blieben die beiden wichtigsten Weltanschauungen des Volkes und des Hofes.

Diese schichtenspezifische Verteilung der Glaubenssysteme gab es auch in China. Aber China bildet insofern eine Ausnahme, als der Konfuzianismus dort in seiner ursprünglichen Form besteht und der Taoismus die Rolle des japanischen Schintoismus einnimmt. Der chinesische Taoismus ist eine etwas paradoxe Weltanschauung: einerseits ist diesseitiges Glück und ein langes Leben erstrebenswert, andererseits aber auch das abgeschiedene Dasein, wie es der Einsiedler führt. In Japan verwandelte sich der Taoismus, wie das erste Kapitel zeigen wird, zum Schintoismus, und dieser förderte den Nationalismus und den Kaiserkult. Es ist wirklich dieser Veränderung – und der Verwandlung des Konfuzianismus in seine nationalistische japanische Spielart – zuzuschreiben, daß das moderne Japan einen Weg einschlagen konnte, der so grundverschieden von der Entwicklung Chinas in der gleichen Zeit ist.

Als Japan mit den Westmächten zusammenstieß, gingen Konfuzianismus und Schintoismus ein Bündnis ein. Der Konfuzianismus eignet sich hervorragend dazu, eine konstitutionelle Monarchie mit einer modernen Verwaltung als Unterbau zu gründen,[11] indes der Schintoismus leicht als der Erhitzer dienen kann, der den Nationalismus zum Kochen bringt. Daher kann es nicht überraschen, daß der japanische Kapitalismus nationalistisch, paternalistisch und anti-individualistisch war und es immer noch ist. In der schrecklichsten

Epoche der japanischen Geschichte, in den Jahren unmittelbar vor dem Zweiten Weltkrieg, gebar Japan sogar eine imperialistisch-faschistische Wirtschaftsform, die das Wohlergehen des Volkes hintansetzte und größeren Wert auf den Aufbau der Streitkräfte legte. Trotz seiner wirtschaftlichen Erfolge in der Nachkriegszeit ist die Aussicht, daß Individualismus und Liberalismus in Japan gedeihen, noch immer in weiter Ferne.

Schließlich scheint es noch bemerkenswert zu sein, daß es in Japan keine größere religiöse Revolution gegeben hat. Die Japaner bereicherten ihr geistiges Leben, indem sie ihren verschiedenartigen Religionen (oder ihren ethischen Lehren) unterschiedliche Wichtigkeit beimaßen. Wenn die Nation in Gefahr war, betonten sie die Elemente des Schintoismus, nach weitreichenden Veränderungen in ihrem Herrschaftssystem den Konfuzianismus. Damit erwarben sie eine ideologische Stütze, welche die Probleme, denen sich ihr Land gegenübersah, lösen half. Tatsächlich hat nicht ein einzelnes Glaubenssystem, sondern eine wechselhafte Mischung der drei Weltanschauungen Japans kulturellen und wirtschaftlichen Fortschritt begünstigt.

Konfuzianismus — von der Regierung als die rechtgläubige Lehre gefördert

Buddhismus u. Schintoismus — wichtigste Weltanschauungen des Volkes und des Hofes

I. Die Taika-Reform und die folgenden tausend Jahre

1. Die Reformen des Shotoku Taishi

Bis zur Meiji-Revolution (1867/68) stand die japanische Geschichte unter dem Einfluß der chinesischen Zivilisation. Anregungen und Impulse kamen entweder direkt aus China oder im Umweg über Korea. Indem Japan das eingeführte Kulturgut seiner eigenen Tradition und den Gegebenheiten seines Landes anpaßte, gelang es ihm, einen einzigartigen Sonderweg einzuschlagen. Trotzdem bestand zwischen den beiden Ländern weiterhin ein gewaltiges Kulturgefälle, und Japan mußte ständig aufs neue chinesisches Kulturgut einführen, verdauen und sich anpassen, wollte es sein Niveau an Bildung und Kultur erhöhen. Nach der Meiji-Revolution kam es zwischen Japan und den westlichen Ländern zu einem ähnlichen Vorgang: Japan entwickelte seine Zivilisation und seine Wirtschaft weiter, indem es deren wissenschaftliche Erkenntnisse und deren Technologie übernahm.

Buddhismus, Konfuzianismus und Taoismus kamen beinahe gleichzeitig, ungefähr im sechsten Jahrhundert, von China über Korea nach Japan. In Japan gab es damals – sieht man vom kaiserlichen Clan einmal ab – zwei Groß-Clans; ihre Oberhäupter hießen Muraji und Omi. Die kleineren Clans, die Muraji unterstanden, waren in Erbfolge Vasallen des kaiserlichen Clans; sie dienten dem Kaiser bei religiösen Anlässen, halfen mit, religiöse und andere für das Zeremoniell notwendige Gefäße herzustellen, und sie waren außerdem verpflichtet, ihren Beitrag zur Verteidigung zu leisten. Die Anhänger des Omi-Clans hingegen waren ursprünglich nicht Lehnsmänner des Kaisers gewesen. In alter Zeit waren sie selbständig, besaßen eigenes Land und wurden erst später der kaiserlichen Oberherrschaft unterworfen. Die Anführer dieser beiden mächtigen Clans nannte man O-muraji (großer Muraji) beziehungsweise O-Omi (großer Omi, was, wenn man es mit chinesischen Schriftzeichen schreibt, im modernen Japanischen soviel bedeutet wie ‚Minister‘). Bereits im vierten Jahrhundert herrschte der kaiserliche Clan über diese beiden Groß-Clans.

Selbstverständlich war das Japan dieser Zeit grundverschieden vom heutigen. In jenen entfernten Tagen lebten in der Oberschicht wie auch im Volk Mann und Frau getrennt voneinander. Der Mann besuchte zwar seine Frau, nicht aber umgekehrt. Es war ganz natürlich, daß der Mann mehrere Frauen hatte, die er abwechselnd aufsuchte; umgekehrt erhielt die Frau von mehreren Männern Besuch. Aus der heutigen Sicht betrachtet, war das Geschlechtsleben dieser Menschen ein einziges Durcheinander. Die Mütter erzogen die Kinder, die sie geboren hatten. Die Kinder, die ein Mann von verschiedenen Frauen hatte, waren füreinander mehr oder weniger Fremde. Es war also ohne weiteres möglich, daß Halbgeschwister sich ineinander verliebten und einander heirateten, ohne daß sie den Eindruck haben mußten, sie hätten sich eines Vergehens schuldig gemacht. Aber es konnte auch vorkommen, daß sie sich gegenseitig töteten. Somit war es auch einem einflußreichen, mächtigen Clan-Anführer leicht möglich, eine enge Blutsverwandtschaft mit der kaiserlichen Familie herzustellen, indem er beispielsweise seine Tochter mit einem kaiserlichen Prinzen vermählte und sodann eine Tochter aus dieser Verbindung mit einem anderen Prinzen verheiratete, der selber ein Sproß aus einer Verbindung zwischen dem erstgenannten Prinzen und einer weiteren Tochter dieses Anführers war. Da Japan seinerzeit das Erstgeburtsrecht noch nicht kannte, wählten die Brüder eines Kaisers oftmals unter sich den Kronprinzen aus, folglich kam es unter ihnen zu heftigen Kämpfen, und nicht selten tötete einer den andern. Erst als das sogenannte Zeitalter der Großen Gräber zu Ende ging, fingen die Japaner an, ihre kulturelle Entwicklung voranzutreiben.

Im Laufe des sechsten Jahrhunderts verstärkten die großen Adeligen ihre politische und wirtschaftliche Macht; die Clans der Soga und der Mononobe waren die mächtigsten unter ihnen. Die Soga (sie gehörten zum Omi-Clan) huldigten den neueingeführten Kultformen (vor allem dem Buddhismus, der damals gerade über Korea nach Japan gekommen war), während die Mononobe (ein Muraji-Clan) gegen den Buddhismus waren. Beide Clans bereicherten sich, indem sie Japans überseeische Gebiete in Korea ausbeuteten. Sie lagen andauernd im Streit um die Thronfolge, und viele Bewerber um den Kaiserthron bezahlten diesen Kampf mit dem Leben. Schließlich brach zwischen den beiden Clans ein Bürgerkrieg aus, in dem die Mononobe entscheidend unterlagen.

Von da an bestimmten die Soga, welcher Prinz (oder welche Prinzessin) des kaiserlichen Clans Kaiser (oder Kaiserin) werden sollte. Der kaiserliche Clan war geschwächt, und der Thron geriet ins Wanken. Schließlich tötete im Jahr 592 Umako aus dem Soga-Clan Kaiser

Sushun, um für Kaiserin Suiko den Thron freizumachen. Sushun war der Sohn von Umakos Schwester, und Suiko war die Tochter von einer anderen seiner Schwestern; und diese beiden Schwestern waren die Ehefrauen des Kaisers Kinmei. Prinzen und Prinzessinnen konnten nicht einmal ihren Halbgeschwistern trauen, das haben wir bereits erwähnt. Viele Dynastien des kaiserlichen China waren gestürzt worden, weil die Macht immer an die weiblichen Verwandten des Kaisers gegangen war; auch die damalige kaiserliche Familie Japans stand unter dem Druck des Soga-Clans, mit dem sie mütterlicherseits verwandt war. Glücklicherweise gab es jedoch weder zu der Zeit noch später Eunuchen am japanischen Hof, die die Macht hätten an sich reißen können. Das chinesische Kaiserhaus haben sie oftmals tyrannisiert. (Daß es in Japan keine Eunuchen gab, war vermutlich einer der Gründe dafür, daß Japan seine kaiserliche Linie in ununterbrochener Folge zu bewahren vermochte.) Trotz alledem erblühten nun, da die Mononobe weg waren, unter den Soga die neuen Kultformen.

In jenen Tagen war es für Japan unbedingt notwendig, die Souveränität seines Kaiserhauses auf eine feste Grundlage zu stellen und seinen Regierungsapparat zu erneuern, und zwar sowohl aus innen- als auch aus außenpolitischen Gründen.

Die Japaner waren seit etwa 370 n. Chr. im Besitz der Südspitze der koreanischen Halbinsel. Dieses japanische Hoheitsgebiet, Mimana genannt, grenzte an Paikche und Silla, die ihrerseits an Koguryö angrenzten. Japan hatte etwa um die gleiche Zeit in Paikche und Silla weitreichenden Einfluß, und diese Gebiete leisteten Japan Tributzahlungen. Die Bewohner von Mimana verheirateten sich im Laufe der Zeit mit Koreanern und machten keinerlei Anstrengungen, sich der Angriffe aus Paikche und Silla zu erwehren, so daß die japanische Kolonie ausgeplündert wurde und vom Untergang bedroht war. Die Versuche mehrerer Kaiser, Mimana wiederherzustellen, waren ziemlich erfolglos.

Zur gleichen Zeit, als Japan auf der Korea-Halbinsel diese Rückschläge erlitt, verlor auch der kaiserliche Clan auf der japanischen Hauptinsel seine Gewalt über die Anführer, die sich der Abhängigkeit der Zentralgewalt immer mehr entzogen und die nun Ländereien und deren Bewohner als ihre eigenen Territorien und Lehnsleute beanspruchten. Daher war die Stärkung der Regierungsgewalt aus inneren wie aus äußeren Gründen geboten.

Prinz Shotoku Taishi (574–622), legitimer Thronfolger und Regent für Kaiserin Suiko, wollte die kaiserliche Souveränität festigen, mußte aber mit dem mächtigen Soga-Clan einen Kompromiß schließen, zumal er selbst der Sohn von Soga Umakos Neffen (Kaiser Yomei) und dessen Nichte (Prinzessin Anahobe no Hashihito) war. Er begann mit der Modernisierung der Regierung, indem er zunächst das chinesische Verwaltungs- und Rechtssystem einführte, das weitaus fortschrittlicher war als das japanische. Im Jahr 603 führte er dann in Japan die Zwölf-Mützen-Rangordnung ein, 604 verkündete er einen aus 17 Artikeln bestehenden Kodex. Der erstgenannte Erlaß forderte für Minister und andere Staatsdiener die Einteilung in zwölf Ränge, die sich durch Kopfbedeckung ganz bestimmter Muster und Farben voneinander unterscheiden sollten, und legte fest, daß Beamte nicht aufgrund ihrer Herkunft, sondern aufgrund ihrer Befähigung geeignete Stellen erhalten sollten. Taishis Kodex hingegen kann man als eine Art Verordnung für den Öffentlichen Dienst verstehen, er stand in engem Zusammenhang zu der neuen Rangordnung. Shotoku Taishi erkannte jedoch, daß die politische Philosophie Chinas, auf der das System aufbaute, letzten Endes in Widerspruch stand zu seinem Endzweck, nämlich einen starken Staat zu errichten, der unter einer erblichen Monarchie geeint war. In China, so glaubten die Chinesen, könne das Mandat des Himmels nicht von einem Herrscher ohne Tugend ausgeübt werden; wenn es sich herausstellte, daß es einem Kaiser an Charisma und an der Fähigkeit gebrach, das Land zu dessen Zufriedenheit zu regieren, dann würde Gott ihm nicht beistehen, sondern die herrschende Dynastie durch eine andere ersetzen. Die Japaner beabsichtigten daher, diese Besonderheit der chinesischen Politik nicht zu übernehmen oder zumindest nur in modifizierter Form bei sich einzuführen, sonst – so fürchteten sie – sei es unmöglich, die japanische Kaiserfamilie in Zukunft gegen eine Revolution zu sichern, da es in der Vergangenheit tatsächlich schlechte Kaiser gegeben hatte, etwa Yuryaku und Buretsu. Das chinesische Herrschaftssystem hätte solche Kaiser nicht hingenommen.

„*Wa-kon Yo-sai*" (Japanischer Geist und westliches Können) war in Japan ein geflügeltes Wort, das nach der Meiji-Revolution, als die Nation westliche Technologie übernahm, häufig gebraucht wurde. Ähnlich unterschied Shotoku Taishi zwischen den chinesischen Denkweisen und ihrem praktischen Können, und er überlegte sich gründlich, ob deren geistige Einstellungen zu den Japanern paßten oder nicht. Wenn es sich zeigte, daß einige Elemente der chinesischen Philosophie nicht angemessen oder nicht erwünscht waren, dann wurden sie entweder geradeheraus verworfen oder doch beträchtlich abgeändert. Obschon Shotoku großen Wert darauf legte, den Bildungsstand des japanischen Volkes dem chinesischen Niveau anzugleichen, übernahm er bei weitem nicht alles, was aus China kam.

Ihm war in erster Linie daran gelegen, das Können der Chinesen dem Geist der Japaner organisch aufzusetzen.

In Japan konnte man jedoch bis dahin noch nicht von einem nationalen Geist sprechen. Auf diesem Gebiet gab es noch viel für Shotoku Taishi zu tun, und er tat es und wurde so eigentlich Japans erster Philosoph. Es mangelt zwar an schriftlichen Überlieferungen aus dieser Zeit, aber einige Historiker behaupten trotzdem, Shotoku Taishi habe den Begriff ‚*Tenno*' (Himmlischer Kaiser) für den japanischen Kaiser geprägt, der zuvor nur den Titel ‚*O-kimi*' (Großer König) getragen hatte. Diese Änderung hatte weitreichende Folgen: Sie bedeutete, daß der Kaiser nicht mehr einfach ein König war, sondern eine Offenbare Gottheit *(arahito gami)*, und er wurde daher mit Gott gleichgesetzt. Folglich bestand nun keine Möglichkeit mehr, daß Gott und Kaiser miteinander in Widerstreit gerieten, also war auch keine Revolution gestattet. Der Kaiserthron war von da an mit göttlichem Recht umgeben und stand auf einer festen Grundlage. Shotoku Taishi war es auch, der den Japanern den unwiderlegbaren politischen Grundsatz einimpfte, daß in ihrem Land – anders als in China – der Anspruch auf den Thron einzig und allein durch die Abstammung legitimiert werden konnte.

Shotoku Taishis Auffassung von der Stellung des Kaisers war unauflöslich verbunden mit seinem Unterlegenheitsgefühl gegenüber dem mächtigen Chinesischen Reich. Die Gleichsetzung des Kaisers mit Gott war nichts weiter als der Ausdruck des Krisenempfindens, das die Japaner verspürten, wenn sie an die Zukunft ihrer kaiserlichen Familie dachten. In der Geschichte Japans spielte Shotoku Taishi als Förderer des Konservatismus und des Treuegedankens eine wichtige Rolle. Die Idee, der Kaiser sei eine ‚Offenbare Gottheit' wurde immer wieder betont, was zur Folge hatte, daß fanatische Rechtsextremisten in Zeiten nationaler Not Auftrieb bekamen. Andererseits führte Shotoku Taishi eine große Zahl drastischer Reformen durch, die sehr fortschrittlich waren. Beispielsweise verkündete er in dem Kodex der 17 Artikel, daß es in Japan keinen anderen König oder Herrn gäbe als den Kaiser, der über alle herrsche; vor dem Kaiser seien alle gleich. Er errichtete darüber hinaus auch einen neuen Verwaltungsapparat chinesischen Stils, in dem Staatsdiener nicht aufgrund ihrer Abstammung, sondern aufgrund ihres Charakters und ihrer Fähigkeiten eingestellt wurden. Ämter waren fortan nicht mehr erblich, damit war der Vorrang der adeligen Abstammung geschwächt. Überdies verkündete Shotoku, daß es niemandem gestattet sein würde, andere auszubeuten – damit entzog er den Adeligen und Anführern, die ihre eigenen Untergebenen und Territorien besaßen, die Rechtsgrundlage ihres Tuns. Man hoffte darauf, daß die ständische und die alte, auf Blutsbanden bestehende Gesellschaftsordnung verschwinden würde.

Shotokus Kodex legte in Artikel 1 fest, daß sich die japanische Gesellschaft zusammenfinden solle auf der Grundlage des ersten Grundsatzes einer jeden Gemeinschaft, und der lautete *wa*, das bedeutet: gesellschaftliche Harmonie. Es sollte niemandem gestattet sein, innerhalb der Gemeinschaft eine Gruppierung zu bilden, die sich dann den anderen entgegenstellte. Jedermann sollte Dinge in Ruhe erörtern, um zu einer Entscheidung zu kommen, die vom Standpunkt der ganzen Gemeinschaft vernünftig und wünschenswert war. In den Artikeln 10 und 17 heißt es, die Diktatur sei verwerflich; ferner heißt es, daß Gouverneure sich auf verschiedenen Ebenen mit der Öffentlichkeit beraten und Entscheidungen fällen sollten, zu denen man auf demokratischem Wege gelangt sei, was wiederum der Eintracht innerhalb der Gemeinschaft förderlich sein sollte. Artikel 2 besagt, daß der Buddhismus verkündet werden sollte, um die sittlichen Grundlagen des einzelnen zu festigen. Shotoku Taishi vertrat die Auffassung, daß das Herrschaftssystem mit dem *Tenno* nur bewahrt werden könne, solange dieser Verhaltenskodex im ganzen Lande streng beachtet werde.

Shotokus Vorstellungen von der japanischen Gesellschaft gingen davon aus, daß die Gesellschaft aus dem Kaiser, den Regierungsbeamten und dem Volk besteht. Artikel 12 unterstreicht daher, daß die Gouverneure in den Provinzen nicht mehr selbständige Anführer sind, sondern daß sie ihre Distrikte als Beamte des Staates regieren. Daher könnten sie nicht Steuern erheben oder dem Volk Frondienste auferlegen und den Ertrag in die eigene Tasche stecken. Die restlichen Artikel dieses Kodexes enthalten Verordnungen bezüglich des Öffentlichen Dienstes. Sie lauten: Regierungsbeamte müssen den kaiserlichen Edikten gehorchen (Art. 3); sie sollten erkennen, daß Anstand die Grundlage von Recht und Ordnung ist (Art. 4); sie sollten Recht sprechen, ohne das es weder Treue gegenüber dem Kaiser noch Menschenliebe gegenüber dem Volk geben könne (Art. 6). Des weiteren wird hervorgehoben, daß Regierungsbeamte die Aufrichtigkeit wahren sollten, denn sie sei die Mutter der Redlichkeit (Art. 9); sie sollten nicht aus selbstsüchtigen Gründen handeln, sondern der Öffentlichkeit dienen (Art. 15). Weitere Bestimmungen, die den Beamten detaillierte Verhaltensregeln geben, lauten: Nimm keine Bestechungsgelder (Art. 5); Stelle den richtigen Mann auf den richtigen Platz! (Art. 7); Komm so früh wie möglich ins Amt und mache Überstunden! (Art. 8); Achte und lebe nach dem Grundsatz „Arbeite und du wirst dafür belohnt werden"! (Art. 11) Verrichte deinen Dienst ruhig, indem du die Amtsgeschäfte rasch erledigst! (Art. 13); Sei nicht eifersüchtig auf das Glück eines Kollegen! (Art. 14); und schließlich: Vermeide es, Bauern zur Erntezeit mit Arbeiten außerhalb der Landwirtschaft zu beauftragen! (Art. 16)

Obschon der Kodex in seinem Artikel 2 das Volk ausdrücklich ermahnte, den Buddhismus zu achten, ist er in seiner Gesamtheit eher konfuzianisch. Eintracht, Anstand, Treue, Menschenliebe, Aufrichtigkeit und Redlichkeit, die in dem Kodex groß geschrieben werden, sind samt und sonders eher konfuzianische als buddhistische Tugenden.[3] Der Kodex betont auch, daß politische Entscheidungen demokratisch gefällt werden sollten, indes das Volk dem Befehl des Kaisers bedingungslos gehorchen müsse. Dieser scheinbare Widerspruch zwischen demokratischer Entscheidungsbildung und der absoluten Richtigkeit der kaiserlichen Befehle wird aufgehoben, wenn man sich daran erinnert, daß der Kaiser immer recht hat, weil er dem Volk nur die Befehle gibt, die aus der demokratischen Willensbildung hervorgegangen sind. Nach Shotoku Taishis Überzeugung war der Kaiser ein moderner konstitutioneller Monarch, der seinem Wesen nach sowohl Gott in seinem Land als auch Kaiser war (d. h. Himmlischer Kaiser). Im Artikel 10 erklärte Shotoku Taishi:

> Jeder Mensch hat einen eigenen Willen. Was bei dem einen Zustimmung findet, stößt bei einem anderen auf Ablehnung. Wir vertreten in der Tat unterschiedliche Auffassungen. Möglicherweise bin ich kein Heiliger; vielleicht ist der andere kein Dummkopf. Wir sind alle gewöhnliche Menschen, und niemand vermag zu sagen, was absolut richtig ist. Jedermann sollte die Entscheidung der Mehrheit akzeptieren, selbst wenn man glaubt, man sei alleine im Recht.

Der Kaiser kann also nur unter der Bedingung Himmlischer Kaiser sein, daß er jede Neigung zur Diktatur aufgibt. Shotoku Taishi bewahrte das *Tenno*-Herrschaftssystem vor jeglicher Revolutionsgefahr, durch das Zugeständnis, daß der Kaiser politisch neutral sein müsse. Bedenkt man, in welch ausgesprochen kritischer Lage sich der kaiserliche Clan zu jener Zeit befand, dann darf man wohl annehmen, daß dieses Zugeständnis nicht Shotoku Taishis ureigenste Idee war, sondern ein Kompromiß, der ihm als Reaktion auf die damals rasch anwachsende Macht der nichtköniglichen Mitglieder der Herrschaftsschicht abgerungen wurde.

Wie modern und fortschrittlich einige seiner politischen Ideen waren, wird deutlich, wenn man sich in Erinnerung ruft, daß Shotoku bereits im Jahre 604 (1) das *Tenno*-Herrschaftssystem, das der mo-

Shotoku Taishi war Buddhist, wo es um die tägl. Probleme des einzelnen ging, aber Konfuzianer im Hinblick auf die politischen und staatl. Probleme! [Vgl. Anm 3, S. 207] dernen konstitutionellen Monarchie ähnelt, vorschlug, (2) ferner die Voraussetzungen für eine Demokratie und (3) einen funktionierenden Verwaltungsapparat zu schaffen versuchte.

Offenbar jedoch waren Maßnahmen, die zwangsläufig zur Aufhebung der Privilegien führten, deren sich die hohen Adeligen erfreuten, für Menschen von hoher Geburt wie Soga Umako nicht annehmbar. Um einen Aufstand zu verhindern, mußte Shotoku Taishi sie besänftigen. Der neue Kodex verhinderte nicht nur, daß der Kaiser seine Herrschaft diktatorisch ausübte, er verpflichtete ihn auch, sich mit den Ministern und hohen Beamten in allen Staatsangelegenheiten, mit denen er sich befaßte, zu beraten. Einige Historiker – auch ich gehöre dazu – haben die Stellung des Kaisers als eines konstitutionellen Monarchen sehr hoch eingestuft. Aber in Wirklichkeit war dies doch eine Kapitulation, zumindest ein bedenkliches Zugeständnis Shotoku Taishis an den Soga-Clan. Es war notwendig, jeden Zusammenprall mit den Soga zu vermeiden, da viele wichtige Regierungs- und Hofämter bereits im Besitz dieses Clans waren und der Kaiser ohne ihre Zustimmung wenig tun konnte. Wie bereits erwähnt, war Kaiserin Suiko die Tochter des Kaisers Kinmei, dessen Frau aus der Familie Soga stammte. Sie war überdies von Soga Umako auf den Thron gesetzt worden, nachdem er Kaiser Sushun getötet hatte. Shotoku Taishi war nicht nur der Sohn eines Neffen und einer Nichte Umakos, sondern auch dessen Schwiegersohn. Offenbar waren die Soga bereits so mächtig, daß sie den Thron hätten usurpieren können, wenn sie wirklich gewollt hätten. Der Kodex war, insofern er die persönliche Diktatur des Kaisers verhinderte, nicht mehr als die Anerkenntnis und Bestätigung eben dieser Realität. Unter diesem Kodex richtete sich der kaiserliche Clan in seiner privilegierten Stellung als Gottheit ein und erlangte immerwährende Heiligkeit und Unverletzlichkeit, indes die Soga ihre echte politische Überlegenheit über alle anderen Großen beibehielten. Trotz dieses Kodexes änderte sich daher für Soga Umako nichts: Er blieb auch weiterhin Leitender Minister der Suiko-Regierung.

Um die inneren und äußeren Probleme, denen sich Japan gegenübersah, bewältigen zu können, führte Shotoku Taishi neben den genannten Neuerungen (die Zwölf-Mützen-Rangordnung und den Kodex) noch eine Reihe weiterer staatstragender Veränderungen durch. Angesichts der höherentwickelten Kultur Chinas waren die Japaner Ende des sechsten Jahrhunderts in zwei Lager gespalten. Die eine Gruppe bestand darauf, daß sich Japan gegenüber China öffnete, um den kulturellen Austausch zwischen diesen beiden Ländern zu ermöglichen (obschon dies unweigerlich eine Einbahnstraße gewesen wäre), während eine zweite Gruppe unbedingt das Land abriegeln wollte, um der „Verderbnis“ durch den Buddhismus zu entgehen. (Die gleiche Reaktion zeigten die Japaner später am Vorabend der Meiji-Revolution, als westliche Technologie und Wissenschaften in Erscheinung traten.) Nachdem der wichtige buddhismusfeindliche Clan, die Mononobe, bereits von den pro-buddhistischen Soga besiegt worden war, fiel es Shotoku Taishi nicht schwer, seine Politik des Kulturaustausches voranzutreiben. Sein Ziel war die Aufklärung seines Landes. Vier Mal sandte er Gesandtschaften und Studenten nach China, und dies nicht nur, weil er an den Buddhismus glaubte, sondern weil er meinte, die Kultur und die Institutionen Chinas seien für Japans Entwicklung unverzichtbar. Er errichtete in Naniwa (heute Osaka), das damals der wichtigste Hafen der japanischen Hauptstadt Ikaruga (unweit von Nara) war, einen riesengroßen Tempel samt einem Gästepalast, und begann damit, amtliche Unterlagen der kaiserlichen Familie, der großen Adeligen (Omi, Muraji usw.) und des Volkes zu sammeln. Er plante auch einen Angriff auf Silla, das die Sicherheit von Mimana bedrohte. Alle Bemühungen, diese Kolonie zu halten, scheiterten allerdings, und nach seinem Tod im Jahr 621 mußte Japan diese Gebiet schließlich aufgeben.

2. Die Taika-Reform

Shotoku Taishi war ein Mann von ungewöhnlichem Talent und großer Weisheit; trotzdem – und trotz seiner neuartigen politischen Ideen – gab es in der japanischen Politik keine größeren Veränderungen. Shotoku war mehr Philosoph als Politiker, und er war zu schwach, um seinen bahnbrechenden Plänen Geltung zu verschaffen. Außerdem machte er Soga Umako zu viele Zugeständnisse, so daß die wirkliche Macht während Shotokus Regentschaft eher in Umakos Händen lag. Nach Shotokus Tod wurde die Familie Soga noch mächtiger und tyrannischer. Um Shotokus Pläne Wirklichkeit werden zu lassen, hätte es einer Revolution bedurft.

Mehr als zwanzig Jahre nach Shotokus Tod wurde die Familie Soga endlich gestürzt. Zu dieser Zeit kehrten gerade die Studenten aus China zurück, die von ihm zum Studium dorthin geschickt worden waren. Da sie erlebt hatten, wie das Chinesische Reich unter einer neuen Dynastie, den T'ang, sich entwickelte und prächtig gedieh, befürworteten und unterstützten sie Shotokus Politik der Aufklärung. Sie drängten darauf, daß die japanische Regierung Gesetzeswerke und Verhaltensgrundsätze für die öffentliche Verwaltung erlasse, damit Japan eine so leistungsstarke Verwaltung erhalte, wie sie die T'ang-Dynastie besaß. Im Jahr 645 schließlich entschlossen sich die Revolutionäre Prinz Naka no Oe (nachmals Kaiser Tenchi) und Nakatomi no Kamatari (nachmals Fujiwara Kamatari) zu einem Staatsstreich und töteten Soga Iruka, der damals das Oberhaupt dieses Clans war. Es gelang ihnen, einen zentralistischen Verwaltungsapparat zu errichten, der dem der chinesischen Regierung der T'ang vergleichbar war. Dies geschah durch die Taika-Reform (645/49), einer Revolution, die von der Aristokratie entsprechend den politischen Lehren Shotoku Taishis durchgeführt wurde.

Das Hauptziel der Taika-Reform war, den Anführern ihren Landbesitz wegzunehmen. Es leuchtet ein, daß im siebten Jahrhundert in einem Agrarland wie Japan Vorrechte der einen zu Lasten anderer gingen, solange das landwirtschaftliche Nutzland nicht vom Staat selbst unter der Bevölkerung aufgeteilt wurde. Die neue Regierung ließ das landwirtschaftliche Nutzland der Nation in Areale gleicher Größe aufteilen, von denen jedes wiederum in neun gleichgroße Parzellen zerlegt wurde – eine genaue Nachahmung der chinesischen Landhaltung. Jedes Stück Land wurde von acht Mann bestellt, wobei jeder seine eigene Parzelle bewirtschaftete. Das neunte Feld bestellten die acht Mann gemeinsam für den Staat. Die Anführer durften nur ihre eigene Parzelle bewirtschaften, die nicht größer war als die der einfachen Leute; sie erhielten allerdings, wenn sie als Beamte der Regierung tätig waren, darüber hinaus ein bestimmtes Gehalt, das ihrem Amtsrang entsprach. Es gab keine Bevorzugungen, die zu Lasten des Volkes gegangen wären. Die Anführer mußten ihren eigenen Landbesitz aufgeben und wurden als Verwalter oder als Beamte der Zentralregierung beziehungsweise einer örtlichen Verwaltung eingesetzt. Unter der mächtigen Zentralregierung entstand landesweit eine Präfekturenordnung und die Frühform einer sozialistischen Wirtschaft.

Alle Menschen waren vor dem Gesetz gleich und, infolge der Verstaatlichung von Grund und Boden, auch wirtschaftlich gleichgestellt – zumindest im Prinzip. Nur der Kaiser als die Offenbare Gottheit und als Oberhaupt der Nation behielt eine besondere Stellung. Das Prinzip der Chancengleichheit für gewöhnlich Sterbliche traf zumindest dem Anschein nach zu. Die neue Regierung war fortschrittlich, ihre Ämter standen den Begabten offen. Als Idealvorstellung war dieses System natürlich nicht neu; es entsprach genau dem, das Shotoku Taishi sich ausgedacht hatte, auch wenn er selbst außerstande gewesen war, es zu verwirklichen. Prinz Naka no Oe vollendete das System, das sich Shotoku ausgedacht hatte, in kompromißloserer und reinerer Form, und als er schließlich Soga Iruka, den Enkel Umakos, tötete, wurde die kaiserliche Familie zum wirklichen Machtträger.[4]

Nach Veröffentlichung von Shotokus Kodex dauerte es rund vierzig Jahre, bis diese kodifizierte, bürokratische Regierung eingerichtet war, die in mancher Hinsicht dem Regierungssystem der T'ang-Dynastie ähnelte und auch den Konfuzianismus als amtliches Glaubensbekenntnis annahm.[5] Man sollte diese Regierung als die gemeinsame Leistung von Shotoku Taishi, dem Philosophen, und Naka no Oe, dem Revolutionär, würdigen; eine schöne Philosophie alleine kann noch keine Revolution machen.

Obwohl diese beiden Männer von ihrem Charakter her sehr unterschiedlich waren, glichen sie einander in manchen Wesenszügen. Sie hatten, erstens, eine aggressive Einstellung gegenüber Korea. Shotoku Taishi plante, wie wir gesehen haben, einen Angriff auf Silla, um Mimana zu retten. Naka no Oe beantwortete als Kronprinz unter Kaiserin Saimei die verzweifelte Bitte Paikches, einen Angriff der verbündeten Streitkräfte der T'ang-Dynastie und Sillas abzuwehren zu helfen, indem er eine große Armee nach Korea schickte. Aus japanischer Sicht war dieser Krieg vielleicht unnötig, weil die japanische Kolonie in Korea bereits verloren war. Die japanischen Truppen wurden entscheidend geschlagen und mußten sich auf ihre Inseln zurückziehen. Das nationale Ansehen erlitt einen schweren Stoß, und die japanische Regierung versuchte nicht, Korea erneut anzugreifen, bis Toyotomi Hideyoshi in den Jahren 1592–1598 ein Expeditionskorps dorthin entsandte. Nakas no Oes Fehler läßt sich mit dem von General Tojo vergleichen – er war der Premierminister, der im Zweiten Weltkrieg die vernichtende Niederlage Japans herbeiführte –, und zwar vor allem darin, daß beide einen sinnlosen Krieg führten. Wie Tojos Fehler, so brachte auch dieser ironischerweise einen unerwarteten Gewinn, denn nach dem Krieg kam es zu einer kulturellen Blüte. Nach der Niederlage gingen viele Koreaner – Politiker, Gelehrte, Priester und Künstler – aus Paikche weg und kamen nach Japan, wo sie zur Entwicklung der japanischen Kultur einen großen Beitrag leisteten, wie es nach dem Zweiten Weltkrieg die amerikanische Besatzungsmacht tat.

Zweitens wollte keiner dieser beiden tüchtigen Kronprinzen Kaiser werden. Auf den ersten Blick mag dies überraschen, weil beide ihre ganze Kraft aufwandten, um die kaiserliche Ordnung auf eine feste Grundlage zu stellen; sie hätten leicht die Rolle des Kaisers übernehmen können. Tatsächlich aber saß Shotoku Taishi niemals auf dem Thron, und Naka no Oe war ganze vier Jahre Kaiser, während er dreiundzwanzig Jahre lang Kronprinz war. Wenn man jedoch bedenkt, daß die Stellung des Himmlischen Kaisers politisch gesehen ohne Machtbefugnisse war (wenngleich heilig und unverletzlich), dann ist es nicht schwer zu verstehen, warum diese beiden Politiker, die sich dieser Tatsache wohl bewußt waren, dafür kein Interesse zeigten.

Nach der Taika-Reform versuchte kein Anführer eines Clans, kein Angehöriger des Hofadels und kein Shogun jemals wieder, Kaiser zu werden (mit der einen Ausnahme des Erzbischofs Dokyo). Langfristig betrachtet war die Reform sehr erfolgreich, und sie sicherte die Stellung des Kaisers. Unmittelbar danach führte jedoch ein gewichtiger Fehler Nakas zu einem Kampf um den Thron, der sich innerhalb der Kaiserfamilie selbst abspielte. Naka, der sowohl unter Kaiser Kotoku als auch unter Kaiserin Saimei Kronprinz gewesen war, wollte nach dem Tode der Kaiserin seine Stellung beibehalten; der Kaiserthron blieb die folgenden sechseinhalb Jahre lang leer. Schließlich bestieg Naka im Jahre 668 den Thron, aber er verstarb schon vier Jahre später. Auf seinem Totenbett rief er den Kronprinzen Oama (seinen jüngeren Bruder) zu sich und sagte ihm, er wünsche, daß ihm sein eigener Sohn nachfolge, Prinz Otomo. Damals war es gemeinhin üblich, daß der Kaiser seinen Thron nicht seinem Sohn vererbte, sondern ihn „nach der Seite", beispielsweise einem seiner Brüder, übergab. Oama stimmte jedoch zu und gab den kaiserlichen Thron an Prinz Otomo weiter; doch nach dem Tode Nakas tötete er Prinz Otomo und bestieg als Kaiser Tenmu selber den Thron.

In den folgenden achtundneunzig Jahren waren die Kaiserinnen Jito und Genmei die einzigen Throninhaber, die nicht leibliche Nachkommen des Tenmu waren. Die Kaiserinnen waren Töchter des Kaisers Tenchi (Naka no Oe), doch sie standen auch in enger Verbindung zu Tenmus Linie: Jito war seine Gemahlin gewesen, und Genmei war die Frau seines Sohnes. Der letzte Kaiser, beziehungsweise die letzte Kaiserin, der Tenmu-Linie war Kaiserin Shotoku; da unter Tenmus Nachkommenschaft kein Thronfolger zu finden gewesen war, schlug sie als Thronfolger ihren Liebhaber Dokyo vor; es ist allerdings fraglich, ob Dokyo von sich aus hatte Kaiser werden wollen, denn nach Shotokus Tod willigte er ein, in die Verbannung zu gehen, und Tenchis Enkel bestieg unter dem Kaisernamen Konin den japanischen Thron. Damit erlosch Tenmus Zweig endgültig, und die Tenchi-Linie wurde schließlich wieder in ihre Rechte eingesetzt.

In der darauffolgenden Zeit versuchte nur Kaiser Godaigo (1288–1339) die alten Herrschaftsformen wieder aufleben zu lassen;

er wollte als der „Große König" das Land selbstherrlich regieren und nicht nur als „Himmlischer Kaiser" darüber thronen. Die meisten anderen Kaiser hingegen gaben sich mit der Rolle als konstitutionelle Monarchen zufrieden und ließen sich von mächtigen Regenten, Prinzen, abgedankten Kaisern *(hoo)*, Hofadeligen oder dem Shogun gängeln. Es gab Zeiten in der japanischen Geschichte, als die kaiserliche Familie im Mittelpunkt des Machtkampfes stand; jene hundertjährige Epoche (671–770), als die Zweige der Tenchi und der Tenmu einander bekämpften, und jene Zeit, die mit Godaigo begann (1331–1392), als die nördliche und die südliche Dynastie aufeinanderprallten. Aber selbst in solchen Zeiten wäre es keinem Untertan in den Sinn gekommen, nach dem Kaiserthron zu trachten. Wer politischen Ehrgeiz besaß, richtete sein Augenmerk auf eine Stellung mit echter politischer Macht, beispielsweise auf das Shogunat, und nicht auf eine Stellung, deren Bedeutung nur dem Namen nach bestand. Als Folge der Taika-Reform war die Stellung des Kaisers zwar heilig, gleichzeitig aber auch politisch neutral geworden, so daß das höchste Amt praktisch ohne politische Bedeutung war. Adelige, Krieger und Priester und andere, die politischen Ehrgeiz besaßen, hielten es nicht der Mühe wert, nach dem Kaiserthron zu trachten, zumal man dabei Gefahr lief, sich als Verräter mit Unehre zu besudeln, würde man ihn wirklich besteigen. Sie strebten eher danach, dem Kaiser zu dienen oder aber – statt sich gegen ihn zu erheben – unter ihm eine wirkliche Machtstellung zu besetzen. Auf diese Weise richtete sich der Kaiser außerhalb der Arena des Machtkampfes ein, sieht man von Ausnahmesituationen ab, und ganz ohne Zweifel leistete die Taika-Reform damit langfristig einen Beitrag zur Stabilisierung der kaiserlichen Stellung.

Trotz der Machtkämpfe zwischen den Familien des Tenchi und des Tenmu machte die japanische Kultur nach der Taika-Reform sehr rasch große Fortschritte. Es wurden umfassende, bis in Einzelheiten gehende Gesetzeswerke und Verhaltensrichtlinien erlassen, und Japan wurde ein Land, in dem das Gesetz regierte. Der Taiho-Kodex, der sich auf Straf-, Verwaltungs-, Zivil- und Handelsrecht erstreckte, im Jahre 701 vollendet, blieb ungefähr bis ins elfte Jahrhundert in Kraft. Formal besaß er Gültigkeit bis 1885, als er durch das moderne Kabinettsgesetz abgelöst wurde. Nach chinesischem Vorbild entstanden staatliche Schulen *(kokugaku)* und Universitäten *(daigaku)*, an denen künftige Regierungsbeamte ausgebildet werden sollten, und es wurde ein Prüfungssystem eingeführt, das für die ganze Nation Gültigkeit besaß. Der Konfuzianismus förderte gleichzeitig das Recht, die Verhaltensnormen und das Bildungswesen gewaltig und blieb auch in der Folgezeit das vorherrschende sittliche Prinzip menschlichen Betragens.

Nachdem der Taiho-Kodex erlassen worden war, veranlaßte die Regierung die Veröffentlichung mehrerer wichtiger Schriften, darunter den *Nihon-shoki* (702), eine Geschichte Japans, die sich die chinesischen Reichsannalen als Vorbild nahm, den *Kojiki* (veröffentlicht im Jahr 712), eine Geschichte des alten Japan, und den *Fudoki* (713), welcher die natürlichen und zivilisatorischen Merkmale verschiedener japanischer Regionen behandelt. Daneben wurde aber auch das *Manyoshu* veröffentlicht, eine Anthologie mit etwa 4500 kürzeren oder längeren Gedichten aus frühester Zeit bis zum Jahr 760, von denen viele heute als Meisterwerke der japanischen Sprache gelten. All diese Leistungen können nicht hoch genug eingeschätzt werden, vor allem, wenn man bedenkt, daß die Japaner vor der Übernahme des Buddhismus und des Taoismus im sechsten Jahrhundert n. Chr. noch nicht einmal eine eigene Schrift besessen hatten; sie legten den Grundstein dazu, als sie die chinesischen Schriftzeichen japanisierten und danach ein Alphabet der japanischen Sprache entwickelten. Dies war ein überaus schwieriges, ja abenteuerliches Unterfangen, weil Chinesisch und Japanisch zwei grundverschiedene, einander gänzlich fremde Sprachen sind.

Die Japaner, wie gesagt, schluckten nicht die chinesische Kultur als Ganzes, sondern paßten sie ihren Bedürfnissen an. Im *Kojiki* wird der göttliche Ursprung und die absolute Macht der japanischen Kaiserfamilie in mythologischer Form behandelt und im *Nihon-shoki* als Geschichte; viele Gedichte, welche die Treue gegenüber dem Kaiser rühmen, finden sich auch im *Manyoshu*. Der Glaube an die gleichsam göttliche Natur des Kaisers als einer Offenbaren Gottheit entstammte zwar zum Teil bereits der alten japanischen Mythologie, aber im großen und ganzen waren dies doch Gedankengebäude, die die Japaner erst nach der Übernahme der fremden politischen Philosophie errichteten. Wichtig ist die Feststellung, daß diese Glaubenssätze erst dann schriftlich niedergelegt wurden, nachdem die Japaner diese neuen Ideen übernommen und chinesisches Kulturgut und Schriftzeichen japanisiert hatten. Sie entsprachen also keineswegs mehr ihrer ursprünglichen chinesischen Form, da sie bereits von der japanischen Reaktion auf China verändert worden waren. Man kann daher die Vorstellung vom Himmlischen Kaiser als ein geistiges Bollwerk deuten, welches sich gegen die chinesische Theorie vom Umsturz richtete. Diese Theorie gab der japanischen Kaiserfamilie eine unerschütterliche Grundlage, so daß sie für alle Zeiten gegen jedwede Revolution gefeit war. Man kann sie auch, umgekehrt, einfach als

Ausdruck der japanischen Minderwertigkeitsgefühle gegenüber diesem mächtigen China verstehen: Indem die Japaner ihren Kaiser zu einem Gott machten, glaubten sie größeres nationales Ansehen zu gewinnen.

Folgt man dem *Nihon-shoki*, so schrieb Shotoku Taishi dem chinesischen Kaiser sogar einen hochmütigen Brief, in dem es hieß: „Der Himmlische Kaiser im Osten übermittelt dem Kaiser im Westen mit Ergebenheit eine Botschaft." In den chinesischen Annalen findet sich allerdings kein Hinweis, daß Shotoku Taishi den japanischen Kaiser als ‚Himmlischen Kaiser' bezeichnet hat. Andererseits berichtet eine chinesische Chronik, der damals gerade regierende Kaiser sei erzürnt gewesen über einen Brief von Shotoku, in dem geschrieben stand: „Der Kaiser des Landes der aufgehenden Sonne sendet ergeben seine Botschaft an den Kaiser der untergehenden Sonne."

Es wird auf jeden Fall offenkundig, daß sich in Japan – angesichts dieses riesengroßen, mächtigen und kulturell überlegenen Chinesischen Reiches – ein starker defensiver Nationalismus regte. Zweifellos hat die Vorstellung vom Himmlischen Kaiser ihre Wurzeln tief in das japanische Erdreich geschlagen und weitreichende Wirkungen gehabt auf das Schicksal dieses Volkes. Natürlich ist auch richtig, daß diese Theorie zu vielen Konflikten innerhalb der kaiserlichen Familie führte und daß sich viele Anführer und Feudalherren bekriegten, um des Kaisers Gunst zu erhalten. Mehr als tausend Jahre lang, von der Taika-Reform bis zur Meiji-Revolution, wurden die Kaiser vom *kampaku* (dem obersten Berater des Kaisers), vom Shogun (dem Oberbefehlshaber der Streitkräfte gegen die Barbaren) oder dem Hoo (dem abgedankten Kaiser, der heilige Weihen empfangen hatte) gegängelt; nicht der Kaiser, sondern sie waren die wahren Herrscher des Landes. Die politische Macht des Kaisers stand nur auf dem Papier. Dennoch bewahrte in dieser Epoche die Vorstellung von der Offenbarten Gottheit die Linie der Herrscher ungebrochen. Wenn die Nation bedroht war, wie etwa zur Zeit der mongolischen Landungsversuche (1274 und 1281), oder später, Mitte des neunzehnten Jahrhunderts, als mächtige abendländische Flottenverbände vor Japan aufkreuzten, oder auch im Zweiten Weltkrieg, unterstützte das ganze Volk diese Vorstellung und gab sich ihretwegen freudig für die Nation hin.

Die Geschichte Japans ist ganz anders als die Geschichte Chinas verlaufen, wo politischer Wandel nichts Seltenes war und eine Dynastie auf die andere folgte. Selbst nach dem Zweiten Weltkrieg blieb das besiegte japanische Volk seinem Kaiser in solch hohem Maße treu, daß die Streitkräfte der Alliierten meinten, sie würden hohe

Verluste erleiden, falls sie das Kaiserhaus abschafften, weil die Japaner ihnen dann entschlossen, furchtlos und hartnäckig Widerstand entgegensetzen würden. Zwischen dem Kodex des Shotoku Taishi aus dem Jahr 604 und der gegenwärtigen Verfassung von 1946 besteht, was die Stellung des Kaisers und seine politische Funktion anlangt, eine erstaunliche Kontinuität. Obschon die Göttlichkeit des Kaisers heute verneint wird, ist er noch immer ein Symbol des Staates und der Einheit des japanischen Volkes. Nach beiden Verfassungsdokumenten ist er nur dem Namen nach Herrscher. Während in China viele Dynastien, selbst solche, die riesige Reiche errichteten, keine zweihundert Jahre bestanden, gelang es Japan, „eine kaiserliche Linie, ungebrochen seit ewigen Zeiten" zu bewahren, indem es die Stellung des Kaisers neutralisierte und sie für heilig und unverletzlich erklärte.

3. Die religiösen Weltanschauungen Japans

Vom Konfuzianismus und Taoismus sagt man, der eine nähme seinen Ursprung von Konfuzius, der andere von Lao-tse; diese beiden Männer gehörten dem Stand der Gelehrten *(literati)* an.[6] Schon im Frühstadium ihrer Entwicklung vermittelten beide Glaubenssysteme der Intelligenz mehr oder weniger ähnliche Philosophien und Regeln für das Leben. Das Wort *tao* heißt eigentlich ewige Ordnung und Verlauf der Gesellschaft (oder des Kosmos), es ist also eigentlich ein konfuzianisches Konzept. In China wurde freilich der Taoismus immer stärker regierungsfeindlich und blieb die meiste Zeit die Weltanschauung der Beherrschten, indes sich der Konfuzianismus als die Philosophie der Herrscher etablierte und die Achtung und die Unterstützung der Beamten und der herrschenden Klassen gewann. Während der Konfuzianismus in den Städten überwog, lebten die meisten Taoisten in der Abgeschiedenheit des flachen Landes. Der Konfuzianismus ist eher intellektueller Natur, was man daran erkennen kann, daß er Gespenster und Geister in achtungsgebietender Entfernung hielt (er akzeptierte sie, mit anderen Worten, nie; obschon er sie auch nicht ausdrücklich leugnete), wohingegen der Taoismus mystisch war und seinen Schamanen verhaftet blieb, an Magie glaubte und auf ihre Kraft baute. Seine wichtigsten Anhänger waren die Bauern in den Dörfern und die Ungebildeten in den Städten.

Auch in Japan übernahm die Beamtenschaft den Konfuzianismus. So fußten beispielsweise, wie schon erwähnt, Shotokus Kodex und auch spätere kaiserliche Edikte auf dem Konfuzianismus. Die Regierungen ermutigten das Volk, die konfuzianischen Tugenden zu pflegen. Der Taoismus hingegen konnte sich auf den japanischen Inseln nicht als eine eigenständige Religion entwickeln, er schlüpfte in das Gewand des Schintoismus. Man kann den Schintoismus, umgekehrt, auch als eine verkleidete Form des Taoismus ansehen.[7] Autochthone religiöse Lehren und der aus China eingeführte Taoismus verschmolzen miteinander und lassen sich heute nicht mehr voneinander trennen. (Es ist übrigens interessant, daß es in Okinawa, das außerhalb des Schintoismus-Bereiches liegt, den Taoismus seit dem vierzehnten Jahrhundert als Religion gibt, dort stehen auch an vielen Orten taoistische Schreine. Dies deutet an, daß dort, wo der Schintoismus vorherrscht, der Taoismus nicht in Erscheinung tritt und umgekehrt. Vielleicht ein weiteres Indiz dafür, daß sie miteinander verwandt sind.)

Gemeinhin glaubt man, daß der Schintoismus seine wahren Ursprünge in Japan hat. Nun mag er zwar viele japanische Elemente besitzen, dennoch ist es außerordentlich schwierig herauszufinden, wie sich der Schintoismus in seiner reinen, ursprünglichen Form einmal dargestellt hat. Es gibt keine schriftlichen Aufzeichnungen, die so weit zurückreichen. Alle schriftlichen Quellen, die Historikern zur Verfügung stehen, entstanden bereits unter chinesischem Einfluß, so daß wir den Schintoismus nur beurteilen können, nachdem er bereits dem Einfluß des Taoismus ausgesetzt war. Da der Taoismus seine chinesische Herkunft betont, muß eine ähnliche Behauptung, der Schintoismus sei japanischer Abstammung, sehr taoistisch klingen. Man kann den Schintoismus entweder als eine japanische Spielart des Taoismus oder als eine Verbindung aus Taoismus und primitivem Schintoismus ansehen.

Es ist interessant zu erfahren, daß man im Schintoismus einige taoistische Götter in verkleideter Form wiederfindet. Viele taoistische Zeremonien und Riten wurden in die Riten des kaiserlichen Haushaltes und in das Brauchtum dörflicher Festlichkeiten aufgenommen. Im Schintoismus kehren auch magische Elemente aus dem Taoismus wieder wie das Wahrsagen, die Astrologie, Geomantie und dergleichen. „Den Geist vom Laster zu reinigen und sein innerstes Herz ehrlich zu zeigen" *(seimeishin)* ist eine der Tugenden, die beide Religionen achten. Außerdem finden wir in japanischen Märchen und Volkssagen viele taoistische Vorstellungen. Die meisten Japaner sind wirklich vom Taoismus tief geprägt, und zwar durch dessen Einwirkung auf den ursprünglichen Schintoismus. So halten sie beispielsweise beim Errichten eines Hauses nach jedem größeren Arbeitsgang – nach Ausheben des Grundes, nach dem Errichten des Balkenwerkes und so weiter – Zeremonien ab, die immer von Schinto-Priestern vollzogen werden. An den Schinto-Schreinen können Besucher geweihte Lose kaufen nebst Almanachen, in denen sie nachschlagen können, was die Sterne verheißen. Das alles ist sehr taoistisch.

Die japanischen Mythen, die im *Kojiki* enthalten sind, zeigen, daß sie unter stark taoistischem Einfluß niedergeschrieben wurden. Dort heißt es, vor der Geburt der japanischen Eilande sei das Universum wüst und leer gewesen. Diese Auffassung spiegelt die taoistische Vorstellung von der ursprünglichen Beschaffenheit des Universums wider, wenngleich man ähnliche Beschreibungen auch in anderen Religionen finden kann, so im Christentum, aber auch in der antiken Religion Griechenlands. Während des mythologischen Zeitalters, so sagt man, wurden in Japan politische Entscheidungen nach taoistischen-schamanischen Prinzipien getroffen und nicht nach den Grundsätzen des konfuzianischen Rituals. Obschon die Mehrzahl der Kaiser aus dieser Epoche (Kaiser Nintoku ausgenommen) weit entfernt waren vom konfuzianischen Ideal, schreibt doch der Herausgeber des *Kojiki* im Vorwort zu diesem Werk, Kaiser Tenmu habe sowohl Huang Ti (den idealen Kaiser des Taoismus) als auch Wen Wang (aus der Chou-Dynastie, er war der ideale Kaiser des Konfuzianismus), darin übertroffen, daß es ihm gelang, Achtung und Liebe zu gewinnen, wohingegen Kaiserin Genmei berühmter gewesen sei als der legendäre chinesische Kaiser Yü. Diese Worte machen deutlich, daß der Herausgeber gegenüber der höherentwickelten Kultur Chinas, vor allem aber gegenüber dessen taoistischen und konfuzianischen Traditionen Minderwertigkeitsgefühle empfand, sie zeigen aber auch, daß er von ihnen beeinflußt war.

In punkto Kultur und politischer Macht war China Japan haushoch überlegen. Um dieses Gefälle abzubauen, mußte sich der japanische Hof und seine Regierung von Grund auf erneuern. Zugleich galt es, ein Lehrsystem zu ersinnen, das die Autorität der kaiserlichen Familie stärkte. Gewiß ist es nicht übertrieben zu sagen, daß das gesamte *Kojiki* der Absicht gewidmet war, die Ursprünge und die Geschichte der Kaiserfamilie zu überliefern und die Heiligkeit des Kaisers, welche auf seiner ununterbrochenen Linie beruhte, zu begründen. Nur wer imstande ist, seine Abkunft von der Sonnengöttin Amaterasu zu beweisen, kann das Thronfolgerecht für sich beanspruchen.

Der kaiserliche Thron ist unverletzlich, weil in den Adern des Kaisers das Blut der Amaterasu fließt. Diese Theorie schließt nicht aus, daß es innerhalb der kaiserlichen Familie zu Thronfolgestreitigkeiten kommen kann. Im alten Japan war es, wie wir bereits erfahren haben, nicht ganz ungewöhnlich, daß ein Angehöriger des kaiserlichen Clans seinen Bruder oder Vetter totschlug. Daher konnten wirkliche Reformen und Neuerungen vorgenommen werden, obwohl das politische System an sich starr ist und das Kaiserhaus in nie unterbrochener Folge bestand. Wer ein neues politisches Ideal durchsetzen wollte, brauchte nur – innerhalb des kaiserlichen Clans – einen Prinzen zu finden, der sein Programm unterstützte. Die Taika-Reform, ein typisches Beispiel für einen Staatsstreich oder eine Revolution auf japanisch, fand ihre Vollendung, als Prinz Naka no Oe und Nakatomi Kamatari Soga töteten und Kaiserin Kogyoku den Thron an ihren Bruder, Kaiser Kotoku, weitergab. Weil dies die japanische Art ist, Revolution zu machen, blieb die kaiserliche Linie ungebrochen, wenngleich dann und wann einmal ein Kaiser getötet oder zur Abdankung gezwungen wurde.

Im siebten Jahrhundert erneuerten die Japaner ihre Regierung nach konfuzianischen Vorstellungen und schrieben Sagen nieder, die stark unter taoistischem Einfluß standen, um in den Köpfen der Menschen ein Glaubenssystem einzupflanzen, welches die kaiserliche Familie unterstützte. Da der Konfuzianismus weitaus rationaler ist als der Taoismus, kann man darin nur eine kluge Anwendung der beiden chinesischen Philosophien sehen. Die Zeremonien am japanischen Hofe waren zwar taoistisch, aber das Volk verstand sie als schintoistisch und glaubte daher, daß die kaiserliche Familie die Traditionen des Landes achtete. Die Regierung indessen war konfuzianisch und fortschrittlich. Als Antwort auf den Druck des riesigen Chinesischen Reiches schuf sich Japan eine gut funktionierende, starke Regierung und fachte die nationalistischen und patriotischen Empfindungen des Volkes an. Es klingt wie Ironie, daß die Verbindungen aus diesen beiden chinesischen Philosophien beiden Zwekken diente. Der Schintoismus förderte den Nationalgeist, und *kokugaku* (das Studium der japanischen Klassiker), das sich aus der Beschäftigung mit dem *Kojiki* entwickelte und sich begeistert für den Schintoismus einsetzte, trug vor allem während der späteren Tokugawa-Zeit viel dazu bei, die ultranationalistische und chauvinistische Bewegung gegen die Westmächte und gegen China anzufachen.

Die Tragik des japanischen Volkes war, daß gerade die Weltanschauung, die ihren Nationalismus förderte und ihr traditionelles Gemeinwesen trug, irrational war und mit Magie und Zauberei arbeitete. Wenn die Nation bedroht war, betete der Kaiser zu seiner Ahnfrau, der Sonnengöttin Amaterasu, und suchte bei ihr Hilfe. Es war ein Glück für Japan, daß bei beiden Landungsversuchen der Mongolen ein schwerer Taifun aufkam und die feindlichen Flotten zum größten Teil versenkte. Daher nannte man diesen Sturm einen *kamikaze*, einen von Gott gesandten Wind. Noch während des Zweiten Weltkriegs beteten die Japaner vor Schinto-Schreinen für einen weiteren *kamikaze*. Sie betrachteten militärische Taktiken und Strategien nicht mit kühlem Verstand und kritischem Ernst und traten fanatisch dafür ein, daß Menschen ihr Leben für diesen Krieg hingaben.

Der japanische Schintoismus ist vornehmlich die Religion der Kaiserfamilie, dennoch hat er durch einzelne Zeremonien – Dorffeste, Erntedankfeiern, Eheschließungen und die Feiern beim Bau eines Hauses – auch in der Bevölkerung Eingang gefunden. Der Konfuzianismus hingegen bestimmte wie in China auch in Japan den Verhaltenskodex des amtlichen Lebens und der Elite. Der Taoismus schließlich (bzw. seine japanische Spielart, der Schintoismus) ist zugleich die Religion der kaiserlichen Familie und des Volkes. Hervorhebung verdient freilich auch, daß zwischen dem chinesischen Taoismus und dem japanischen Schintoismus ein gewaltiger Unterschied besteht. Der Schintoismus förderte das Treuegefühl und den Patriotismus der Japaner, während der chinesische Taoismus forderte, der Mensch solle sich aus dem öffentlichen Leben zurückziehen und in Abgeschiedenheit, Ruhe und Zufriedenheit leben, auf daß er bei seiner Suche nach irdischer Glückseligkeit sein eigentliches Ziel erreiche – immerwährende Jugend und Unsterblichkeit.

So haben die Japaner den Taoismus im Grunde ins Gegenteil verkehrt. Sie deuteten die echt taoistischen Vorstellungen vom Himmlischen Kaiser und dem Göttlichen Land (*shinkoku*, d.h. Land mit übernatürlichen Fähigkeiten) auf eine Weise, die ausgesprochen japanisch und ganz und gar antitaoistisch ist und regten damit ihren Nationalismus an. Schintoisten schätzen übrigens die Selbstaufopferung zum Wohle des Kaisers mehr als die Suche nach Jugend und Unsterblichkeit; sie schätzen die Unvergänglichkeit des Landes über alles, nicht das Leben des einzelnen; während die Taoisten gerade auf das Individuum großen Wert legen. Es ist daher nicht erstaunlich, daß diese beiden Länder, die den Schintoismus beziehungsweise den Taoismus als ihre Hauptreligionen haben, völlig verschiedene Wege der historischen Entwicklung eingeschlagen haben, obschon die weltanschauliche Grundlage beider Länder auf dem Konfuzianismus beruht.

Auch der Buddhismus kam von außen nach Japan, und zwar nicht auf dem direkten Wege aus Indien, sondern auf dem Umweg über

China. Er war daher bereits von chinesischem Denken geprägt und enthielt viele Elemente, die auch dem Konfuzianismus und dem Taoismus eigen sind. Die Japaner studierten den Buddhismus in chinesischer Sprache. Während der Konfuzianismus dem Monarchen und seinen Lehnsleuten jedoch eine politische Philosophie vermittelte, war – im Gegensatz dazu – das Hauptanliegen des Buddhismus darauf gerichtet, Menschen, die in Not geraten waren, beizustehen, und zwar im Geistigen ebenso wie im Materiellen. Während der Konfuzianismus solche Tugenden hervorhob wie Treue und Selbstaufgabe, hielt der Buddhismus das Mitgefühl gegenüber aller lebenden Kreatur für die wichtigste Aufgabe des Menschen. Wenn Buddhisten sich für etwas einsetzten, dann stets für gemeinnützige Zwecke: Sie nahmen sich der gesellschaftlich Verachteten an, leiteten Krankenhäuser, waren im Sozialbereich tätig, halfen Häuser aufbauen und Bewässerungsanlagen anlegen. Sie bedrängten die Regierung, damit sie Wohlfahrtsprogramme aller Art durchführte; und sie zogen in Stadt und Land umher, um ihre Religion im Volk weiter zu verbreiten.

Shotoku Taishis Regierung war die erste gutorganisierte Regierung Japans, und sie förderte den Buddhismus; Artikel 2 seines Kodexes erklärt, „das Volk soll Buddha, den Buddhismus und die Buddhisten achten". Später, namentlich während der Nara-Zeit (710–794), genoß der Buddhismus den besonderen Schutz der Regierung. In seinem Namen ließ sie überall im Land riesige Tempel und hohe Türme errichten; dies förderte auch das nationale Ansehen. Hohe buddhistische Persönlichkeiten gewannen Einfluß auf die Regierung und bei Hofe und versuchten, auch in der Politik ein Wörtchen mitzureden. Als der Buddhismus diese Machtstellung innehatte, erfuhr der Taoismus, der sich bereits in Gestalt des Schintoismus als die Religion der kaiserlichen Familie etabliert hatte, eine neue Deutung, und zwar vom Standpunkt des Buddhismus her. In dieser neuen Interpretation treten die Götter des Schintoismus als Manifestationen des Buddha und seiner erlauchten Jünger auf. Im Schintoismus erblickte man nun eine andere Spielart des Buddhismus.

Zugleich gab jedoch auch der Schintoismus von seinem Selbstverständnis her dem Buddhismus eine neue Deutung. Ich habe bereits erwähnt, daß der Schintoismus im Grunde ein japanischer Taoismus ist. Dies hatte zur Folge, daß die Japaner sogar die Vorstellung akzeptierten, ihr Kaiser sei der lebende Gott (eine Offenbare Gottheit) der Nation, was sehr antitaoistisch ist. Auch der Buddhismus wurde japanisiert, nachdem er die Regierung durchdrungen hatte; er bejahte schließlich die Doktrin, Japan sei das „Göttliche Land", in dem die

Offenbare Gottheit regierte und das daher ewiglich bestehen solle wie Himmel und Erde. In schweren Notzeiten – während der mongolischen Landungsversuche oder im Zweiten Weltkrieg – wurden nicht nur vor schintoistischen Schreinen, sondern auch in buddhistischen Tempeln Gottesdienste abgehalten, um für die Niederringung des Feindes zu beten.

Keine buddhistische Sekte könnte die Zustimmung der Öffentlichkeit erhalten, solange sie nicht das oberste Gebot Japans anerkannte. Eine typisch japanisch-buddhistische Sekte ist die Nichiren-Sekte, die in der zweiten Hälfte des dreizehnten Jahrhunderts entstand. Obschon sie buddhistisch zu sein vorgibt, ist sie doch in Wirklichkeit eine Art Schamanismus (mithin also taoistisch) und gleichfalls ultranationalistisch. (Das Christentum hätte möglicherweise in Japan eine andere Entwicklung genommen, wenn die Missionare es fertiggebracht hätten, die Lehre vom „Göttlichen Land“ zu akzeptieren. Für das Christentum hätte eine solche Kehrtwendung allerdings eine ernsthafte Verwandlung bedeutet.)

Man darf freilich nicht vergessen, daß der Rezeptionsprozeß eigenartig verläuft, wenn ein kulturell unterlegenes Land eine höherentwickelte, fremde Kultur aufzunehmen versucht. Die herrschende Schicht des Empfängerlandes zeigt Interesse für die neuartigen Ideen, während die Unterschichten kaum die Möglichkeit haben, mit den neuen Denkweisen in unmittelbare Berührung zu treten. Die Volksmassen haben wenig Sinn für kulturelle Dinge, und sie können die neuen Ideen daher nur durch die Augen der Eliten wahrnehmen. Allerdings sind diese Ideen dann häufig verfälscht. Der japanische Buddhismus macht da keine Ausnahme. In der zweiten Hälfte des sechzehnten Jahrhunderts, als Oda Nobunaga Diktator des Landes wurde, war – zumindest für ihn – diese Religion moralisch heruntergekommen und hatte ihren ursprünglichen Geist verloren.

Nobunaga regierte zwar nur ein paar Jahre, aber er versetzte dem Buddhismus doch einen vernichtenden Schlag. Er war durch und durch Rationalist. Er war ein Mann, der im Krieg mit vielen neuen Taktiken experimentierte; er fürchtete nicht die Niederlage in der Schlacht, sondern lernte daraus, wie für die nächste Schlacht ein Bündel noch glänzenderer Taktiken auszuarbeiten war. Seine Methoden der Kriegführung waren neu; er war der erste, der geschlossene Truppenverbände mit Schußwaffen ausstattete, neue Manöver mit Kampfschiffen erfand, seine Gegner durch Aushungerung oder Überschwemmung zur Aufgabe zwang; er setzte Bordkanonen ein und erweiterte den Handel durch Aufhebung von Grenzpfählen und Binnenzöllen. Er ordnete die Zerstörung buddhistischer Tempel an und nahm dem Adel seine Landgüter weg, und er ersetzte das gutsherrschaftliche System (siehe unten, 4. Abschnitt), das etwa einhundert Jahre nach der Taika-Reform eingeführt worden war, durch eine Art höherentwickeltes Lehnswesen. Das neue Feudalsystem erlaubte es Nobunaga, Feudalherren und ihre Krieger (Samurai) von einem Lehnsgut zum andern zu schicken, also ganz ähnlich, wie heute Verwaltungsbeamte versetzt werden. Solch ein „moderner" Feudalismus setzte voraus, daß es eine Gruppe eigens dafür ausgebildeter Samurai gab. Diese begleiteten ihren Herrn zu seinem neuen Lehen, während die Bauern an die Scholle gebunden blieben und sich ausschließlich mit ihrer landwirtschaftlichen Produktion beschäftigten. Die Samurai wurden jetzt Vollmitglieder der unproduktiven Herrschaftsschicht. Nobunagas Neuerung, Schwert und Pflug voneinander zu trennen, wurde von seinen Amtsnachfolgern Toyotomi Hideyoshi (1536–1598) und Tokugawa Ieyasu (1542–1616) weiter entwickelt und vervollständigt. Dieses Gesellschaftssystem bestand etwa dreihundert Jahre lang, bis zur Meiji-Revolution.

Der Realist Nobunaga glaubte weder an Gott noch an Buddha; er glaubte auch nicht an den Mythos vom Göttlichen Land. Zwar achtete er den Kaiser und half dessen Familie auch mit Geld aus; in seinem Herzen jedoch hielt er die Schintoisten und die Konfuzianer für Schwächlinge, die zu nichts taugten. Er war in der Tat ein unkonventioneller und außergewöhnlicher Japaner, der sogar die abendländischen Missionare akzeptierte, wie sie auch ihrerseits für ihn Verständnis hatten. Nobunaga rühmte sie als tapfere Männer, die von weither über die Meere gekommen waren. Begierig hörte er sich an, was sie über den Lauf der Welt und den Stand der Naturwissenschaften und der Technik in Europa berichteten. Er zollte ihren seltenen, kostbaren Gegenständen, vor allem aber ihren neuen Waffen, die sie mitführten, höchste Achtung. Kurzum, Nobunagas Zielen und Vorstellungen waren die christlichen Missionare dienlich.

Die Buddhisten hingegen schätzte er nicht. Er sah sie als Feinde an, als Schmarotzer, die eine Regierung nach der andern ausgesaugt hatten. Ihr ganzes Denken zeugte seiner Meinung nach von widerwärtigem Konservatismus, ohne jeden Sinn für Fortschritt. Er ließ ihren Enryakuji-Tempel (von dem aus seit seiner Errichtung im Jahr 788 enormer Einfluß ausgegangen war) bis auf die Grundmauern niederbrennen und ihre Priester samt deren Beischläferinnen und jeden, der irgendwie mit dem Tempel zu tun hatte, auch Kinder und Mönchs-Soldaten, niedermetzeln. Die Anhänger der buddhistischen Ikko-Sekte, die einen Bürgerkrieg angezettelt hatten, warf er nieder und zerstörte ihre seit alters her geachteten Tempelanlagen, wie die von

Kofukuji, Makioji und Koyasan, und er ließ die Geistlichen, die er dort vorfand, samt ihrem Gefolge töten.

In den letzten Jahren seines Lebens war Nobunaga dem Wahnsinn nahe. Hochmütig war er immer gewesen, auch grausam, dickköpfig und launisch; und diese Eigenschaften wurden im Alter immer schlimmer. Seine Grausamkeiten, vor allem das Massaker von Enryakuji, entsetzte die Buddhisten. Nach diesem Vorfall zogen sie sich ganz aus dem politischen Leben zurück, auch aus der Caritas – und sie haben sich seither nie wieder auf diese Gebiete begeben.[8] Die Tempel dienten fortan nur noch für Trauerfeierlichkeiten. Daß die meisten Japaner heutzutage areligiös, ja Atheisten sind, mag man teils dem Umstand zuschreiben, daß so früh in ihrer Geschichte dieser gefürchtete, radikal-atheistische, rationalistische Tyrann in Erscheinung getreten war. Trotz alledem bleibt der Buddhismus in Japan eine im Volk beliebte Religion, obschon man bezweifeln kann, daß die Japaner im Buddha ihre Rettung erblicken.

Überblickt man die gesamte Geschichte des Buddhismus in Japan, so erkennt man, daß dessen größte Blüte in der Nara-Zeit (710–794) und in der Kamakura-Zeit (1192–1333) lag. Da es die regierende Klasse gewesen war, die den Buddhismus nach Japan gebracht hatte, setzte sie ihn als Instrument ein, das Volk in ihrer Gewalt zu behalten; folglich war auch nicht nur das Glück oder das Elend des Einzelnen das Anliegen des Buddhismus, sondern in viel höherem Maße das Wohl des Staates. Dies trifft besonders für den Buddhismus der Nara-Zeit zu. Während der Kamakura-Zeit hingegen, als die Samurai ihre große Zeit erlebten, als Männer, die ständig dem Tod ins Auge blickten und ihre Gegner töten mußten, wenn sie selber am Leben bleiben wollten, war es – im Gegenteil – nur natürlich, daß diese Krieger ein starkes Interesse für den Buddhismus zeigten.

Eine der außergewöhnlichsten Persönlichkeiten der Kamakura-Zeit war Shinran. Er gründete einen religiösen Orden, der sich gänzlich von der Magie löste, seinen Mitgliedern die Heirat gestattete und sie ein im wesentlichen weltliches Leben führen ließ. Dies führte die von Shinran gegründete Sekte (*Jodo Shinshu* – Wahres Reines Land oder Ikko-Sekte) zum Erfolg, da sie im Volk weite Verbreitung fand. Gleichzeitig änderte sich die Stellung der erblichen Priesterschaft: Sie wurde mehr und mehr zu einer Adelsclique und letztendlich zu einer der großen Feudalgewalten. Auf den ersten Blick scheint die Wahre-Reine-Land-Sekte als eine verweltlichte Form des Buddhismus Ähnlichkeit mit einer protestantischen Sekte innerhalb des Christentums zu haben. Aber sie zeigte wenig Neigung zur gesellschaftlichen Reform, wenig Empörung gegen die Ungerechtigkeiten des Lebens, wenig Bestreben, das Volk zu retten. Ihre Priesterschaft suchte mit aller Macht weltlichen Einfluß zu gewinnen, und sie entwickelte sich daher bald zu einer Feudalgewalt; ihre Oberen gefielen sich darin, ein ausschweifendes, aristokratisches Leben zu führen, das sie aus den Steuern ihrer Anhänger bestritten. Nobunaga fügte dieser Ikko-Sekte eine schwere Niederlage zu.

4. Der japanische Feudalismus

Die Glaubenssysteme, die sich in Japan während des siebten Jahrhunderts ausbreiteten, zeigen noch heute die gleiche schichtenspezifische Anordnung. Ganz allgemein kann man sagen, daß sogar noch nach der Berührung mit westlichen Einflüssen in der Regierung der Konfuzianismus vorherrscht, in der kaiserlichen Familie der Schintoismus und beim Volk der Buddhismus. Der mächtige Verfassungsstaat, der durch die Taika-Reform errichtet worden war, hielt sich allerdings nicht lange, und sein zentralistischer Verwaltungsapparat wurde allmählich bis auf einen kleinen Kern zurückgedrängt.

Wir haben oben gesagt, daß die entscheidende Niederlage des Prinzen Naka no Oe in Korea für die japanische Regierung einen schweren Schlag bedeutete, wenngleich das Land langfristig Nutzen daraus zog, vor allem in kultureller Hinsicht. Diese Niederlage schwächte die Regierung, und sie mußte sich nun der führenden Familien erwehren, die einen Machtzuwachs verbuchten, und mußte ihnen ansehnliche Zugeständnisse machen. Knaben aus angesehenen Familien wurden bei Neueinstellungen bevorzugt behandelt und rückten im Vergleich zu Jungen aus einfachen Familien schneller auf; in der Regierung nahmen Adelige wichtige Stellungen ein. Die reformfreudige Regierung mußte sich an ihrer ursprünglich fortschrittlichen Einstellung beträchtliche Abstriche gefallen lassen.

Unter dieser schwachen Zentralregierung gewannen die Gouverneure draußen im Land gegenüber dem Premierminister immer mehr Unabhängigkeit. Sie verhielten sich so, als seien sie in ihren Provinzen unumschränkte Herrscher und nicht Vertreter der Zentralregierung. Sie fingen an, den Boden, den sie im Auftrag des Staates zu beaufsichtigen hatten, als ihr eigenes Land anzusehen.

Ödland, Berge und Wälder waren selbst nach der Taika-Reform nicht in staatlichen Besitz übergegangen. Im Jahre 723 schloß die Regierung einen Kompromiß mit den Adeligen, daß all diese Ländereien in Besitz dessen übergehen sollten, der sie für sich beanspruchte und kultivierte, allerdings nur zu seinen Lebzeiten. 743 wurde diese Bestimmung dahingehend verändert, daß fortan der Grund und Boden, den jemand kultiviert hatte, für immer in seinem Besitz verblieb. Für die Adeligen war dies ein großer Anreiz, Gouverneur zu werden. Sie vergrößerten ihren Landbesitz, indem sie das Land urbar machten, und wurden so zu Großgrundbesitzern. Die Landarbeiter auf diesen Ländereien, die neuerdings in Privathand waren, wurden als die Gefolgsleute der Grundherren angesehen. So begann sich der zentralistische Verwaltungsstaat, den Shotoku Taishi geschaffen hatte, im achten Jahrhundert langsam aufzulösen, und an seine Stelle trat ein präfeudales, erblich gutsherrschaftliches System, das seinerseits durch den Feudalismus abgelöst wurde, der dann bis in die Tage Nobunagas – also bis ins sechzehnte Jahrhundert – Bestand hatte. Das alte Gesetzbuch und der Verhaltenskodex aus der Taika-Zeit besaßen zwar formal weiterhin Gültigkeit, aber in Wirklichkeit waren sie toter Buchstabe, nur noch schmückendes Beiwerk.

Die Historiker gehen davon aus, daß der gutsherrschaftliche Feudalismus in Japan gegen Ende des zwölften, Anfang des dreizehnten Jahrhunderts entstanden sei, und zwar mit dem Sturz des Taira-Clans im Jahre 1185, der bis dahin bei Hof den größten Einfluß besessen und beinahe immer seinen Willen durchzusetzen vermocht hatte. Verantwortlich für den Sturz war die Familie Minamoto. Beide Clans, die Taira wie die Minamoto, entstammten der kaiserlichen Familie; ihre Männer waren im neunten Jahrhundert, als die Regierungsgewalt in den Händen der Familie Fujiwara lag, als Gouverneure in die Provinzen hinausgezogen. Sie hatten sich dort niedergelassen und waren nach Ablauf ihrer Amtszeit auch nicht nach Kyoto zurückgekehrt, sondern blieben in den Provinzen, wo sie zu mächtigen Familien wurden. Der Taira-Clan hatte den Sturz der Familie Fujiwara herbeigeführt und war somit als erster an die Macht gekommen, wurde jedoch gleich darauf von den Minamoto gestürzt.

Neben den Minamoto und den Taira gab es noch viele weitere mächtige Familien in den Provinzen, die bewaffnete Kriegerbanden aufstellten, um ihr Land und das Kronland, das ihrer Aufsicht unterlag, vor den Zugriffen der Zentralregierung und anderer Elemente zu beschützen. Das Oberhaupt einer dieser Familien wurde zum Feudalherren der Ländereien *(ryoshu)* ernannt, seine Verwandten bildeten den herrschenden Rat, und die ihm untertanen Bauern wurden seine Soldaten. Anfangs setzte der Adel diese Kriegerscharen dazu ein, sich selbst und sein Eigentum zu beschützen, aber schließlich kehrten sich die Dinge um, und die Krieger nahmen das Heft in die Hand.

Als die Taira stürzten, war Minamoto Yoritomo (1147–1199) Chef des Minamoto-Clans. Sein eigentlicher Einflußbereich war die Gegend von Kanto, aber nach dem Sturz der Taira annektierte er deren Gebiet, um künftig seinen Einfluß landesweit geltend zu machen. Anfangs war Yoritomos Herrschaftsapparat eine rein private Organisation, die sein Territorium verwaltete, und seine Maßnahmen waren ausschließlich auf familiäre Angelegenheiten des Minamoto-Clans beschränkt. Das Land als Ganzes wurde weiterhin so regiert wie bisher, wie seit der Taika-Reform. Als die Taira den Sturz der Familie Fujiwara herbeigeführt hatten, waren sie in Kyoto geblieben und hatten alle wichtigen Ämter der Zentralregierung besetzt; Minamoto Yoritomo hingegen blieb nun in Kamakura, das auf seinem eigenen Territorium, Kanto, lag. Künftig gab es also die Zentralregierung in Kyoto und in Kamakura den Verwaltungsapparat, der für die Familienangelegenheiten der Minamoto zuständig war; im Jahre 1192 jedoch, als Yoritomo mit dem Amt des *Sei-i-Taishogun* (wörtlich: Großer Barbarenunterwerfender Generalissimus) betraut wurde, nahm seine Regierung (bekannt als das *Bakufu* oder Militärregierung) langsam einen öffentlichen Charakter an, und seine persönlichen Truppen wurden allmählich als nationale Armee betrachtet. Da er, im Besitz einer Privatarmee und einer eigenen Verwaltung, einem Monarchen gleichgestellt war, bedeutete die somit entstandene Situation eine Verletzung von Artikel 12 von Shotoku Taishis Kodex, denn dieser bestimmte: „Ein Land soll keine zwei Herrscher haben und ein Volk keine zwei Herren." Da jedoch Yoritomo bis zuletzt formell Oberbefehlshaber einer kaiserlichen Armee blieb und in Kyoto weiterhin eine Bürokratie (Hofaristokratie) saß, die, vom Premierminister abwärts, dem Kaiser unterstand, bedeutete dies nicht unbedingt die Aufhebung der überlieferten Ordnung. Das Kamakura-Bakufu (1192–1333) zerstörte also nicht die alte Ordnung, sondern rechtfertigte seine eigene Legitimität, indem es sie anerkannte und seinerseits von ihr anerkannt wurde.[9] In Wirklichkeit jedoch waren weder der Kaiser noch seine Regierung imstande, das (Militär-)Bakufu zu beherrschen, und das Bakufu spielte mehr als nur eine rein militärische Rolle. Die Militärregierung und die Zivilregierung des Hofes arbeiteten nicht miteinander, sondern nebeneinander. Somit begann in Japan unter Yoritomo ein Zeitalter der Doppelherrschaft, doch je weiter die Zeit voranschritt, desto mehr galt das Bakufu auch nach außen hin als die eigentliche Regierung; und der Hof verkümmerte zu einer Schattenregierung, die bloß noch pro forma bestand.

Jede kriegerische Gesellschaft braucht eine Idealvorstellung von dem Krieger, der seinem Führer ergeben dient. In China bezog sich die konfuzianische Tugend *chung* (jap. *chu*) auf die Treue gegenüber dem eigenen Gewissen oder gegenüber sich selbst, in Japan hingegen verstand man unter dieser Treue die Ergebenheit gegenüber dem Herrscher. Dieses Verständnis des *chu* wurde jedoch in der Kamakura-Zeit immer mehr und immer schneller japanisiert. Während das Taika-Regime ein konstitutionelles Herrschaftssystem war, das auf drei Säulen ruhte – öffentlichem Landbesitz, einem Verwaltungsapparat und dem Prinzip des *wa* (Harmonie – Demokratie japanischen Stils, könnte man sagen) – gründete sich das Kamakura-Regime auf den privaten Landbesitz, auf das Prinzip der Erblichkeit und den feudalen Grundsatz „Schutz und Dienst" (also auf die gegenseitige Lehnsverpflichtung, die zwischen dem Herrn und dem Vasallen bestand). Die Bauern auf den Gutshöfen mußten in dieser Zeit das Land nicht mehr für den Feudalherrn oder eine Familie bearbeiten; sie leisteten eine festgesetzte Fron oder zahlten statt dessen eine Summe Geldes, und wer diese Verpflichtung erfüllte, konnte seine Parzelle zu seinem eigenen Nutzen bewirtschaften. Daß die Bauern soviel Freiheit genossen, war den Feudalherren zu verdanken; daß die Feudalherren ihrerseits so frei zu leben vermochten, Frondienste und Geldzahlungen erhielten, war Yoritomo zuzuschreiben, der ihnen ihren Landbesitz bestätigte. Aus der Sicht des einzelnen Feudalherrn war Yoritomo in seiner Eigenschaft als Shogun vor allem auch der Beschützer ihres Grund und Bodens, den sie persönlich besaßen; daneben gab es noch den öffentlichen Landbesitz. Die Gefälligkeiten ihres Herrn bezahlten die Gutsbauern mit ihrer Bereitschaft, sich für ihn aufzuopfern, wenn ihr Herr dies für notwendig hielt. Das gleiche traf für die Beziehung zwischen dem Feudalherrn und dem Shogun zu. Der Shogun konnte innerhalb seines Machtbereiches seine Schutzherrschaft weit ausdehnen, indem er seinen Gefolgsleuten, die ihm die größten Dienste erwiesen hatten, größeren Landbesitz gewährte. So kam es zur Entstehung des japanischen Feudalwesens, und das Kamakura-Regime, das dieses Feudalsystem entstehen ließ, stand somit in völligem Gegensatz zur Taika-Herrschaft. Ein Zeitalter der Doppelherrschaft bedeutete in Japan nicht einfach, daß es nur zwei Regierungen gab; es bedeutet vielmehr, daß das Land in dieser Zeit von zwei völlig verschiedenen Regierungen beherrscht wurde, von denen jede sich von gänzlich anderen politischen Grundsätzen leiten ließ.

Japan war nunmehr in eine Epoche eingetreten, in der es eindeutig zwei Herrscher gab. Es war zudem eine Zeit, in der *chu* (Treue) als die oberste Tugend galt. Natürlich tauchte damit das Problem auf, was zu tun sei, wenn sich die Treue gegenüber dem Kaiser als unvereinbar erwies mit der Treue, die man dem Shogun schuldete. Tatsächlich ist dieser Widerspruch eines der zentralen Themen der *Geschichte des Heike (Heike Monogatari)*, eines Buches, das zu Beginn des dreizehnten Jahrhunderts geschrieben wurde. Um dieses Bündel von Treueverpflichtungen freizuhalten von Widersprüchen, durften die Herrschaft des Kaisers und die des Shoguns nicht grundverschieden voneinander sein; sie mußten, trotz aller Unterschiede, in einem gemeinsamen Fundament wurzeln. Infolgedessen war es eine notwendige Formalität, daß der Kaiser dem Shogun den Titel *Sei-i Taishogun* verlieh und ihn damit gleichsam zu einem kaiserlichen Beamten ernannte. Andererseits durfte der Shogun gegenüber dem Konfuzianismus, der die Hauptreligion der kaiserlichen Herrschaft war, nicht feindselig erscheinen. Vor allem aber mußte der Shogun das Recht schützen. Seine Aufgabe bestand nicht einfach darin, als oberster Krieger innerhalb seines eigenen Herrschaftsbereiches Gerechtigkeit walten zu lassen und auf der Grundlage des Rechts unparteiisch zu sein; als kaiserlicher Reichsbeamter, der vom Kaiser mit militärischen und mit Polizeivollmachten über das ganze Land ausgestattet worden war, war er verpflichtet, in ganz Japan für Gerechtigkeit zu sorgen. Tapferkeit, Treue, Ritterlichkeit, Ehre und Bescheidenheit – dies waren die Tugenden des Kriegers. Aber während der Kamakura-Zeit war das Bild vom idealen Krieger stark konfuzianisch geprägt, und in dieser Form wurde es auch in der Meiji-Zeit in die ,,Kaiserliche Verfügung an die Soldaten und Seeleute" aufgenommen.

In dieser frühen Kriegergesellschaft vermochte man zwischen der Tätigkeit des Bauern und der des Kriegers kaum zu unterscheiden. Der Bauer war zugleich auch Soldat, mithin konnte der Feudalherr auch vom Bauern Treue verlangen. In der Zeit der Bürgerkriege jedoch (1467–1567) brachte Nobunaga mit seinen Heeren aus Berufssoldaten diesen nach überkommenen Prinzipien aufgebauten Feudalarmeen vernichtende Niederlagen bei. Daraufhin begannen die feudalen Clans, eine deutlichere ,,Arbeitsteilung" zwischen Bauer und Krieger einzuführen. In dieser ,,Zwei-Klassen-Gesellschaft", die aus Soldaten und Bauern bestand, teilte sich sodann der produzierende Teil in drei Gruppen auf: in Landbebauer, Handwerker und Händler. Dies spiegelt die Entwicklung von Handwerk und Handel unter Nobunaga und Hideyoshi wider (diese Epoche wird auch als Azuchi-Momoyama-Zeit bezeichnet, 1568–1598). Damit begann Nobunaga, den gutsherrschaftlichen Feudalismus aufzubrechen, und Hideyoshi vollendete dieses Werk und gründete (1591) eine auf Erblichkeit beruhende Ständegesellschaft, in der gesellschaftlicher Auf- und Abstieg untersagt waren.[11]

Diese Aufteilung der Gesellschaft in Krieger einerseits und Landbebauer, Handwerker und Händler andererseits blieb während der gesamten Tokugawa- (oder Edo-)Zeit in Kraft (1603–1867). Das Bakufu der Tokugawa begünstigte den Konfuzianismus, und man kann die japanische Gesellschaft dieser Zeit tatsächlich als eine konfuzianische Feudalgesellschaft betrachten. Aber ihre gesellschaftliche Schichtung war anders als die alte konfuzianische Gesellschaft in China, die aus dem Kaiser, dem Hofadel, den hohen Beamten, der Gentry und dem gemeinen Volk bestand. Zu Beginn der Tokugawa-Zeit deuteten die Konfuzianer in Japan die Situation folgendermaßen: Ihr Kriegerstand (Samurai) entsprach den herrschenden Klassen Chinas, während die Schichten, die in der Produktion tätig waren, dem gemeinen Volk Chinas entsprachen. Weil Konfuzius sich nicht darum gekümmert hatte, derlei Ungebildete wie den „kleinen Mann" (d. h. die Plebs) oder Frauen zu erleuchten, sondern sich statt dessen auf die *literati* beschränkt hatte (den Kaiser, Hofadel, hohe Beamte und Gentry), darum galten in Japan in den ersten Jahren der Tokugawa-Zeit die konfuzianischen Verhaltensregeln auch nicht für Bauern, Handwerker und Kaufleute; nur Samurai mußten diesen Regeln auf gleiche Weise gehorchen, wie man es von den chinesischen Herrschaften verlangte.

In jenen Tagen erwartete man von den Samurai, daß sie sich in den sittlichen Tugenden Treue, Redlichkeit und Anstand auszeichneten; ten; die Samurai erwarben ihre Ehre als herrschende Klasse durch ihre sittliche Bildung. Aber an materiellen Dingen waren sie arm, manchmal sogar bitter arm, namentlich die niederen Samurai. Das Volk, andererseits, wurde verachtet, weil es sich nicht an die konfuzianische Ethik halten mußte. Zum Ausgleich dafür durfte es seinen irdischen Interessen und Vergnügungen nachjagen. Viele von ihnen waren daher bedeutend reicher als der durchschnittliche Samurai. Wie die katholische Gesellschaft in zwei Teile zerfällt, in Kleriker und Laien, jede mit ihren eigenen Verhaltensregeln, so waren auch in der Tokugawa-Gesellschaft die ethischen Bürden zwischen den gebildeten Samurai und der ungebildeten breiten Öffentlichkeit ungleichmäßig verteilt. In der einen Gruppe herrschte konfuzianisches Elitedenken vor, in der anderen ein fröhliches, ausgelassenes Lebensgefühl.

Reiche Bauern und Kaufleute einerseits und gebildete, aber arme Samurai andererseits konnten nur kurze Zeit voneinander unabhängig sein. Der Samurai bedurfte der finanziellen Unterstützung der reicheren Leute. Wohlhabende Bauern und Kaufleute verbrachten ihre Mußestunden mit Bücherlesen und Theaterbesuchen, und sie begannen, sich für westliche Weisheiten ebenso zu interessieren wie für den Konfuzianismus. Allmählich war die konfuzianische Ethik nicht mehr einzig und allein Monopol der Samurai-Schicht. Auch von Bauern und Kaufleuten verlangte man, ihren Vorgesetzten gegenüber ergeben und ihren Freunden und Kunden treu zu sein. Etwa ab der Mitte der Tokugawa-Zeit gab es immer mehr Großgrundbesitzer und Großkaufleute, während andererseits viele Bauern als Landpächter, Lohnabhängige oder Dienstpersonal arbeiten mußten. Auch ihnen brachte man bald bei, daß sie sich ihrer Herrschaft gegenüber in gleicher Weise ergeben zeigen sollten, wie die Samurai gegenüber ihren Herrn. Die „Säkularisation" des *bushido* (d.h. des Samurai-Ethos) hatte begonnen.[12]

Diese Veränderungen bewirkten innerhalb der Ständegesellschaft, welche eine der wichtigen Stützen der Tokugawa-Herrschaft war, ernste Folgen. Man fing an, wohlhabende Kaufleute fast ebenso hoch zu achten wie Samurai, denn auch sie konnten jetzt von ihren Abteilungsleitern, Verkäufern und Hausangestellten treue Dienste verlangen. Natürlich waren sie den Samurai formell noch immer unterlegen, aber der Unterschied nahm merklich ab. Manchem von ihnen wurde sogar gestattet, einen Nachnamen anzunehmen und wie ein Samurai ein Schwert zu tragen. Ähnlich verhielt es sich mit dem Ansehen der Großgrundbesitzer – es stieg. Die traditionelle ständische Schichtung in Samurai, Bauern, Handwerker und Kaufleute verlor nunmehr ihre eigentliche Bedeutung; an ihre Stelle trat eine wahrhaft konfuzianische Trennung in Gebildete und Ungebildete. Zwischen Samurai und wohlhabenden, gebildeten Bauern und Kaufleuten entwickelten sich langsam Freundschaften und gegenseitige Achtung. Das japanische Bürgertum war allerdings niemals so fortschrittlich und so aggressiv wie das europäische. Es mußte sich niemals von der Regierung das Recht erstreiten, damit es in der Wirtschaft tätig sein durfte, daher ergriff es auch während der Meiji-Revolution nicht die Initiative. Manche großen Kaufleute waren da eher reaktionär. Trotzdem bleibt die Feststellung wichtig, daß zu guter Letzt im produzierenden Bereich eine mächtige Gruppe hervortrat, welche sich an die gleichen Verhaltensregeln hielt wie die Samurai.

Dank des Einflusses von Schintoismus und Konfuzianismus legte das japanische Volk großen Wert auf Ahnenverehrung, auf Selbstaufgabe zum Wohle des Herrn und auf ein gutes Einvernehmen mit anderen Mitgliedern der Gesellschaft. Gesellschaftliche und technologische Neuerungen wurden daher in der Tokugawa-Zeit mit wenig Begeisterung aufgenommen. Nur selten wetteiferten Angehörige eines Kaufhauses miteinander um schnelle Beförderung, und der wirtschaftliche Wettbewerb zwischen den Unternehmen war nicht sehr ausgeprägt. Es galt, wie schon gesagt, nicht unbedingt als ein Übel, wenn Kaufleute dem Gewinn nachjagten. Die Prediger öffentlicher Moral befürworteten Sparsamkeit, Askese und Rechtschaffenheit. Sie betonten jedoch auch, daß das Gewinnstreben nicht mit der Gier nach Profiten verwechselt werden dürfe; damit wollten sie unterstreichen, daß im Geschäftsleben eine gerechte Ordnung herrschen müsse. Einige Kaufleute führten neue Geschäftsmethoden ein und wurden reich dabei. Trotz alledem war die Gesellschaft während der ganzen Tokugawa-Zeit im großen und ganzen konservativ, paternalistisch und dem Individualismus abhold. Als die Japaner am Ende dieser Epoche die riesige technologische Kluft gewahrten, die zwischen ihrem Land und dem Westen bestand, erkannten sie, wie dringend notwendig ein Wandel war, und sie dachten ernstlich darüber nach, wie sie eine Volkswirtschaft aus dem Boden stampfen könnten, die sich mit der des Westens messen könnte. Es geschah also mit Blick auf die fremden Nationen, daß die Japaner an wirtschaftlichen Wettbewerb, an tüchtiges Management und moderne Regierung zu denken begannen. Als sich Shotoku Taishi der überwältigenden Vormachtstellung der chinesischen Kultur gegenübersah, erkannte er die Notwendigkeit, einen starken Staat zu errichten. Ähnlich erging es den Patrioten in den letzten Jahren der Tokugawa-Zeit, als sie sich den mächtigen Nationen des Westens gegenübersahen; sie begannen darüber nachzudenken, welche ihrer beiden Regierungen – Bakufu oder Kaiserhof – sie nun unterstützen sollten.

Bitte
60 Pf.
falls Marke
zur Hand

Antwort

SPOTLIGHT-VERLAG
Abonnenten-Service
Postfach 1267

8036 Herrsching
am Ammersee

Bestell-Karte mit Widerrufsrecht

Schicken Sie mir **kostenlos ein Probeexemplar** von

☐ SPOTLIGHT ☐ SPOTLIGHT **UND** ÉCOUTE ☐ ÉCOUTE

zum Kennenlernen. Ich habe ab Erhalt 10 Tage Zeit, Ihr Angebot zu prüfen. Wenn i nicht abschreibe, erhalte ich den gewünschten, angekreuzten Titel monatlich Abonnement zum günstigen **Jahres-Abo-Preis** von jeweils DM 75,– / ÖS 600,– / S 75,– frei Haus. Ich spare gegenüber dem Einzelbezug 17 %.
Wenn ich beide Magazine möchte, spare ich im **Doppelabonnement** zum Jahrespr von DM 144,– / ÖS 1120,– / SFR 144,– **weitere 5 %.**
Mein Jahres-Abo kann ich zwei Monate vor Ablauf der Bezugszeit abbestellen, so verlängert es sich jeweils um 1 Jahr.

Name Vorname

Beruf Geburtsdatum

Telefon mit Vorwahl

Straße

PLZ Ort

Datum X Unterschrift

Diese Bestellung kann ich innerhalb von 10 Tagen beim SPOTLIGHT-VERLA widerrufen. Zur Fristwahrung genügt die Absendung in dieser Zeit. Hiervon habe i Kenntnis genommen.

Unterschrift X

II. Auf dem Weg zur Meiji-Revolution

1. Die Wirren des sechzehnten Jahrhunderts

Dieses Kapitel handelt von der Meiji-Revolution, beziehungsweise Restauration (1867/68), ein einschneidendes Ereignis in der Geschichte Japans. Meine Interpretation der Meiji-Revolution weicht beträchtlich ab von der Ansicht der meisten japanischen Historiker, aber sie hat viel gemein mit der Interpretation der westlichen Geschichtsschreibung, obwohl wir hier die Akzente anders setzen. Die in Japan allenthalben verbreitete Betrachtungsweise lehnt sich mehr oder weniger eng an die Marxsche Theorie der Geschichte an. Aber ich bin der Meinung, daß die Entwicklung Japans in der Neuzeit viel zu einzigartig ist, um von der marxistischen Theorie zufriedenstellend erklärt zu werden.

Die meisten folgenträchtigen Ereignisse in der Geschichte haben ganz spezifische Themen, und das zentrale Thema der Meiji-Revolution war: die Grundlagen zu schaffen für die Errichtung eines modernen Staates westlicher Prägung. Die Japaner wünschen immer noch aufrichtig, einen solchen Staat aufzubauen, aber dies ist für sie ein so schwieriges Unterfangen, daß sie auch in ferner Zukunft vermutlich noch viele Schwierigkeiten mit den daraus entstehenden Problemen haben werden.

Die Japaner haben dieses Ziel – einen modernen Staat westlichen Typs – in einem physisch-materiellen Sinne verstanden, nicht in einem geistigen. Dies ist auch der Grund, warum sie in der geistigen Entwicklung Nachzügler geworden sind – trotz der raschen äußerlichen, formalen Verwestlichung in den Bereichen Wissenschaft, Technologie, Bildung, Wirtschaft, im militärischen Sektor und den politischen Strukturen. Ihre Reaktion bestand sogar eher darin – wie das Schlagwort *wakon yosai* (Japanischer Geist und westliches Können) andeutet –, das Geistesgut des Westens scharf abzulehnen. Die Japaner bestehen darauf, ihre Kultur, ihre Lebensweise, die besonderen Beziehungen zwischen oben und unten sowie ihre Familienstruktur zu bewahren; trotzdem wollen sie zugleich eine moderne Nation werden, die ebensoviel Macht besitzt wie die westlichen Länder. Diesen Wunsch hegten sie während der ganzen letzten hundert Jahre oder noch länger – nämlich schon am Vorabend der Meiji-

Revolution; später dann im Kampf gegen Rußland, in der Zeit des Militarismus, als Japan Nazi-Deutschland als ein Ideal betrachtete; in der Zeit, als das Land nach dem Zweiten Weltkrieg in Trümmern lag; und schließlich selbst heute noch, da das Land wirtschaftlich ein Riese ist.

Natürlich ist es nicht unbedingt falsch, sich einen Staat zu wünschen, der mit jenen im Westen mithalten kann, und der Umstand, daß solch ein Staat nach außen hin westlich und im Innern nichtwestlich ist, verdient an sich noch keine Kritik. Aber wenn das Vakuum, das durch die Ablehnung des westlichen Gedankengutes entsteht, mit nichts anderem gefüllt wird als mit dem fanatischen Schlagwort *Shinkokushugi* (wörtlich: Doktrin vom „Land der Götter" beziehungsweise der Glaube, daß Japan – das vom Himmlischen Kaiser beherrscht wird, dessen Ahnen die Götter waren, die das Universum erschufen – allen anderen Ländern überlegen ist), dann kann die somit entstehende „mächtige Nation, die dem Westen gewachsen ist", eine Bedrohung für andere Völker bedeuten.

In den letzten Jahren der Tokugawa-Zeit gab es in Japan eine große Kontroverse, ob *sakoku* (Isolationismus und Verschließung des Landes) fortgesetzt werden oder ob Japan seine Tore öffnen solle *(kaikoku)*. In dieser Zeit kann man die Befürworter des anachronistischen Isolationismus (*joi*, d.h. „Vertreibt die fremden Barbaren") noch übersehen. Nun war allerdings die Mehrzahl derer, die die progressive und realistische Politik des *kaikoku* unterstützten, keineswegs Internationalisten in dem einen, wahren Sinne dieses Wortes. Sie verstanden die Öffnung des Landes nur als einen Notbehelf, mit anderen Völkern Beziehungen zu unterhalten. Auch sie hielten den Westen für das Land der „fremden Barbaren"; aber sie hielten es für notwendig, das Land zeitweise zu öffnen, und sie meinten, Japan werde letztendlich der mächtige Führer aller Nationen sein, unter dessen Banner sich die Welt vereinigen könne.[1]

Dieser fanatische, chauvinistische Ultranationalismus verlor nach der Meiji-Revolution zwar an Stärke, aber er wurde in seiner Gesamtheit wiedergeboren, und zwar unmittelbar vor dem Zweiten Weltkrieg in Gestalt der „Theologie" der „Größeren Gemeinsamen Ostasiatischen Wohlstandssphäre". Diese politische Ideologie verlangte, alle Völker Ostasiens sollten unter der Führung Japans zusammenarbeiten, damit das Ziel, allgemeiner Wohlstand, erreicht würde. Nach der Niederlage in diesem Krieg, dem folgerichtigen Ende einer solchen Ideologie, war Japan erneut gezwungen, den Internationalismus anzunehmen, und die Folge davon war, daß Japan eine den westlichen Nationen vergleichbare Großmacht wurde.

Man kann jedoch nicht sagen, daß das Problem des fanatischen Ultranationalismus damit für alle Zeiten gelöst worden wäre, denn viele Japaner stimmen noch immer der Vorstellung „Japanischer Geist und westliches Können" zu, ohne die unterschwellige Bedeutung, daß Japan das „Land der Götter" sei, abzulegen, die in den Worten „japanischer Geist" mitschwingt. Diese Lehre entstand als Reaktion auf die chinesische Vorstellung *chuka shiso* („China als Mittelpunkt der Welt" oder „Reich der Mitte"). Japan meinte, es bedürfe gegenüber dem Westen einer ähnlichen Ideologie.

Die meisten Japaner akzeptieren heute nicht mehr die landläufige Vorstellung vom „Land der Götter" in ihrer Geschlossenheit. Aber sie haben noch keine Alternative dazu entdeckt. Dies hinterläßt ein Vakuum; es besteht weiterhin die Möglichkeit, daß es in Zukunft zu einer unheilvollen Entwicklung kommt, solange diese Lücke nicht gefüllt wird.

Als Japan sich im neunzehnten Jahrhundert dem Westen gegenübersah, bemerkte es die technologische Kluft zwischen sich und den anderen. Aber leider war Japan zugleich infolge seines glühenden Nationalismus von der Idee „Japanischer Geist und westliches Können" besessen. Blickt man sich seine Vergangenheit an, so war dieser Standpunkt, wie wir später sehen werden, nur allzu verständlich.

Was nun die technologische Kluft zwischen Japan und dem Westen anlangt, so bemerkten sie die Japaner nicht erst unmittelbar vor der Meiji-Revolution. Sie wußten schon lange, daß der Westen mächtig war, hatten sie doch bereits 1543 von einem portugiesischen Kauffahrteischiff ein Gewehr erhalten. Japan machte seinerzeit bürgerkriegsähnliche Wirren durch; die Herrschaftsgewalt des Bakufu (feudale Militärregierung) des Hauses Ashikaga war im Niedergang begriffen, und die Kriegsherren der verschiedenen Provinzen lagen miteinander im Kampf. Wer aus diesen Kriegswirren als Sieger hervorgehen wollte, benötigte unbedingt wirkungsvolle Waffen. Viele dieser Armeeführer waren mit der überaus hochentwickelten Wissenschaft und Technik des Westens mehr oder weniger gut vertraut. Westliche Produkte auf rein wirtschaftlichem Wege, durch Einführung nämlich, zu beziehen, war zwar nicht unmöglich, aber doch außerordentlich schwierig. Die christlichen Missionare ermöglichten direkten Zugang zu diesen Dingen. Daher bestand im Verständnis der Japaner von Anfang an eine enge Verbindung zwischen westlicher Technologie und westlichem Geist (Christentum). Viele Heeresführer traten daher zum Christentum über, und der, der schließlich das ganze Land eroberte, Oda Nobunaga (1533–1582), war zwar selbst kein Christ, hatte sich aber dem Christentum gegenüber großmütig gezeigt und die Erkenntnisse der Wissenschaft, die Technologie und die Waffen des Westens geschickt eingesetzt. In den Schlachten, die er zu Lande schlug, verschaffte er sich, wie gesagt, durch den Einsatz von Schußwaffen militärische Überlegenheit, und er setzte auch eine schnelle, bewegliche Marinestreitmacht ein. In seinen Strategien zählte ferner der Einsatz von Kampfschiffen mit Bordkanonen, die in der Bucht von Osaka die Stadt von der Seeseite her blockierten.

Wir haben im ersten Kapitel auch erwähnt, daß Nobunaga den Buddhismus, der total degeneriert war und sich an veraltete Formen klammerte, erfolgreich unterdrückt hat. Gegenüber westlicher Technologie war der Buddhismus gleichgültig, indes er gegenüber dem Christentum abwehrende und beschwichtigende Maßnahmen ergriff. Der Enryakuji-Tempel auf dem Berg Hiei, von wo aus achthundert Jahre lang die buddhistische Welt Japans regiert worden war, hatte eine so starke religiöse und weltliche Autorität ausgeübt, daß kein Kriegsherr es gewagt hätte, ihn anzugreifen. Doch als Nobunagas Gegner Asakura und Asai auf dem Berg Hiei Zuflucht suchten, ließ Nobunaga den Berg umzingeln. Die beiden Seiten schlossen zeitweise Frieden, aber im Jahr darauf, als Asai seine Streitkräfte mobilisierte, ließ Nobunaga sofort zum Angriff auf den Enryakuji-Tempel blasen, brannte den ganzen Berg nieder und ließ etliche Mönche, Männer und Frauen niedermetzeln. Als er den Aufstand der Ikko-Sekte niederschlug, ließ er, ähnlich, alle 20000 Anhänger kreuzigen. So begünstigte Nobunaga einerseits das Christentum, empfand größte Hochachtung vor der westlichen Technologie und war äußerst begierig, sie zu übernehmen. Andererseits führten seine Zerstörungen und Massentötungen unter den Buddhisten zu einem Vitalitätsverlust ihres Glaubens.

Trotz seines grausamen Vorgehens sollte Nobunaga als der erste moderne Staatsmann Japans angesehen werden. Hätte er, mit seinem verständigen Weitblick, länger gelebt, dann hätte die japanische Geschichte wahrscheinlich einen völlig anderen Verlauf genommen. Aber hauptsächlich seiner Persönlichkeit und seines „vorzeitigen" Erscheinens in der Geschichte wegen wurde er im Jahr 1582 von Akechi Mitsuhide, einem seiner Gefolgsleute, gemeuchelt. Dieser wurde seinerseits kurz darauf von einem anderen Diener, Toyotomi Hideyoshi (1536–1598) ermordet, der dadurch unversehens die Herrschaft über das Land gewann.

Toyotomi Hideyoshi stieg von der Stellung eines niedrigen Dieners unter Nobunaga zu dessen Nachfolger auf. Im Vergleich zu Nobunaga war er ein furchtsamer und konservativer Herrscher, obwohl man ihm einen kühnen Charakter nachsagte und er sich während Nobunagas Feldzug zur Einigung des Landes ausgezeichnet haben soll. Nachdem Hideyoshi, nach dem Tode Nobunagas, das Land erneut geeint hatte, ging er in Korea zum Angriff über; er ließ in Osaka ein grandioses, weitläufiges Schloß errichten und genoß ein Leben in Luxus. Gleichzeitig verfolgte Hideyoshi mehrere politischen Strategien, welche den schöpferischen und pionierhaften Geist der Japaner abstumpften.

Als erstes fürchtete Hideyoshi, der selber aus dem Bauernstand aufgestiegen war, es könnte aus diesem Stand ein zweiter Hideyoshi hervorgehen. Daher ließ er, als er Leitender Minister *(kampaku)* geworden war, das ,,Schwertjagdedikt" verkünden und den Bauern und Stadtleuten sämtliche Waffen abnehmen. Er untersagte Kriegern, Bauern, Handwerkern und Kaufleuten, ihren Stand zu wechseln, weil er verhindern wollte, daß einer von ihnen seinen gesellschaftlichen Aufstieg nachahmte. Auf diese Weise wurden die Krieger zur herrschenden Klasse, sie allein durften Waffen besitzen. Gleichzeitig ließ Hideyoshi verdiente Gefolgsleute zu *daimyo* (Feudalherren) aufsteigen und setzte sie in verschiedene eroberte Provinzen, die zwischen den Territorien der seit alters her etablierten Feudalherren lagen. Die Beziehung zwischen diesen neuen Herren und ihren Untergebenen war anders als die zwischen den alten Herren und ihren Untertanen, denn die letztgenannten waren traditionsgemäß durch Blutsbande und räumliche Nähe eng miteinander verbunden gewesen. Dies ist der Anfang einer Feudalherrschaft, die auf einer neuartigen Beziehung zwischen Herr und Gefolgschaft beruht. Wenn der Feudalherr infolge einer Beförderung oder einer Degradierung von einer Provinz in eine andere geschickt wurde, dann machten nur er und seine Gefolgschaft den Umzug mit, nicht aber die Bauern. So war also in diesem Bereich die Beziehung zwischen dem Herrschenden und den Beherrschten ähnlich wie in einem modernen Beamtenstaat. Während der ganzen späteren Tokugawa-Zeit nahm der Feudalismus weitere Charakteristika eines Verwaltungsstaates an, und es war Hideyoshi, der diesen Trend, der schon unter Nobunaga begonnen hatte, weiterführte.

Hideyoshi zeigte, zweitens, gegenüber China (Ming-Dynastie), Korea und Taiwan ein lebhaftes Interesse; aber er wollte keine Kontakte mit dem Westen. Dies heißt nicht unbedingt, daß Hideyoshi die Wissenschaft, Technik und Zivilisation des Westens nicht ebenso hoch schätzte wie Nobunaga. Er war, im Gegenteil, gerade aus Hochachtung vor den Leistungen des Westens höchst beunruhigt, wenn er nur daran dachte, der Westen könne seinen Vorstoß im

Fernen Osten bis nach Japan tragen (die Spanier hatten immerhin schon die Philippinen erobert). Daher verbot er 1587 die Verkündung des christlichen Glaubens und ließ 1594 in Nagasaki Christen kreuzigen. Diese Unterdrückung geschah allerdings nicht aus religiösen, sondern aus rein politischen Gründen. Da das Christentum, seinerzeit nicht loszulösen war von westlicher Technologie, ist es wahrscheinlich, daß er sich zu einem Verbot des Glaubens entschloß, um die politischen Gefahren zu bannen, welche die westliche Technologie mit sich bringen könnte.

Nach dem Tode Hideyoshis begann 1603 die Herrschaft des Tokugawa Ieyasu (1542–1616). Das Haus Tokugawa war das vorsichtigste und zurückhaltendste der japanischen Herrschaftshäuser; es vollendete die konservative Politik, die Hideyoshi begonnen hatte. Das Tokugawa-Bakufu postierte, erstens, *fudai daimyo* (altgediente, treue Vasallen der Tokugawa-Familie) absichtlich zwischen die *tozama daimyo* (wörtlich: „die äußeren Herren", das waren jene, die erst nach der entscheidenden Schlacht von Sekigahara die Herrschaft Ieyasus anerkannt hatten), so daß sie diese „äußeren Herren" sorgfältig überwachen konnten. Sie führten gleichzeitig ein starres Ständewesen ein und errichteten somit eine zentralistische Feudalherrschaft.

Den Tokugawa konnte, zweitens, die Wissenschaft und die Technologie des Westens nach ihrer Einigung des Landes nur noch gefährlich werden. Wenn Japan weiterhin Beziehungen zum Westen unterhielt, so glaubten sie, dann werde es nicht nur die Möglichkeit eines direkten Angriffes von seiten des Westens geben, sondern es bestünde außerdem die Wahrscheinlichkeit, daß sich ein japanischer Feudalherr draußen in der Provinz von den Westmächten schwere Waffen besorgen und damit gegen die Tokugawa-Familie losschlagen würde. Daher hielten es die Tokugawa für notwendig, bei der Einfuhr von Waffen immer einen Vorsprung zu haben, damit sie ihre Vorherrschaft bewahren konnten. Wenn man sich jedoch den Zustand des japanischen Verkehrswesens in jenen Tagen vor Augen hält, muß man sagen, daß die Lage der Tokugawa-Hauptstadt Edo (heute Tokyo) alles andere als vorteilhaft war. Eigentlich besaßen die Grenzregionen an der Westspitze der japanischen Hauptinsel (Chishu) und die Südküste von Kyushu (Nagasaki und Satsuma) sowie die Südküste von Shikoku (Tosa) eine Vorrangstellung, denn aus dieser Richtung kamen die westlichen Schiffe. Aus diesem Grund hielten es die Tokugawa für angebracht, alle weiteren Beziehungen zu diesen Nationen zu verbieten. Außerdem fürchteten sie, ein *daimyo* könne mehr Ergebenheit für einen fremden Glauben verspüren als Treue zum Bakufu. Daher unterdrückte Tokugawa das Christentum immer energischer, drosselte den Außenhandel und untersagte schließlich 1639 allen Westlern den Zugang zu Japan – was man als *sakoku* bezeichnet (Abschluß oder Isolation). Der Handel mit dem Ausland wurde fortan vom Bakufu in Nagasaki streng überwacht. Nur einer Nation war es künftig gestattet, auf der Insel Deshima, im Hafen von Nagasaki eine Faktorei zu unterhalten und von dort aus mit Japan Handel zu treiben: den Niederländern. Sie waren Protestanten, und dies war auch der Grund, warum ihnen das Bakufu dieses Zugeständnis machte.[2]

2. Die Tokugawa-Zeit

Der selbstgewählte japanische Isolationismus dauerte 220 Jahre. Erst 1859 ging das Bakufu der Tokugawa die Verpflichtung ein, Rußland, Großbritannien, Frankreich, Holland und den Vereinigten Staaten von Amerika die drei Häfen Kanagawa, Nagasaki und Hakodate zu öffnen. Während der Epoche des Isolationismus verstärkte das Bakufu anfangs die Klassenschranken und die zentralistische Feudalstruktur. Um seine Kontrolle über die Feudalherren in den Provinzen zu festigen, führte das Bakufu 1635 das *sankin kotai* ein (zeitweilige Präsenz), das heißt, die Feudalherren mußten sich in der Hauptstadt einen Wohnsitz einrichten und dort jedes Jahr oder jedes zweite Jahr mehrere Monate verbringen (die Zeitdauer ihres Aufenthaltes hing von solchen Umständen ab wie der Entfernung ihres Lehens von Edo und ob sie *fudai* oder *tozama* waren). Wenn sie zu ihren Gütern zurückkehrten, mußten sie ihre Weiber und Kinder als Geiseln des Bakufu zurücklassen. Diese Verpflichtung übte einerseits einen gewaltigen finanziellen Druck auf die Feudalherren aus, so daß es ihnen unmöglich war, genügend militärische Machtmittel zu einer Verschwörung anzusammeln oder Pläne auszuarbeiten, um sich vom Zentrum unabhängig zu machen; andererseits führte die „zeitweilige Präsenz" zur Entstehung eines landesweiten Straßennetzes, was wiederum eine der Grundlagen für die Erschaffung eines Nationalstaates war. Unmittelbar nach der Meiji-Revolution entwickelte sich Japan zu einem modernen, geeinten Staat, weil Kommunikation und Güteraustausch während dieser gut zweihundertjährigen Isolation dazu geführt hatten, die notwendigen Grundlagen zu schaffen, die zur Bildung einer geeinten Gemeinschaft notwendig sind: Standardisierung der Sprache, Verbreitung ähnlicher Denk- und Handlungsweisen, auch wenn man in verschiedenen Provinzen lebte, und als Folge davon allgemein anerkannte gesellschaftliche Spielregeln und Bräuche und dergleichen mehr.

Darüber hinaus hatte der japanische Kapitalismus – obgleich er, wie wir noch sehen werden, einzigartige Formen annahm – gleich von Anfang an mehr oder weniger als Marktwirtschaft funktioniert, was unter anderem darauf zurückzuführen ist, daß sich unter dem Lehnswesen der Tokugawa und ihrer Verpflichtung der „zeitweiligen Präsenz" in den Provinzen Städte mit Burgen, Märkte und, an den Straßen, Poststationen entwickelt hatten. In den letzten beiden Jahrzehnten der Tokugawa-Zeit (1850–1868) besaß Edo (Tokyo) mehr als eine Million Einwohner und war damit ebenso groß wie London. Osaka und Kyoto besaßen je 300000 beziehungsweise 200000 Einwohner, und Nagoya und Kanazawa zählten je etwa 100000 Einwohner. Weitere Städte und stadtähnliche Siedlungen entstanden überall im Lande, so Hiroshima, Sendai, Wakayama, Kagoshima, Sakai und Nagasaki. Wenn wir diese Entwicklung vergleichen mit der Beschreibung, die Karl Marx vom Stand der Urbanisierung in Großbritannien in den 1850er Jahren gibt, müssen wir feststellen, daß sich Japan während der Tokugawa-Zeit in einem vergleichsweise sehr fortgeschrittenen Entwicklungsstadium befand: „Außer London gab es Anfang des 19. Jahrhunderts keine einzige Stadt in England, die 100000 Einwohner zählte. Nur fünf zählten mehr als 50000. Jetzt existieren 28 Städte mit mehr als 50000 Einwohnern."[3]

Die Isolation beteutete aber auch Schutz für die japanische Industrie. Vergleicht man die japanische Landwirtschaft und Industrie mit denen der westlichen Länder, dann zeigt sich deutlich, daß Japan damals im Bergbau und der Landwirtschaft einen komparativen Vorteil besaß.[4] Es wäre für das Land günstiger gewesen, wenn es sich auf diese Güter spezialisiert und sie gegen ausländische Fertigwaren getauscht hätte, statt solche Güter selbst herzustellen. Wenn zwischen Japan und dem Westen freier Handel möglich gewesen wäre, dann wären die japanischen Manufakturen vielleicht an die Wand gedrückt worden. Die isolationistische Politik der Tokugawa-Zeit hingegen bewahrte die japanische Wirtschaft davor, sich auf den primären Wirtschaftssektor zu beschränken, und erlaubte es Japan, weiterhin Fertigwaren herzustellen, wenn auch auf bescheidenem Niveau. Daß es der Meiji-Regierung gelang, das Land ohne große Probleme zu industrialisieren, war teils darauf zurückzuführen, daß das Bakufu während der letzten Jahre der Tokugawa-Zeit über Werkstätten zur Herstellung von Schießpulver, Schiffswerften und andere Produktionsstätten westlichen Stils verfügte, und die Entwicklung dieser

Fabriken war wiederum der Tatsache zu verdanken, daß Japan während der gesamten Tokugawa-Zeit seine handwerklichen Traditionen bewahrt hatte. Um seine junge Industrie vor den Exportoffensiven des Westens zu schützen und zu verhindern, daß es ein reines Agrarland blieb, mußte Japan einen protektionistischen Kurs einhalten, und das Tokugawa-Bakufu setzte, indem es einer Politik der nationalen Abschottung folgte, ganz unbewußt eine vorzügliche Schutzhandelspolitik in Kraft. Daß es der Meiji-Regierung so kurz, nachdem sie an die Macht gekommen war, gelang, mit ihrer Politik den nationalen Wohlstand des Landes zu mehren und starke Streitkräfte zu unterhalten, verdankte sie somit der Isolationspolitik der Tokugawa-Zeit.[5]

Das Tokugawa-Bakufu hatte zwar das Militär hinter sich, es förderte aber trotzdem das Studium der chinesischen Philosophie, namentlich des Konfuzianismus, weil es sich davon die Unterdrückung des westlichen Gedankenguts versprach. Diese Kulturpolitik, die mehr als zweihundert Jahre lang anhielt, zeitigte zumindest drei gute Auswirkungen: Erstens geriet der Konfuzianismus – und zwar als Philosophie, weniger als Religion – in Japan nie in einen ernsthaften Konflikt mit dem Schintoismus oder dem Buddhismus, so daß japanische Schintoisten, Buddhisten und sogar Christen vom Konfuzianismus stark geprägt wurden. Der Umstand, daß die gesamte Nation während der mehr als zweihundert Jahre dauernden Isolation mit der konfuzianischen Denkweise vertraut gemacht wurde, darf keinesfalls unterschätzt werden. Da der Japaner von Natur aus moralisch, nicht aber religiös ist, ist es nur allzu verständlich, daß dies von größter Bedeutung war. In dieser Zeit wurden die Japaner geistig bevormundet, und ihre konfuzianische Bildung formte sie zu einer bestimmten Art von Mensch. Als sich das Land am Ende der Tokugawa-Zeit öffnete, schienen sich die Japaner in den Augen der westlichen Völker durch bestimmte, wunderliche Merkmale auszuzeichnen – sie waren allesamt Edelleute, wie ihre Samurai.

Es war, zweitens, für Japan günstig, daß der Konfuzianismus eine intellektuelle, rationalistisch geprägte Philosophie ist. Er verwirft Mystizismus, Zauberei, Magie und Geisterglaube. Im Westen vollzog sich die Entwicklung der modernen Naturwissenschaften nur langsam. Galileo Galilei und Nikolaus Kopernikus sahen sich gewaltigen Schwierigkeiten gegenüber, und erst nach ihrer Zeit wurden die Naturwissenschaften zu guter Letzt allgemein akzeptiert. Sir Isaac Newton, der Vater der modernen Physik, betrieb noch Alchimie und widmete sich daneben der echten wissenschaftlichen Forschung. In Japan hingegen war es einzig und allein der Intellektualität des Konfuzianismus zuzuschreiben, daß die Wurzeln der westlichen Wissenschaften so schnell und so tief eindringen konnten, ohne daß die Wissenschaftler dort großes Ungemach hatten erdulden müssen.[6]

Die konfuzianische Denkweise hatte, drittens, vor dem Hintergrund einer zweihundertjährigen Herrschaft der Bürokratie die Krieger am Ende der Tokugawa-Zeit zu tüchtigen Verwaltungsbeamten ausgebildet. Und sie waren an eine Disziplin gewöhnt worden, wie sie Soldaten einer modernen Armee oder Arbeiter einer modernen Fabrik eigen ist. Dies war ein guter Anfang für eine moderne Militärorganisation und ein modernes Fabrikwesen. Ohne diese gutgeschulten Samurai hätte Japan keinesfalls so bald nach der Meiji-Revolution eine moderne Regierung einrichten und der Politik „Reiches Land mit starker Armee“ folgen können. Man darf daher keineswegs unterschätzen, welche vorbereitende Rolle die Tokugawa-Zeit bei der Entstehung des modernen Japan spielte.

Das Christentum zu unterdrücken und zu verbieten, war nur die eine Seite der Tokugawa-Politik; das Bakufu förderte, andererseits, nicht nur den Konfuzianismus, sondern auch die chinesische Kultur im allgemeinen. Seit der Errichtung einer Ständegesellschaft waren die drei produktiven Klassen – Bauern, Handwerker und Kaufleute – gezwungen, die herrschende Kriegerklasse zu ernähren. In der frühen Tokugawa-Zeit hielt das Bakufu den Konfuzianismus für ein ausgezeichnetes Instrument, mit Hilfe dessen man die produktiven Stände überzeugen konnte, daß sie diese Last tragen müßten. Die Regierung verstand den Konfuzianismus in jenen Tagen als eine Philosophie des Feudalismus, obschon Konfuzius, der zwar in der Zeit des Feudalismus geboren war, wehmütig auf das goldene Zeitalter der Antike mit seinen Stadtstaaten zurückgeblickt und immer darüber nachgedacht hatte, wie er aus der Herrschaftsordnung seiner Zeit, mit ihren widerstreitenden, sich bekämpfenden Staaten, einen höherentwickelten, zentral geordneten Verwaltungsstaat machen könne. In der späteren Periode der Tokugawa-Zeit waren aus den kampfbereiten Männern der Kriegerschicht infolge des langanhaltenden Friedens Bürokraten im zentralistischen Feudalstaat der Tokugawa geworden. Sie waren zugleich Männer der Wissenschaft und bildeten, zusammen mit einer kleinen Minderheit von Bauern und Stadtleuten, die Intelligenz. Zwischen diesen Bauern und Städtern und den unteren Rängen der Krieger, die die Künste und Wissenschaften pflegten, bestand ein reger geistiger Austausch, der die Standesschranken überwand; und solche Gruppen von Intellektuellen bildeten sich nun so ziemlich überall und in beträchtlicher Anzahl.[7] Überdies sicherte das Prinzip der „zeitweiligen Präsenz“, daß das kulturelle Gefälle zwischen dem Zentrum und den Provinzen nicht zu groß wurde.

Das Tokugawa-Regime verwarf also das Christentum und begünstigte dadurch den Konfuzianismus, mit dem Ziel, dem System geistige Unterstützung zukommen zu lassen. Doch diese Kulturpolitik zeitigte nicht nur die Wirkung, daß sie das System schützte – nein, sie unterhöhlte gleichzeitig auch dessen Fundament. Da der Konfuzianismus unauflöslich und aufs engste mit der Vorstellung zusammenhängt, daß China der Mittelpunkt der Welt sei, provozierte dieser Gedanke das Nationalbewußtsein der Japaner und führte unversehens zur Geburt einer Lehre und einer Ideologie, die sich dem widersetzte; das waren die Vorstellungen *kokugaku* (nationales Denken) und *shinkoku shiso* (Land der Götter). Verfolgt man darüberhinaus die Vorstellung, die sich mit *chu* (Treue) verbindet, der wichtigsten Tugend des japanischen Konfuzianismus, dann bemerkt man, daß dieses Konzept nicht unbedingt eine Rechtfertigung liefert für die Ordnung der Tokugawa. Viele Rechtsintellektuelle der Tokugawa-Zeit waren der Meinung, wie Yoshida Shoin in seiner Zeit, sie schuldeten ihre Treue ihren Feudalherren, die Feudalherren dem Shogun und der Shogun dem Kaiser gegenüber, und folglich schuldeten sie dem Kaiser nur mittelbar Treue. Nachdem aber die Beziehung zwischen dem Kaiser und dem Shogun nicht mehr einvernehmlich war, brach diese Kette aus fortlaufenden Treueverpflichtungen auseinander, und man sah sich gezwungen, sich zwischen der Treue gegenüber dem Kaiser beziehungsweise gegenüber dem Shogun zu entscheiden.

Da sich die Lehre vom „Land der Götter“ immer stärker durchzusetzen begann, wurde nun auch die Göttlichkeit des Kaisers immer stärker betont. Daher entstand, sobald das Tokugawa-System in eine politische Krise geriet, ganz von selbst eine Atmosphäre, in der die Japaner eine Umwandlung des Systems mit dem Kaiser als Mittelpunkt forderten. Am Ende der Tokugawa-Zeit wäre selbst ohne den Druck des Westens früher oder später wahrscheinlich ein solches Stadium erreicht worden. Doch die Kriegsschiffe des Westens, die sich den japanischen Küsten näherten, zwangen die Japaner, der technologischen Kluft ins Auge zu blicken. Nach einigem Hin und Her taten sich westliche Technologie und die Doktrin vom „Land der Götter“ auf wunderliche Weise zusammen, und viele Japaner begannen zu glauben, daß die Verbindung von „Japanischem Geist und westlichem Können“ der richtige Weg sei.

Neben dem bereits erwähnten Aufstieg der Intelligenz gab es in der Tokugawa-Zeit noch weitere bemerkenswerte Veränderungen in der Sozialstruktur des Landes. Infolge seiner Isolationspolitik war Japan zwar nahezu völlig abgeschnitten vom Weltmarkt, hatte aber andererseits während der langanhaltenden Stabilität und dem Zusammenwachsen des Landes seinen Binnenmarkt ständig fortentwickelt. Die Folge davon war, daß ein Teil des landwirtschaftlichen Sektors nicht länger in seiner natürlichen Selbstgenügsamkeit lebte, sondern Agrarprodukte für den Markt herzustellen begann, also landwirtschaftliche Güter zum Verkauf anbot. Andererseits mußten jedoch die Feudalherren nach wie vor die riesigen Ausgaben bestreiten, welche das Prinzip der „zeitweiligen Präsenz" ihnen auferlegte, und außerdem war die unproduktive herrschende Klasse überproportional groß im Verhältnis zu jenen, die produktiv tätig waren. Für die Bauern bedeutete das, daß man ihnen überaus hohe Steuern abpreßte. Während die ärmeren Bauern sich dadurch gezwungen sahen, ihr Land aufzugeben und noch mehr verarmten, kauften diejenigen, die infolge der Kommerzialisierung der Landwirtschaft etwas Wohlstand angesammelt hatten, dieses Land auf und vermochten nun in großen Mengen für den Markt zu produzieren, so daß sich ihr Reichtum noch mehrte. Je mehr die Bauern jedoch ihren Landbesitz vergrößerten, desto mehr schwächte sich die Herrschaft der Feudalherren über ihre Territorien ab, und dies erschütterte die Grundlagen der Feudalherrschaft. Eine ähnliche Entwicklung zeichnete sich in der Geldwirtschaft ab: Mit der zunehmenden Steigerung des Kapitals, das zu hohen Zinsen verliehen wurde, spaltete sich die Kaufmannschaft gleichfalls in eine Minderheit wohlhabender und eine Mehrheit kleiner Kaufleute. Zur gleichen Zeit zerfiel auch die herrschende Schicht. Die armen Krieger waren nicht nur außerstande, den Lebensstandard aufrecht zu erhalten, der ihnen als Angehörige der herrschenden Klasse zukam, sie mußten sogar eine Beschäftigung annehmen, die unter ihrem Stand war, bloß um ihren Lebensunterhalt zu verdienen.

Innerhalb dieser zerklüfteten Stände war die Intelligenz, die vor allem von den rangniedrigen Kriegern getragen wurde, die bewegende Kraft hinter der Meiji-Revolution, also weder die Wohlhabenden (reiche Bauern und Kaufleute) noch die Besitzlosen (Pächter und Dienstboten). Anders als die Bourgeoisie im Westen war das Bürgertum der Tokugawa-Zeit weder aggressiv noch revolutionär. Zur Zeit der Meiji-Revolution stellten sich viele von ihnen sogar auf die Seite des Bakufu. Zwar leisteten verarmte Bauern und Pächter dem Bakufu durch ihre Erhebungen Widerstand, aber sie spielten insgesamt keine größere historische Rolle. Sie hatten weder die Willenskraft noch die Fähigkeit, das Bakufu zu stürzen und ein neues Regiment zu errichten. Die Diener in den Häusern reicher Kaufleute und die Armen in den Städten waren ähnlich schlecht organisiert und außerstande, ihre Macht geschlossen zu demonstrieren.

Die Japaner wußten bereits, wie gesagt, was die Technologie und die Wissenschaft des Westens zu leisten vermochten, und dank ihrer Erfahrungen während der Bürgerkriegswirren waren sie sich voll und ganz im klaren darüber, daß die Herrschaft des Bakufu unmittelbar bedroht war, falls irgend jemand außerhalb des Bakufu diese westlichen Produkte einführen würde. Daher war für das Regime die absolute Kontrolle der Importe von westlicher Technologie lebenswichtig. In diesem Sinne war die Politik des Isolationismus zwar passiv, aber über einen Zeitraum von mehr als zweihundert Jahren hinweg war sie ein wirksames Mittel, den Import zu kontrollieren. Betrachtet man die japanische Isolationspolitik aus dieser Perspektive, so zeigt sich darin nicht Mißachtung gegenüber der Zivilisation und der Technologie des Westens, sondern eher Furcht und Bewunderung.

Als gegen Ende der Tokugawa-Zeit die Handels- und Kriegsflotten Britanniens, Rußlands und Amerikas Japan anzulaufen begannen und die Öffnung seiner Häfen verlangten, wurde augenfällig, daß das gesamte Land von diesen westlichen Nationen wahrscheinlich belagert werden würde, falls es seine Isolationspolitik fortsetzte. Die herrschenden Klassen und die Intelligenz erkannten, daß die Politik des Isolationismus, die auf innenpolitische Gründe zurückging – nämlich auf das Bemühen, das zentralisierte Lehnswesen des Tokugawa-Bakufu beizubehalten – als Außenpolitik ungeeignet war: sie konnte vielmehr leicht zur Vernichtung Japans führen.[8]

Dieser Widerspruch ist keineswegs auf die autonome Entwicklung der japanischen Wirtschaft und der Produktivkräfte zurückzuführen, von denen orthodoxe Marxisten behaupten, sie seien die Ursache der Meiji-Revolution, sondern auf den Druck von außen, auf die technologische Kluft, die zwischen Japan und dem Westen bestand. Es war daher die Intelligenz, die diesem Problem gegenüber am empfindlichsten reagierte und brennend wünschte, den Westen kennenzulernen.

Es kann nicht im geringsten erstaunen, daß sich die Nation über die Frage, wie diese technologische Kluft zu überwinden sei, in zwei Lager spaltete. Die eine Seite sprach sich für das Argument *joi* (Vertreibt die Barbaren!) aus und behauptete, man könne die westlichen Flotten besiegen und daher die Isolation fortsetzen, wie sie bislang bestanden hatte. Die andere Seite unterstützte das Argument *kaikoku* (Öffnet das Land!) und wies nachdrücklich darauf hin, daß eine

Politik der Gewalt nichts dazu beitragen werde, die technologische Kluft zu schließen, sie werde eher das Land in noch größere Gefahr stürzen, so daß die Fortsetzung der Isolationspolitik praktisch den nationalen Selbstmord bedeuten würde. Aber auch die realistischere zweite Strategie konnte keine endgültige Lösung bedeuten, weil ja mit dem Öffnen des Landes das eigentliche Problem noch nicht bewältigt war. Da keiner damals die richtige Antwort fand, nahmen die Ereignisse ihren Lauf, ohne daß ein Mensch eine klare Vorstellung hatte, was nun kommen werde. Intrigen und zufällige Geschehnisse wirkten auf den Gang der Dinge ein, trieben die Politik erst in die eine, dann in die andere Richtung; half die eine Strategie nicht weiter, versuchte man es mit einer anderen. Das Bakufu und viele Angehörige der Intelligenz unterstützten anfangs nicht von ungefähr das konservative Argument ,,Vertreibt die Barbaren!". Als sich das Bakufu, dem es naturgemäß oblag, die Dinge in die Hand zu nehmen, von der realistischeren Denkweise des Arguments ,,Öffnet das Land!" überzeugen ließ und diese Politik schließlich in die Praxis umsetzte, spitzte sich die Konfrontation zwischen dem Bakufu und der fremdenfeindlichen Intelligenz zu.

Natürlich gab es von der Theorie ,,Vertreibt die Barbaren!" gleich mehrere Spielarten. Das eine Extrem bildeten die fanatischen, ultranationalistischen Vereinfacher, die in den Menschen aus dem Westen nur fremde Barbaren sahen. Auf dem anderen Flügel standen Leute wie Yoshida Shoin (1820–1859), die die Tüchtigkeit des Westens erkannt und gründlich über die Notwendigkeit, das Land zu öffnen, nachgedacht hatten, die aber dennoch das *joi*-Argument bejahten, weil sie die gewaltsame und tyrannische Art, mit der der Westen die Öffnung des Landes verlangte, verabscheuten und der Meinung waren, die Barbaren müßten vertrieben werden, wenn auch nur für die nahe Zukunft und aus Gründen der nationalen Ehre; zu einem späteren Zeitpunkt würde Japan sich dann freiwillig öffnen.

Es gab also verschiedene Meinungen, aber nicht einmal die nachdenklichsten unter den Befürwortern der *joi*-Theorie hatten eine klare Vorstellung davon, was zu tun sei, falls man versuchen würde, ,,die Barbaren zu vertreiben" und diese Politik mit einer Niederlage Japans enden würde. Schon deswegen war diese Theorie leichtsinnig und überaus fragwürdig.

Betrachtet man jedoch das Problem unter dem Aspekt der Landesverteidigung gegenüber den westlichen Nationen, dann stellt sich die Frage, wie das politische System beschaffen sein sollte, das den besten Schutz nach außen geben würde. Viele aus der Intelligenz stießen, ob bewußt oder unbewußt, zwangsläufig auf diese Frage und kamen schließlich zu der Überzeugung, daß Veränderungen unumgänglich waren, selbst wenn das gegenwärtige Bakufu weiterhin an der Macht blieb. Was mußte anders werden? Wenn selbst eine Anzahl von Reformen keine Aussicht auf entscheidende Besserung erhoffen ließen, wäre es dann nicht klüger, den gesamten Apparat des Bakufu hinwegzufegen? Und wenn ja, welches neue Herrschaftssystem sollte an seine Stelle treten? Die Intelligenz hatte weder eine einzige, klare Antwort auf diese Fragen, noch vermochte sie die Lage leidenschaftslos zu erörtern.

Dieses Unvermögen war die Strafe dafür, daß westliches Gedankengut während der langen Jahre der Isolation unterdrückt worden war; die japanische Intelligenz war mit sozialwissenschaftlichen Denkweisen einfach noch nicht vertraut. Solange der Herrschaftsapparat der Tokugawa intakt war, hatte der Konfuzianismus diese Lükke gefüllt, doch als dieses System ins Wanken geriet, traten degenerierte Mischformen des Konfuzianismus auf den Plan, etwa die „Nationale Wissenschaft" oder die „Mito-Geschichtsschule (also die Lehre vom „Land der Götter" und dem „Land des Kaisers"; diese Theorien ahmten die chinesische Vorstellung nach, China sei der Nabel der Welt). Diese Vorstellungen gewannen einen unerhörten Einfluß auf die außenpolitische Entscheidungsbildung. So wurde beispielsweise Yoshida Shoin, der sich als Militärstratege sehr wohl der technologischen Kluft zwischen Japan und dem Westen bewußt war – aber infolge seiner nationalistischen Empfindungen weiterhin der Strategie anhing, „die Barbaren zu vertreiben" –, am Ende seines Lebens unter dem Einfluß der „Mito-Geschichtsschule" mit Leib und Seele ein glühender Befürworter der Vorstellung vom „Land des Kaisers". Als sich diese fanatische Theorie, die behauptete, sie allein sei im Besitz der Wahrheit und halte das Banner der Treue hoch, mit der „Vertreibt die Barbaren"-Theorie verband, war das daraus entstandene geistige Produkt hochexplosiv.

Viele Anhänger dieser Politik, die unter dem Einfluß der „Nationalen Wissenschaft" oder der „Mito-Geschichtsschule" standen, vertraten keine bestimmte politische Auffassung, was den staatlichen Aufbau Japans anlangte; ihnen schwebte einfach vor, das bestehende System durch ein anderes abzulösen, in dessen Mittelpunkt der Kaiser stehen sollte. Sie waren außerstande, die Probleme der Außenbeziehungen und der Verteidigung leidenschaftslos zu erörtern. Sie fragten sich statt dessen immer, worin die „höchste Pflicht" bestehe oder was das „richtige Argument" sei. Die Wahrscheinlichkeit, daß diese rechtsgerichtete Ideologie das Land in die Irre führen würde, war daher nicht weniger groß als zur Zeit des Zweiten Weltkriegs.

Außerdem war das Gegenargument, das Land zu öffnen, nichts weiter als die Kehrseite der Auffassung, ,,die Barbaren zu vertreiben", und es entbehrte einer auf Logik fußenden Grundlage. Geradeso wie es bei den ,,Barbarenvertreibern" gemäßigte und radikale gab, so gab es auch bei den ,,Land-Öffnern" eine Vielfalt von Auffassungen. Wie es bei den ,,Vertreibern" eine Gruppe gab, die besonders betonte, daß die Fremden ,,Barbaren" seien, so gab es auch bei den ,,Land-Öffnern" eine Schule, die ins Feld führte, daß der Westen ganz gewiß barbarisch sei, daß Japan aber, in Anbetracht seiner militärischen Macht, überhaupt keine andere Wahl habe, als sich zu öffnen. Gab es bei den ,,Vertreibern" eine Gruppe, die ,,jetzt vertreiben, später öffnen" empfahl, so gab es bei den ,,Land-Öffnern" einen Kreis, der ,,jetzt öffnen, später die Barbaren vertreiben" vorschlug; das heißt, sie traten dafür ein, das Land infolge seiner relativen militärischen Schwäche zeitweilig zu öffnen, sodann aber sollte Japan alle Mühen darauf verwenden, sich zu stärken, und sobald es genügend Macht besaß, sollte es die ,,Barbaren" vertreiben und zu den guten alten Tagen seiner Isolationspolitik zurückkehren.

So gab es also unzählige Schattierungen der beiden Haupttheorien, und nicht nur waren die Unterschiede zwischen den verschiedenen Spielarten verschwommen, auch die Trennungslinie zwischen den ,,Vertreibern" und den ,,Öffnern" war keineswegs klar gezogen. Es war übrigens kein Mensch imstande, sich ein logisches Argument auszudenken zugunsten der einen oder anderen Politik; sie vermochten alle nur an das Gefühl zu appellieren.

Trat ein einzelner für eine bestimmte Politik ein, dann zeigte er häufig Unsicherheit, oder er unterstützte gefühlsmäßig das Argument, die Fremden zu vertreiben, vertrat aber, wenn es um die praktische Politik ging, die Auffassung, das Land zu öffnen. Da dies schon bei einzelnen der Fall war, war die Zerrissenheit innerhalb einzelner Körperschaften wie den Clans, dem Bakufu oder dem kaiserlichen Hofe sogar noch größer. Alles hing davon ab, wer gerade seine Meinung kundtat. So konnte es geschehen, daß ein bestimmter Clan zwei Vertreter zu zwei Konferenzen sandte, die ziemlich genau zur gleichen Zeit stattfanden. Dies führte dazu, daß ein und derselbe Clan bei den beiden Konferenzen zwei widersprüchliche Theorien befürwortete. Der Strom der öffentlichen Meinung verlief also völlig im dunkeln und wechselte immer wieder sein Bett, beeinflußt von zufälligen Geschehnissen.

Dies waren die Umstände, als Ii Naosuke, der die Politik des Öffnens befürwortete, Leitender Minister des Bakufu wurde; er schloß nicht nur Handelsverträge ab, ohne vorher die kaiserliche

Ermächtigung einzuholen, sondern stellte auch Feudalherren, die gegen seine Maßnahmen waren, unter Hausarrest und unterdrückte in der „Großen Säuberung von Ansei" die Teile der Intelligenz, die für den Kaiser und gegen das Bakufu waren.[9] Dies trieb die Intelligenz in eine noch unversöhnlichere Oppostition gegen das Bakufu. Die Folge war, daß Ii während des sogenannten Sakuradamon-Zwischenfalles von 1860 ermordet wurde. Danach nahm das Bakufu eine versöhnlichere Haltung an, und die beiden Clans Choshu und Satsuma schlugen vor, die beiden Machtzentralen Kaiserhof und Bakufu unter einen Hut zu bringen. Sie traten dafür ein, daß sich das Tokugawa-Bakufu und der kaiserliche Hof in Kyoto zusammenschließen und auf diese Weise die Einheit der Nation herstellen sollten. Es gab zwei Gruppierungen, und sie beantworteten die Frage, ob in dieser Vereinigung das Bakufu oder der Kaiser die erste Geige spielen sollte, völlig unterschiedlich. Aber für beide Parteien war das Argument, daß Kaiserhof und Bakufu sich verbünden sollten, nichts weiter als ein Mittel, die Gesellschaftsstruktur der Tokugawa beizubehalten. Falls die Dinge auf diese Weise gelöst wurden, dann waren diejenigen aus den Kreisen der Intelligenz die Verlierer, die gegen das Bakufu Stellung bezogen und sich für die Ehre des Kaisers und die „Vertreibung der Barbaren" stark gemacht hatten.

Selbst während man noch auf den höheren Ebenen über den Zusammenschluß von Hof und Bakufu sprach, nahm die Bewegung die die „Barbaren" vertreiben wollte an Gewalttätigkeit zu; es kam zu einigen terroristischen Übergriffen gegen Ausländer und gegen Polizeikräfte des Bakufu. Diese Taktik war insofern erfolgreich, als der Kaiser 1863 schließlich dem „Barbarenvertreibungserlaß" zustimmte. Der Choshu-Clan bombardierte amerikanische Kauffahrteischiffe sowie französische und niederländische Kriegsschiffe und provozierte damit Gegenmaßnahmen der amerikanischen und der französischen Flotte. Über die Frage, welche Entschädigung für einen ermordeten englischen Kaufmann namens Richardson zu leisten sei, kam es zum sogenannten Namamugi-Zwischenfall (auch Richardson-Zwischenfall genannt), in dessen Verlauf der Satsuma-Clan von der britischen Flotte beschossen wurde. Im Jahr darauf geriet der Choshu-Clan unter den Beschuß einer vereinigten Flotte von britischen, französischen, amerikanischen und niederländischen Schiffen. Infolge dieser Angriffe erkannten die Anhänger der „Barbaren-Vertreibung", daß dieses Ziel nicht zu verwirklichen war, und sie versuchten es gegenüber britischen Diplomaten wie Sir Rutherford Alcock und Sir Harry Parkes mit Freundlichkeiten (Alcock war der erste, Parkes der zweite britische Botschafter in Japan), und namentlich gegenüber Ernest M. Satow (dem amtlichen Dolmetscher des Botschafters, er wurde später geadelt). Von da an wurde der Sturz des Bakufu ihr oberstes Ziel.

3. Die Meiji-Revolution

Unmittelbar nachdem das Edikt bezüglich der Vertreibung der Barbaren die Zustimmung des Kaisers gefunden hatte, inszenierten Männer der Clans Satsuma und Aizu in Kyoto einen Staatsstreich, in dessen Verlauf die Adeligen aus der fremdenfeindlichen Gruppe gestürzt wurden. Sowohl die Satsuma als auch die Aizu hatten stets die Eintracht zwischen Hof und Bakufu befürwortet, allerdings hatten die Aizu an einen Zusammenschluß gedacht, in deren Mittelpunkt das Haus Tokugawa stand, während den Satsuma vorschwebte, daß der kaiserliche Hof Mittelpunkt sein solle, und zwar unter ihrer Regie. Die Ziele dieser beiden Adelshäuser waren daher kaum vollständig in Einklang miteinander zu bringen, einig waren sie sich jedoch in ihrer feindseligen Haltung gegenüber den Choshu und der feindliche Aktivität gegen das Bakufu. Ein Jahr nach dem Staatsstreich etwa provozierten zwar Samurai der Choshu Kampfgefechte am Hamaguri Gomon, einem der Tore des Kaiserlichen Palastes zu Kyoto. Dieser Versuch, ihren Einfluß wiederherzustellen, mißlang aber, die Choshu wurden besiegt.

Das Bakufu führte unmittelbar darauf eine Strafexpedition gegen den Choshu-Clan durch und unterwarf ihn; als Folge dieser Auseinandersetzung stellte sich für das Bakufu nicht mehr die Frage: das Land öffnen oder die Barbaren vertreiben, sondern das Hauptproblem war nun vielmehr der Widerstand der Intelligenz gegenüber dem Bakufu und damit verbunden die Gefahr eines Bürgerkrieges zwischen den Domänen.

Nach ihrer Niederlage versicherten die *daimyo* des Choshu-Clans dem Bakufu gegenüber wieder ihre Ergebenheit. Im Jahr darauf brach dennoch Takasugi Shinsaku an der Spitze einer Freiwilligenarmee auf den Ländereien der Choshu einen Bürgerkrieg vom Zaun, und die *daimyo* stellten sich daraufhin wieder in die Reihen der Wiedersacher des Bakufu. Nun rüstete das Bakufu erneut zu einer Strafexpedition gegen die Choshu, aber diesmal war das Bakufu der Besiegte, und innerhalb der fremdenfeindlichen Parteiungen loderte die Stimmung gegen das Bakufu auf.

Die Haltung des Satsuma-Clans machte zwischen der ersten und der zweiten Strafaktion des Bakufu gegen die Choshu einen beträchtlichen Wandel durch. Freilich hatte der Clan der Satsuma den Zusammenschluß von Hof und Bakufu zunächst befürwortet, jedoch mit der Absicht, den Hof zu kontrollieren und das Bakufu und die anderen Clans zu unterwerfen. Betrachtet man die ganze Angelegenheit unter diesem Aspekt, so war das Haus Satsuma immer schon gegen das Bakufu gewesen; allerdings wollte es dessen Gesellschaftsordnung nicht von Grund auf verändern. Anfangs war der Satsuma-Clan unentschlossen, aber während das Bakufu seine zweite, diesmal erfolglose Strafaktion gegen die Choshu durchführte, bekannte sich der Satsuma-Clan zu seiner Bakufu-feindlichen Haltung und verweigerte (in Übereinstimmung mit einem Vertrag, der zwischen Satsuma und Choshu kurz zuvor abgeschlossen worden war) den Befehl des Bakufu, sich mit Truppen an dieser Aktion zu beteiligen. Die Folge davon war natürlich, daß die Beziehungen zwischen Satsuma und Choshu immer besser wurden, und die beiden waren sich nun einig, das Bakufu zu stürzen. Dieses Bündnis zwischen den Satsuma, die zuvor die Politik der Landesöffnung unterstützt hatten, und den Choshu, die für die Vertreibung eingetreten waren, unterstreicht die Tatsache, daß die Intellektuellen der Vertreiber-Partei zuletzt erkannten, daß die einzige wirkliche Lösung des Problems – die technologische Lücke zwischen Japan und dem Westen zu schließen –, nicht darin bestand, den Westen zu bekämpfen, sondern darin, das Bakufu zu besiegen und einen mächtigen, geeigneten, modernen Nationalstaat zu errichten.

Unterdessen schickte auch schon das Bakufu Gesandtschaft und Studenten ins Ausland, verwestlichte seine Armee und seine Marine, stellte Personen aufgrund ihres Talents in den Regierungsapparat ein, errichtete eine Schiffswerft, Eisenfabriken, eine Kanonenfabrik und dergleichen mehr und bemühte sich ganz allgemein darum, sein Herrschaftssystem zu modernisieren. Auch die Anhänger der ,,Barbaren-Vertreibung" machten nun bereitwillig mit den fremden Ländern Handelsgeschäfte und versuchten, wesentliches Wissen und Können zu übernehmen. Die Frage, ob man das Land öffnen oder die ,,Barbaren" vertreiben solle, war nicht mehr strittig, und zwar weder für die Clans noch für das Bakufu. Die Frage hatte sich umgekehrt und lautete nun, ob man das Tokugawa-Bakufu (in modernisierter Form) beibehalten oder einen wahrhaft modernen, neu geeinten Nationalstaat errichten wolle.

Für die Intelligenz, die der Maxime ,,Ehret den Kaiser, vertreibt die Barbaren!" angehangen hatte, besaß der Wunsch nach Vertreibung der ,,Barbaren" nur noch die Funktion eines Schlagworts; ähnlich verblaßte auch im Lauf der Zeit der Begriff ,,Ehret den Kaiser!"

und verkümmerte zu einem bloßen Schlachtruf. Es gab nie einen genauen Aktionsplan für die Meiji-Revolution; die Revolutionäre machten sich mit den Problemen und etwaigen Lösungen vertraut, indem sie herumexperimentierten und nach neuen Möglichkeiten suchten, wenn eine Lösung scheiterte, bis sie sich Schritt für Schritt der richtigen näherten. Sie erkannten, daß die ,,Barbaren-Vertreibung" nicht helfen würde, die technologische Lücke zu schließen, und daß die Antwort auf diese Herausforderung nur in der Errichtung eines modernen, geeinten Nationalstaats lag. Daher taten sie sich zusammen mit dem Ziel, das Bakufu zu stürzen. Aber wenn sie sich fragten, was unter einem modernen Staat zu verstehen sei, hatte keiner von ihnen eine klare Vorstellung. Sie hatten nur das verschwommene, übertrieben vereinfachende und gefährliche Gefühl, daß das alte japanische Herrschaftsmodell, in dessen Mittelpunkt der Kaiser stand, für die Japaner ideal wäre.

Die oberen Ränge der Krieger waren dafür eingetreten, Hof und Bakufu zu einen, und Kaiser Komei (1831–1866) hatte begeistert zugestimmt. Nach diesem Plan sollte der Kaiser seine zentrale Stellung in der japanischen Politik wieder einnehmen, und das Bakufu würde, freilich in veränderter Form, weiterbestehen. In den Augen der unteren Kriegerschicht und der Intellektuellen bedeutete eine derartige Lösung, daß die Quelle des Übels und des Streits nicht beseitigt wurde; da aber der Kaiser persönlich ein eifriger Befürworter dieses Einigungsplanes war, stieß die revolutionäre Gruppe der ,,Ehret den Kaiser"-Partei mit dem Kaiser zusammen. Im September 1866 schickten sich einundzwanzig Bakufu-feindliche Edelleute des Hofes, darunter Iwakura Tomomi, an, die Vereinigung von Hof und Bakufu gewaltsam zu verhindern; der Kaiser ließ sie daraufhin streng bestrafen. Anderthalb Monate später verstarb der Kaiser plötzlich im zarten Alter von 36 Jahren (sofort kam das Gerücht auf, er sei von Loyalisten getötet worden), und ihm folgte der 16jährige Kaiser Meiji (d.h. ,,der Aufgeklärte") auf den Thron.

Es war bedauerlich, daß es zwischen dem Kaiser und der Gruppe der Revolutionäre, die den Kaiser ehren wollte, zu einem solchen Zwischenfall gekommen war, aber dies zeigt, daß dieser Slogan für einige Loyalisten nur ein leeres Wort war. Sie waren, mit anderen Worten, keine ergebenen Diener, die gemäß dem kaiserlichen Willen handelten und die Wünsche des Kaisers erfüllten, sondern sie hatten ihr eigenes festumrissenes Programm (obschon sie sich längst nicht über alle Probleme im klaren waren), und sie entpuppten sich als die politischen Widersacher des Kaisers. Die Beziehung zwischen dem Kaiser und der ,,Ehret den Kaiser"-Gruppe der 1860er Jahre fand ihr

Echo in den 1930er Jahren, als junge Offiziere der politischen Rechten zuerst den Hof umzustürzen versuchten und auch eine Reihe Aufstandsversuche durchführten, die allerdings scheiterten, so zum Beispiel die Zwischenfälle des 15. Mai beziehungsweise des 26. Februar, auf die wir weiter unten (S. 158–160) ausführlicher eingehen werden.

Nach dem Umsturz im kaiserlichen Hof dauerte es noch mehr als zwei Jahre, bis die Meiji-Revolution ihren Schlußpunkt erreichte. Das Shogunat hatte seine Herrschergewalt zwar bereits gegen Ende des Jahres 1867 an den Kaiser zurückgegeben, doch der Krieg zwischen dem Bakufu und den vereinigten Streitkräften der Satsuma und Choshu tobte weiter. Nach der Schlacht von Toba-Fushimi, unweit von Kyoto, kapitulierte die Burg von Edo schnell, und die Burg von Aizu, der dem Bakufu noch verbliebene Stützpunkt in der nordöstlichen Tohoku-Region, fiel. Enomoto Takeaki, der stellvertretende Befehlshaber über die Seestreitkräfte des Bakufu, ergab sich schließlich 1869 in Hokkaido. Die Tatsache, daß die Meiji-Revolution an der Westspitze von Honshu, an der südwestlichen Küste von Kyushu und der Südküste von Shikoku – Gegenden, denen es am leichtesten möglich war, mit dem Westen in Berühung zu kommen – ihren Anfang nahm und im Nordosten Japans ihr Ende fand, wo derlei Kontake gering waren, ferner die Tatsache, daß die Armee der Satsuma und Choshu, die weitgehend mit westlichen Waffen ausgestattet waren, als Sieger hervorgingen, unterstreicht vortrefflich die besondere Art dieser Revolution. Die räumliche Anordnung dieser Revolution vermag überdies zu verdeutlichen, wie sehr dem Shogunat die politische Macht entglitten war.

Während der beiden Jahre der Revolution suchte die neue Regierung nach einer neuen politischen Struktur. Die Revolutionäre hatten keinen genauen Plan, was sie mit dem Shogun anfangen sollten, der seine politische Macht bereits dem Kaiser übergeben hatte. Sie wußten nicht, ob sie nun die Tokugawa in die Stellung von Feudalherren hinabdrücken sollten, an die Stelle des Bakufu einen Rat der Feudalherren ernennen und einen geeinten Hof aus Kaiserhof und Bakufu schaffen sollten. Oder war es vielleicht besser, das Bakufu mit Stumpf und Stiel auszurotten und an seine Stelle ein modernes Herrschaftssystem unter direkter Befehlsgewalt des Kaisers zu stellen (*hanseki hokan*, „Abschaffung der Domänen-Kataster", und *haihan chiken*, „Abschaffung der Dömänen und Errichtung von Präfekturen")? Des weiteren stellte sich die Frage: Welche politische Stellung sollte in dem neuen System der Kaiser einnehmen? Würde er beispielsweise ein absoluter oder ein konstitutioneller Monarch sein?

Die Revolutionäre zergrübelten sich verwirrt den Kopf, modifizierten ihre Pläne mit dem Fortschreiten der Revolution und suchten meistens im ad-hoc Verfahren nach Lösungen.

Währenddessen fällte die neue Regierung verschiedene Entscheidungen und setzte sie in Kraft. Sie führte diese Politik jedoch – wie der Briefwechsel der wichtigsten Vertreter der neuen Regierung Kido Koin, Okubo Toshimichi, Sanjo Sanetomi und Iwakura Tomomi beweist – nicht im Vertrauen auf Erfolg durch, sondern mit dem unguten Gefühl, daß die neue Regierung jeden Tag zusammenbrechen könnte.[10] Von den unzähligen Entscheidungen der überaus geschäftigen Regierung wurden bald viele früher getroffene widerrufen, so daß ihre Wankelmütigkeit Gegenstand der öffentlichen Kritik wurde.

Aber man sollte diese unsystematische Vorgehensweise nicht allzu streng beurteilen. Man muß bedenken, daß die neue Regierung sich gerade aus jenen Leuten zusammensetzte, die ursprünglich das Argument „Vertreibt die Barbaren!“ als eine Verteidigungspolitik gegen den Westen angesehen hatten, wiewohl sie im Fortgang der Ereignisse ihren Fehler zu erkennen begannen und schließlich sogar bemerkten, daß die einzige wahre Abwehr darin bestand, Japan zu modernisieren. Es ist daher nur natürlich, daß sie den Gedanken, wie man das Land modernisieren könne, noch nicht zu Ende gedacht hatten. In diesem Punkt sollte man das japanische Beispiel mit der Russischen Revolution vergleichen. In Rußland hatten die Sozialwissenschaften bereits ein hohes Niveau erreicht, und die Revolution kam erst in dem Augenblick, als die Revolutionäre die Möglichkeiten der russischen Entwicklung rational ausdiskutiert hatten. Im Gegensatz zu diesen russischen Revolutionären muß man sagen, daß die Revolutionäre der Meiji-Revolution unwissende Toren waren. Es war nahezu unvermeidlich, daß die neue Regierung viele Fehler machte, und im nachhinein kann man sogar sagen, die Meiji-Regierung sei in mancherlei Hinsicht eine reaktionäre Regierung gewesen. So führte sie beispielsweise die Politik des Bakufu fort, keine ausländischen Religionen zuzulassen, und durch das Verbot des Christentums provozierte sie den Protest ausländischer Staaten. Der erste der fünf Artikel, mit dem man die neue Charta beschwörte, lautete: „Es soll eine landesweite Versammlung einberufen werden, und alle Angelegenheiten des Staates sollen mittels öffentlicher Diskussion entschieden werden.“ Das aber bedeutete keineswegs, daß ein modernes Parlament eingesetzt werden würde, sondern eher ein feudalherrschaftlicher Rat oder etwas in dieser Art.

Trotz dieser Unzulänglichkeiten und in Anbetracht der Zeitumstände muß man die Errichtung des Meiji-Staates als ein modernes kaiserliches Gemeinwesen mit einem Leitenden Minister, der den Kaiser berät, und in dessen Händen letzten Endes die Staatsgewalt ruht, als einen Erfolg betrachten. Man darf dabei nicht den Einfluß Großbritanniens übersehen, das, innerhalb der westlichen Nationen, in Beziehung zu Japan die führende Rolle spielte und das letztendlich half, die Meiji-Revolution zu Ende zu führen. Aber wir dürfen auch nicht übersehen, daß die Erfahrungen während der letzten Tage des Bakufu bei der Meiji-Regierung den Wunsch erweckten, eher eine beschränkte als eine absolute Herrschaft des Kaisers zu erstreben. Frankreich hatte dem Bakufu beigestanden, um die englische Unterstützung der Bakufu-feindlichen Gruppierungen zu neutralisieren, aber keine dieser beiden Seiten erlaubte in den Jahren, die zu dem Machtwechsel hinführten, daß der Konflikt im Innern zu einem Stellvertreterkrieg zwischen den beiden Großmächten entartete. Statt dessen lösten sie binnen kurzer Zeit die seit langem bestehende politische Doppelstruktur auf, die von der Zwietracht zwischen Hof und Bakufu bestimmt war. Das Lob dafür steht den Beteiligten zu, obschon auch Britannien und Frankreich das Zerwürfnis im Innern Japans nicht hatten hinausziehen wollen.

Einige Autoren haben die Meiji-Revolution als eine „aristokratische Revolution" bezeichnet.[11] Oberflächlich gesehen mag dies gerechtfertigt sein, denn es ist richtig, daß die wichtigsten Kräfte, die die Revolution trugen, aus niederen Kriegern bestanden, die trotz ihres Ranges faktisch nicht zur herrschenden Klasse des Feudalwesens gehörten; außerdem spielten auch einige Feudalherren und Adelige eine wichtige Rolle. Aber wenn man die Meiji-Revolution als eine „aristokratische Revolution" bezeichnet, oder als eine „Revolution von oben", dann gerät diese Interpretation sehr in Widerspruch zu den dann folgenden Ereignissen. Die Revolutionäre taten, *erstens*, sehr wenig, was ihrer Klasse einen Vorteil gebracht hätte. Sie bemühten sich, im Gegenteil, die Privilegien der Kriegerschicht aufzuheben, und 1869 vereinfachten sie die schwerfällige Ständegesellschaft der Tokugawa-Zeit, garantierten das Recht der freien Berufs- und Ehewahl und beschnitten 1871 das Herrschaftsrecht der Clan-Chefs und lösten die Güter der Clans auf. Aufgrund dieser Maßnahme erhielten die Krieger ihre finanziellen Zuwendungen nicht mehr, wie bisher, von den Clan-Chefs, sondern von der Zentralregierung, freilich wurden diese Zahlungen nach 1873 langsam gedrosselt und 1876 wurden sie ganz eingestellt. Nach der Streichung dieser Zuwendungen erhielten die Krieger öffentliche Schuldverschreibungen; viele von ihnen eröffneten mit diesem Kapital als Grundstock ein Unternehmen, manche erlitten – wirtschaftlich betrachtet – Schiffbruch und sanken schließlich ins Proletariat ab.

So wurden die feudalen wirtschaftlichen Vorrechte der Krieger aufgehoben. Obendrein wurde 1873 das Wehrpflichtgesetz verkündet, so daß die Landesverteidigung fortan nicht mehr Monopol der Krieger war, die darin ihre Aufgabe und Ehre gesehen hatten. Daß die Meiji-Regierung eine moderne Armee aufstellte und die allgemeine Wehrpflicht zum Prinzip erhob, bedeutete, daß ihre Herrschaftsgewalt nicht auf der alten herrschenden Klasse von einst ruhte, und es wurde offenkundig, daß die politische Philosophie der Meiji-Regierung grundverschieden war von der der Tokugawa.

Es war also der Kriegerstand, das heißt die Aristokraten, die von der Revolution am schmerzlichsten betroffen waren, und sie waren sich dessen völlig bewußt. Unzufriedene Krieger setzten sogar noch nach der Revolution ihre Unruhen fort, die im Satsuma-Aufstand von 1877 ihren Höhepunkt fanden. Eine solche Revolution kann man nicht als aristokratisch bezeichnen. Wenn die fortschrittlichen Reformen des letzten Shoguns, des Tokugawa Keiki, von Erfolg gekrönt gewesen wären und daraus nach der Vorstellung von der „Eintracht zwischen Hof und Bakufu" ein neues Herrschaftsgebäude hervorgegangen wäre, dann wäre es vielleicht angebracht, von einer aristokratischen Revolution zu sprechen; aber von dem tatsächlichen Verlauf der Meiji-Revolution kann man dies nicht sagen.

Eine weitere Theorie besagt, *zweitens*, daß die Loyalisten vorhatten, durch die Meiji-Revolution den Kaiser wieder in seine Herrschaft einzusetzen. Zwar waren viele Angehörige der Intelligenz Befürworter der „Ehret den Kaiser"-Theorie, und viele von ihnen – Anhänger der Schule des Motoori Norinaga und des Hirata Atsutane sowie politisch Rechtslastige, die von der Mito-Geschichtsschule beeinflußt waren – sprachen sich fanatisch dafür aus, den Kaiser in seine alten Rechte wiedereinzusetzen. Selbst Yoshida Shoin, der realistischste und fortschrittlichste unter ihnen, wurde ein paar Jahre vor seiner Hinrichtung zum unbelehrbaren Rechtsextremisten. Es liegt auf der Hand, daß diese Ideologien nicht zur Modernisierung beitrugen; mehr noch, sie hatten sogar schädliche Auswirkungen. Daher wurden ihre Anhänger nach der Revolution ohne jedes Mitgefühl behandelt. Zwar stellte die Regierung unmittelbar nach der Revolution den Minister für Religionsangelegenheiten über den Leitenden Minister und erklärte den „Schintoismus zum Glauben der Nation"; viele Gelehrte der „Nationalen Wissenschaft" *(Kokugaku)* und Schintoisten wurden in die neue Regierung berufen. Aber nach der Abschaffung der Clans und der Errichtung des Präfektursystems wurde der Minister für Religionsangelegenheiten dem Leitenden Minister unterstellt. Außerdem wurde langsam augenscheinlich, daß die konservative Natur des Schintoismus nicht im Einklang stand mit der neuen Regierung, und die Vorstellung, daß der Schintoismus der „Glaube der Nation" sein müsse, verschwand über Nacht.

Die unzufriedenen Intellektuellen der Rechten, die eine entscheidende Rolle in der Revolution gespielt hatten, erhielten in der neuen Regierung nicht genügend wichtige Ämter, und sie taten sich mit enttäuschten Kriegern zusammen und inszenierten den Saga- den Shinpuren- und den Satsuma-Aufstand. Die rechtsextremistische Ideologie ging, soweit sie überlebte, in den Untergrund und explodierte sechzig Jahre später wie eine Zeitbombe. Schließlich führte sie das Land in die Zerstörung. Bestimmt war es ein Fehler der Meiji-Regierung, gegen diese Ideologien der Rechten keine wirksamen und gründlichen Gegenmaßnahmen zu treffen, aber der Umstand, daß sich die Meiji-Regierung als eine moderne Regierung einzurichten vermochte, indem sie die fanatischen Elemente der Rechten, die bislang ihre Weggefährten gewesen waren, hinauswarf, muß als ein großer Erfolg betrachtet werden, wenn man den Verlauf der Revolution bedenkt.

Schließlich wird die Überzeugung vertreten, die Ursachen der Revolution seien letzten Endes die wirtschaftlichen Widersprüche gewesen, die sich unter den Tokugawa angestaut hatten. Als Beweis für ihre These führen die Verfechter dieser Theorie die häufigen Bauernaufstände in der letzten Phase der Tokugawa-Zeit an. Als die Tokugawa-Herrschaft sich ihrem Ende näherte, nahm die Polarisierung zwischen Arm und Reich auf dem Land und in der Stadt zu. Ich bin allerdings der Auffassung, daß solche zunehmenden Spannungen möglicherweise zum Teil den Hintergrund für die Auslösung einer Revolution bilden, aber sie können weder die direkte Ursache noch der mittelbare Beweggrund für ihr Zustandekommen gewesen sein.

Seit etwa 1750 kam es häufig zu Bauernaufständen und Unruhen, die 1837 mit der Revolte des Oshio Heihachiro ihren Höhepunkt erreichten. Untersucht man die Häufigkeit solcher Unruhen, stellt sich heraus, daß es während der Tenpo-Zeit (1830–1843) durchschnittlich elf pro Jahr waren, in der Man'en-Bunkyu-Zeit (1860–1863) lag der Jahresdurchschnitt bei achteinhalb und in der Genji-Keio-Zeit (1864–1867) bei fünfzehn. Aber selbst nach der Revolution waren diese Aufstände kaum unter Kontrolle; noch in den Jahren 1868–1870 lag der Jahresdurchschnitt bei dreißig, in den Jahren 1871–1873 bei fünfundzwanzig.[12] Diese Zahlen weisen deutlich darauf hin, daß sich die Meiji-Regierung alles andere als freundlich verhielt – sowohl gegenüber den Kriegern als auch gegenüber den Bauern.

Hinzuzufügen ist, daß das Bewußtsein der Bauern zu dieser Zeit im allgemeinen noch nicht genügend entwickelt war, um auf einen Sturz der Feudalherrschaft zu sinnen und die Errichtung einer besseren Regierung zu planen und durchzuführen. Tatsächlich waren die Voraussetzungen für einen Nationalstaat erst gegen Ende der Tokugawa-Zeit geschaffen, und zwar aufgrund der wirtschaftlichen und kulturellen Wechselbeziehungen zwischen den Provinzen, der Vereinheitlichung der Sprache und aufgrund des Bewußtseins des Volkes, einer Nation anzugehören. Das soeben Gesagte ist jedoch nur dann richtig, wenn man diese Entwicklung mit dem früheren Japan oder mit gewissen unterentwickelten Ländern vergleicht, denn das Nationalbewußtsein der Massen war noch keineswegs sehr weit fortgeschritten, und man darf es nicht übertrieben hoch einschätzen. Obwohl die Sprache bereits vereinheitlicht war, bemühte sich eine Reihe von Clans (beispielsweise die Satsuma), die Einzigartigkeit ihres Dialektes zu bewahren. Es waren außerdem nur die Krieger, denen es im Rahmen des Systems gelang, mit anderen in Kontakt zu kommen; das einfache Volk, namentlich die Bauern, blieben der Scholle verhaftet. Ich halte das Nationalbewußtsein der Massen in den letzten Jahren der Tokugawa-Zeit gerade für genügend hoch entwickelt, daß das Volk einen Nationalstaat akzeptierte; aber es war keineswegs so hoch, daß das Volk von sich aus eine Revolution gewünscht und herbeigeführt hätte, nur um eine nationalstaatliche Einigung zu erreichen.

Freilich gab es bei den freiwilligen Truppen, die Takasugi Shinsaku zusammengestellt hatte, Bauern und Städter, und diese Truppen hatten die Armee des Bakufu in verschiedenen Gebieten besiegt. Es ist jedoch fraglich, ob die Meiji-Revolution die allgemeine Wehrpflicht tatsächlich eingeführt hätte, wenn es nicht eine solch aktive Teilnahme dieser Bauern und Städter gegeben hätte. Einige messen den Massen in der Revolution deswegen eine große Bedeutung zu, aber man muß auch die andere Seite der Medaille sehen. So nahmen beispielsweise etwa zwanzig Clans an dem Angriff auf die Burg von Edo teil, darunter die Satsuma und die Choshu, und bei den Schlachten im Nordosten und in den Gebieten von Hokuriku fochten auf seiten des Bakufu über dreißig Clans. Von den Clans auf beiden Seiten waren es die Satsuma, die Choshu und die Aizu, die am wackersten kämpften; alle übrigen zeigten wenig Kampfgeist. Die Satsuma und die Choshu zeichneten sich teils durch ihre hervorragende Ausstattung mit westlichen Waffen aus, aber auch dadurch, daß ihre Kampfmoral wesentlich stärker war als die der anderen Clans. Überdies war es, wie schon gesagt, den Revolutionären zu verdanken, daß sich die Meiji-Revolution nicht zu einem großräumigen Bürgerkrieg oder gar zu einem – umgekehrten – Stellvertreterkrieg zwischen den Großmächten entwickelte. Und diese Entwicklung ist wiederum der Tatsache zuzuschreiben, daß die anderen Clans – also von den Satsuma und den Choshu abgesehen – von der Revolution kaum betroffen waren. Wenn viele Clans ein so hohes politisches Bewußtsein gehabt hätten wie die Satsuma und die Choshu, und wenn viele Clans sich gegen die Revolution so heftig zur Wehr gesetzt hätten wie die Aizu, dann wäre ein Bürgerkrieg größeren Ausmaßes nicht zu vermeiden gewesen.

Wie gering das Nationalbewußtsein der breiten Öffentlichkeit war, wird auch durch die Berichte der Seeleute von ausländischen Flotten belegt, die an der Bombardierung der Stadt Shimonoseki teilnahmen, ferner von Sir Ernest Satow, der gleichfalls an Ort und Stelle war.[13] Gegen Ende der Tokugawa-Zeit fing die Ständegesellschaft allmählich zu zerbröckeln an, und kultureller Austausch zwischen den Provinzen wurde fast etwas Alltägliches. Aber das Klassen- und das Clanbewußtsein saß noch immer tief in den Herzen; daher hielt die Mehrzahl der Bauern und der Stadtbewohner aus dem Choshu-Clan den Schußwechsel mit den ausländischen Flotten für ein Privatscharmützel zwischen den Choshu-*Kriegern* und den Flotten; und die Leute des Buzen-Clans auf der anderen Seite der Meeresenge von Schimonoseki betrachteten es gleichfalls als eine Schlacht zwischen dem *Choshu*-Clan und den Fremden.[14] Das ist bezeichnend für die allgemeine Einstellung in dieser Zeit. Es ist daher unmöglich, die Meiji-Revolution als eine Revolution des Volkes für das Volk anzusehen; man sollte sie eher als eine Revolution der Elite ansehen.

Als die neue Regierung fest im Sattel saß, lockerte sie sofort die Beschränkungen der Ständegesellschaft und schaffte sie später ganz ab; sie reformierte das Bildungswesen, modernisierte den Staatsaufbau und so weiter. Dies alles waren Maßnahmen, die auf eine nationale langfristige Entwicklung zielten. Die kurzfristig in Angriff genommene Wirtschaftspolitik war nicht unbedingt erfolgreich, und dies machte manchen glauben, die Revolution sei nicht für das Volk, sondern nur *von* der Elite *für* die Elite gemacht worden. Daher rebellierten unzufriedene Elemente noch eine ganze Weile nach der Revolution, aber die Regierung warf sie nieder und fuhr fort, den Blick nach vorne gerichtet, die Nation zusammenzuschweißen. So begann also die Nation nach zweihundert Jahren der Isolation ihren

Gewaltmarsch der radikalen Modernisierung und Verwestlichung, unter Führung der Intelligenz, die die außenpolitische Situation erkannt hatte und sich daher aufgeschlossen zeigte.

Ich habe oben betont, daß die Meiji-Revolution kein klar bestimmtes Konzept verfolgte; die Dinge entwickelten sich nach vielen Schwierigkeiten und wurden von zufälligen Geschehnissen beeinträchtigt. Ich neige daher der Ansicht zu, daß sich manches vielleicht anders entwickelt hätte, wenn Yoshida Shoin oder Kaiser Komei nicht so frühzeitig, mitten im Lauf der Revolution, gestorben wären. So hätte womöglich Yoshida Shoin, ein überaus fleißiger Mann mit einem beweglichen Verstand, die Ereignisse richtig eingeschätzt und entsprechend reagiert, aber er war während der letzten paar Jahre seines Lebens zum fanatischen Befürworter der Doktrin vom ,,Land des Kaisers“ geworden. Da seine Schüler die wichtigste Schubkraft hinter der Meiji-Revolution waren, kann man davon ausgehen, daß er in der neuen Regierung das höchste Amt bekleidet haben würde, wenn er noch am Leben geblieben wäre. Und wenn er, wie man annehmen kann, weiterhin die fanatische Doktrin vom ,,Land des Kaisers“ gefördert hätte, dann wäre das Herrschaftsgebäude der Meiji, gestützt auf die absolute Herrschaft des Kaisers, noch stärker rechtslastig geworden als das schließlich sich konstituierende System es war.

Kaiser Komei, um ein weiteres Beispiel anzuführen, war ein begeisterter Anhänger der ,,Einheit von Hof und Bakufu“, obschon er sich zuvor der Politik des Bakufu, das Land den Fremden zu öffnen, widersetzt hatte. Da Shogun Tokugawa Keiki ein Progressiver war, hätte er – wenn die kaiserliche Herrschaft Komeis und Keikis Regierung als Shogun länger gedauert hätte (ihre Amtsdauer fiel nur für vier Monate zusammen) – zusammen mit dem Kaiser den toten Punkt überwunden, und sie hätten ein mächtiges Herrschaftsgebilde aus Hof und Bakufu hervorgebracht.[15] Wenn hingegen ein stärker rechtslastiges, absolutistisches System oder ein feudales Gebilde, bestehend aus Bakufu und Hof, errichtet worden wäre, dann hätte Japan früher oder später aller Voraussicht nach eine zweite Revolution nötig gehabt. Namentlich wenn Yoshida am Leben geblieben wäre, hätte dies bedeutet, daß Japan einen direkten Übergang gefunden hätte von der Meiji-Zeit zu den ultranationalistischen Jahren der frühen Showa-Zeit (d.h. der 1920 und 1930er Jahre), und das Land hätte sich vielleicht selber zerstört und hätte dann kaum ein positives Ansehen im Westen gefunden. Heißt es, allzuviel in die Ereignisse hineinzudeuten, wenn man sagt, daß der Umschwung der japanischen Geschichte in Richtung Modernisierung dem tragischen Tod zweier hervorragender Persönlichkeiten verpflichtet ist und daß man daher diesen beiden dafür dankbar sein muß?

4. Der Weg in die Moderne: Japan und England – ein Vergleich

Wenn wir einzelne Aspekte der japanischen Geschichte mit der Geschichte Englands vergleichen – und unser Vergleich kann aus Platzgründen nur sehr vereinfachend ausfallen –, dann wird klar, daß es interessante Ähnlichkeiten und Unterschiede gibt. In der englischen Geschichte ist es vor allen anderen Heinrich VII., der sich in etwa mit Hideyoshi und Ieyasu vergleichen läßt; 1485 besiegte er Richard III., den letzten König aus dem Hause York, und wurde der erste König aus dem Hause Tudor. Zugleich befahl er, daß der Feudaladel seine Gefolgschaften auflöse. Bis dahin hatte der Adel im Grunde Privatarmeen unterhalten, ganze Scharen von Gefolgsleuten, die seine Uniformen und seinen Helmschmuck trugen. Aber Heinrich VII. untersagte all seinen Untertanen, ungeachtet ihrer Stellung, ihres Ranges oder ihrer Würde, ein bewaffnetes Gefolge zu unterhalten; damit eignete er sich ein Machtmonopol an und führte eine absolute Monarchie ein. Diese Maßnahme Heinrichs entspricht Hideyoshis „Schwertjagdedikt" von 1588. Hideyoshi einte das Land und machte die *daimyo* mehr oder weniger seinem Willen untertan, daher kann man ihn als den Begründer eines zentralistischen Feudalismus und einer absolutistischen Monarchie ansehen. In England schwächte sich allerdings der feudale Charakter des Staates durch die Festigung der absoluten Souveränität der Krone ab, während in Japan von der Zeit Hideyoshis an und während der ganzen Tokugawa-Zeit die Regierung in den Händen eines zentralisierten Feudalsystems lag, an dessen Spitze ein *kampaku* oder ein Shogun stand, dessen Vollmachten denen eines absolutistischen Monarchen glichen. Das heißt, daß die Epoche der zentralistischen Herrschaft in England etwa hundert Jahre früher begann als in Japan.

In England machte der Bürgerkrieg (1642–1660) dem Absolutismus der Krone ein Ende. In Japan ging die Epoche des zentralisierten Feudalismus mit der Meiji-Revolution unter, und das Land trat in eine Epoche mit einer modernen Herrschaftsstruktur ein, also zweihundert Jahre später als Großbritannien.[16]

Es war nicht von ungefähr, daß gerade seit der Zeit der Tudor-Monarchie allmählich neue Seerouten und neue Erdteile entdeckt wurden: 1445 das afrikanische Kap Verde, 1486 das Kap der Guten Hoffnung. Des weiteren zählen dazu das 1492 von Kolumbus entdeckte Amerika, ferner, 1498, Vasco da Gamas neuer Seeweg nach Indien, und Cabrals Entdeckung Brasiliens im Jahr 1500; zwischen 1519 und 1521 segelte Magellan um die Welt. Alle diese neuen Erdteile wurden zum größten Teil von Männern aufgespürt, die aus Ländern kamen wie Portugal, Spanien oder den Niederlanden; England befand sich im Hintertreffen, aber seit der zweiten Hälfte des sechzehnten Jahrhunderts sollten auch Engländer bei der Neuerschließung dieser neuen Kontinente eine aktive Rolle spielen. So gründete beispielsweise Sir Humphrey Gilbert 1583 in Neufundland eine Kolonie, und 1584 siedelte Sir Walter Raleigh die Kolonie von Virginia an. Zur gleichen Zeit begann England stärker am Außenhandel teilzuhaben; es entstanden zahlreiche Handelsgesellschaften, und Adelige und Kaufleute, die mit der Königsfamilie unter einer Decke steckten, schanzten sich monopolistische Handelsrechte zu. Dieser Zug verstärkte sich noch, nachdem England Spaniens „Unbesiegbare re Armada" in die Flucht geschlagen hatte. Im Jahre 1600 wurde die „Ostindische Handelscompagnie" gegründet.

Im Gegensatz dazu erlebte Japan die Blütezeit seiner Beziehungen mit Westeuropa (vor allem mit Portugal) schon vor der Errichtung eines zentralisierten Feudalsystems durch Hideyoshi und die Familie Tokugawa, kurz darauf allerdings schloß sich Japan gegenüber Fremden völlig ab. Die Isolationspolitik wurde bis gegen Ende des achtzehnten Jahrhunderts streng eingehalten, erst dann kam es erneut zu Berührungen mit Westeuropa. Obwohl England und Japan in sehr unterschiedlichem Maße Außenbeziehungen unterhalten hatten, brachen hier wie dort der Absolutismus und das zentralisierte Feudalgebäude zusammen, als sich die Beziehungen zur Außenwelt vertieften.

Die Umstände, die zu diesem Zusammenbruch führten, waren allerdings in beiden Ländern grundverschieden. In Japan stürzte das Tokugawa-Regime infolge des Drucks von außen, der wiederum der technologischen Lücke zuzuschreiben war; in England hingegen kam der entscheidende Druck von innen. 1642, als in England der Bürgerkrieg ausbrach, steckte die moderne Wissenschaft noch in den Kinderschuhen. Kopernikus hatte seine heliozentrische Theorie hundert Jahre zuvor formuliert (1543), und Galileo Galilei hatte sechzig Jahre früher (1583) den Isochronismus kleiner Pendelbewegungen entdeckt; Differential- und Integralrechnung waren damals noch unbekannt, desgleichen das allgemeine Gravitationsgesetz. Natürlich gab es auch schon in jenen Tagen Kriegsschiffe, aber sie waren nur mit Segeln bestückt, und die Erfindung des Dampfschiffes, das Japan später bedrohte, ließ noch 165 Jahre auf sich warten. In England aber fand, anders als in Japan, keine Revolution statt, um das absolutistische Herrschaftsgebäude niederzureißen und einen starken Nationalstaat hinzustellen, der dem Druck von außen gewachsen war. Das absolutistische Gebilde brach von innen her und ganz von alleine zusammen, sowohl in geistigem als auch in ideologischem Sinne.

Seit seiner Konfrontation mit Spaniens „Unbesiegbarer Armada" baute England, wie oben gesagt, seine Beziehungen im Außenhandel kräftig aus, und als Folge davon gerieten seine monopolbesitzenden Kaufleute, die mit der absolutistischen Monarchie eng liiert waren und sich besonderer Handelsprivilegien erfreuten, in Konflikt mit den Kapitalisten aus dem produzierenden Sektor (den Wollerzeugern), mit den kleinen Kaufleuten und den kleinen Grundbesitzern. Diese beherrschten das Parlament (das House of Commons), und daher kam es zwischen der Gruppe der Monopolisten und der parlamentarischen Gruppe zu Auseinandersetzungen. Viele der kleineren Kaufleute, Industrielle sowie Freibauern waren überdies noch Puritaner, und der Zwist weitete sich deswegen aus und führte zum Konflikt zwischen dem Puritanismus und der englischen Staatskirche. Die parlamentarisch gesinnte Gruppe, mit ihrer Vorliebe für den Puritanismus und ihrer Hochschätzung von Freiheit und Menschenrechten, stand gegen die royalistische Gruppe auf, die die Unterstützung der Amtskirche genoß und eine Schwäche hatte für Handelsmonopole und Despotismus. Nach langem Kampfe kam es zu einer bürgerlichen Revolution, in deren Verlauf die absolutistische Monarchie gestürzt, eine beschränkte (d. h. konstitutionelle) Monarchie errichtet und die politische Macht des Parlaments gefestigt wurde. So war also die Englische Revolution eine Umwälzung, deren Ursprung im Aufstieg einer neuen Klasse lag; sie war nicht wie die Meiji-Revolution aus der Notwendigkeit erwachsen, das Land gegen äußere Bedrohungen verteidigen zu müssen.

Dennoch war die Folge dieser Revolution, daß in England der Kapitalismus seinen Anfang nahm. Für die Einführung des modernen Kapitalismus bedarf es jedoch zweierlei Arten von Menschen: einerseits des Kapitalisten, der bestrebt ist, Kapital zu akkumulieren; andererseits des Arbeiters, der sich unaufhörlich abschuftet. Aber selbst wenn es Arbeiter und Kapitalisten gibt, kommt es nicht automatisch zur Entstehung eines Mehrwerts, wenn nämlich die Arbeiter keinerlei Anstrengung machen zu arbeiten, ohne daß die Kapitalisten sie mit Peitschen oder mit Pistolen bedrohen. Falls jedoch die Arbeiter ordentlich arbeiten, die Kapitalisten aber den gesamten Mehrwert verprassen, findet gleichfalls keine Akkumulation von Kapital statt. Um einen modernen Kapitalismus heranreifen zu lassen – und zwar im Sinne eines fortschrittlichen Wirtschaftssystems, in dem Kapital akkumuliert und jahraus, jahrein kapitalistische Produktion im großen Stil durchgeführt wird –, müssen sowohl die Kapitalisten als auch die Arbeiter von Natur aus in ihren Ansprüchen bescheiden sein.

Glücklicherweise predigte das Christentum Anspruchslosigkeit. Im Katholizismus bestand allerdings eine Trennung zwischen dem klösterlichen und dem laikalen Leben; die Askese war nur ein Teil des Klosterlebens, also Sache derer, die sich der Kirche geweiht hatten; vom Laienvolk wurde sie nicht verlangt. Wer in der irdischen Welt lebte, war davon befreit, und selbst exzessive Völlerei fand die Nachsicht der Kirche. Daher gedieh der Kapitalismus, dessen wichtigste Triebfeder die Askese ist, unter dem Katholizismus eher schlecht als recht. Eine religiöse Revolution war nötig, ehe der Kapitalismus hochkommen konnte; die Askese mußte, mit anderen Worten, erst aus dem Kloster herausgeholt, die Trennung zwischen Heiligem und Weltlichem aufgehoben werden, das Gewinnstreben dieser Welt und die Askese des Klosters mußten sich erst zusammentun.

Und genau das erreichte der Puritanismus. Als Folge davon stand der Arbeiter während seiner Arbeit nicht mehr „vor der steten Frage: wie bei einem Maximum von Bequemlichkeit und einem Minimum von Leistung dennoch der gewohnte Lohn zu gewinnen sei. [Von diesem Gedanken hatte er sich nunmehr gelöst, und er betrieb seine Arbeit so], als ob sie absoluter Selbstzweck – ‚Beruf' – wäre" (Max Weber).[17] Auch die Unternehmer betrachteten allmählich ihre profitorientierte Beschäftigung als einen Beruf, in dem sie eine göttliche Weisung erfüllten. Die weltliche Askese des Puritanismus bedeutete außerdem, daß man sich Vergnügungen und dem Konsum widersetzte, vor allem wurde der Luxus gänzlich unterdrückt. Auf diese Weise führte die Genügsamkeit zur Akkumulation von Kapital; das neue Kapital wurde sodann produktiv eingesetzt und dadurch zur Quelle neuen Profits. So erschuf die religiöse Umwälzung, die aus dem Protestantismus hervorging, den modernen Unternehmer und Kapitalisten – eine neue Art von Mensch, der einem aufrichtig gehegten Glauben anhing und über riesigen Reichtum verfügte, sich aber nichtsdestoweniger zufriedengab mit einem Leben in äußerster Einfachheit und danach strebte, Kapital anzuhäufen.

Damit sich der moderne Kapitalismus auf diese Weise ausbreiten kann, bedarf es der Existenz einer bestimmten Art Mensch, und dazu wiederum muß zuerst eine religiöse Umwälzung stattgefunden haben. Selbst Marx, der die Religion als Opium bezeichnete und sie mit scharfen Worten herabsetzte, anerkannte diese Tatsache (wiewohl er der religiösen Grundlage offenbar nicht zustimmte), als er sagte: „Akkumuliert! Akkumuliert! Das ist Moses und die Propheten!" Wenn wir Marxens Worte anders formulieren, in der Art von Max Weber, lauten sie: „Seid genügsam! Seid genügsam! Das ist Calvin und die Propheten!" Das heißt, daß der Kapitalismus nur dort entstehen kann, wo es einen Geist der Askese gibt. 1642, als in England die bürgerliche Revolution ausbrach, war Luther seit etwa hundert Jahren tot, Calvin seit etwa achtzig Jahren; und gut zwanzig Jahre waren vergangen, seit die „Mayflower" ihre Reise nach Nordamerika angetreten hatte. Andererseits war dies auch das Jahr, in dem Galilei starb und Newton das Licht der Welt erblickte. Bringt man es in die historische Reihenfolge, so kam zuerst eine religiöse Umwälzung; sodann erfolgte eine Revolution, die auf den modernen Kapitalismus zusteuerte; und dann, schließlich, breitete sich die moderne Naturwissenschaft aus. Danach kam die Zeit, in der verschiedene mächtige Maschinen erfunden wurden, und es kam zur industriellen Revolution. Bekanntlich hat seit etwa 1780 oder 1800 die Produktivkraft in England gewaltig zugenommen; und mehr als ein Jahrhundert nach dem Ende der Englischen Revolution, also etwa gegen 1760, erreichte der Kapitalismus in England das Stadium des *take-off*. Es hat also ungefähr hundert Jahre gedauert, bis die Bedingungen dafür herangereift waren.

So waren in England der Protestantismus (in Gestalt des Puritanismus) und der Aufstieg des Bürgertums Vorbedingungen für die Entscheidung des modernen Kapitalismus; aber die Meiji-Revolution in Japan basierte auf anderen Vorbedingungen. Erstens war Japan selbstverständlich kein protestantisches Land. Zweitens war in den letzten Jahren der Tokugawa-Herrschaft so etwas wie ein Bürgertum entstanden, aber es war nicht so stark und so militant wie das englische Bürgertum. Viele aus ihren Reihen untersützten das absolutistische Regime der Tokugawa. Während des achtzehnten Jahrhunderts hatte es sogar Männer wie Ishida Baigan (1685–1744) gegeben, der die Meinung vertrat, es sei sittlich vertretbar, Handel zu treiben. Sie behaupteten, daß es keineswegs moralisch verwerflich sei, durch Geldverdienen und durch Sparen sowie durch Anspruchslosigkeit Kapital anzuhäufen; sie verteidigten die Bemühungen, die auf Gewinn abzielten und ermutigten die Kaufleute. Da sich der Handel unter den Tokugawa freilich nur als Binnenhandel vollzog, zudem nur unter den Bedingungen der Isolation, bedeutete das, daß die

Kaufleute weder Mut noch Abenteuergeist entwickelten, den man bei Kaufleuten im Außenhandelsgeschäft gemeinhin anzutreffen pflegt. Für japanische Kaufleute war es selbstverständlich, sich gegenüber der Tokugawa-Regierung unterwürfig zu verhalten und die bestehende Ordnung zu unterstützen, weil der Status quo aufrecht erhalten werden mußte, wenn der Binnenhandel im ganzen Land gedeihen sollte. Selbst während der letzten Tage der Tokugawa-Herrschaft erkannten die japanischen Kaufleute daher kaum die Möglichkeiten, die sich im Außenhandel boten.

Dies war die Situation, als Japan sich den erstaunlichen Techniken, die aus den modernen Naturwissenschaften hervorgingen, gegenüber sah. Für die Japaner bestand die wichtigste Aufgabe darin, ihr Land vor solcher Technologie zu schützen und seine Unabhängigkeit zu bewahren; der Erwerb von privaten Profiten, die man mit Hilfe solcher Techniken erzielte, spielte in ihrem Denken noch keine große Rolle. Die Frage, die sich nun stellte, lautete: welche neue politische Struktur müßte Japan erhalten, wenn es die Herrschaft über die moderne Technologie erlangen und als Nation so mächtig werden wollte wie die Völker Westeuropas? Nachdem die Träger der Meiji-Revolution niederrangige Samurai und Angehörige der Intelligenz waren, die bereits so etwas wie Nationalbewußtsein empfanden, war es nur natürlich, daß das japanische Bürgertum, das ausschließlich von seinen geringen, aber persönlichen Gewinnen aus dem Binnenhandel in Anspruch genommen war, in einer Revolution wie dieser schnell ins Hintertreffen geriet. Infolgedessen blieb in Japan selbst nach dieser Revolution die Kapitalistenklasse – die eigentlich der Motor des Kapitalismus sein sollte – unterentwickelt.

Das englische Regierungs- und Parlamentssystem war ein Kompromiß zwischen königlicher Autorität und dem Bürgertum. Die englische Kapitalistenklasse war voller Energie, und sie stellte von sich aus immer höhere politische Ansprüche; die japanischen Kapitalisten hingegen waren klein an Zahl und ohnmächtig. Daher sah sich die Meiji-Regierung gezwungen, die Errichtung moderner Fabriken selber in die Hand zu nehmen, sei es mit Geldern, die sie als Steuern aus den Bauern gepreßt hatte, sei es aus Mitteln, die ihr aus dem Druck von Papiergeld zuflossen. Es dauerte freilich nicht lange, und die Regierung konnte das Management für diese kapitalistischen Staatsbetriebe nicht mehr stellen, die Inflationsraten stiegen, und einzelne Unternehmen gingen in Konkurs. Die Regierung sah sich also gezwungen, ihre modernen Fabriken zu Schleuderpreisen zu verkaufen, und es war eine gänzlich unerwartete Folge dieser verzweifelten Politik, daß sich unversehens ein Hoffnungsschimmer am Horizont abzeichnete: Die Männer, die diese Betriebe von der Regierung zu äußerst niedrigen Preisen erwarben, waren nämlich mit einem Streich zu Großkapitalisten geworden, und damit war auch in Japan plötzlich eine der Vorbedingungen des Kapitalismus erfüllt, nämlich die Existenz mächtiger Kapitalisten. Noch waren es allerdings keine selbstbewußten Kapitalisten, die sich mit der Regierung angelegt hätten. Da viele Kapitalisten der Meiji-Zeit ihre Existenz der Gunst der Regierung verdankten, suchten sie auch ihren Schutz und zeigten sich ihr gegenüber loyal und willfährig.

Wenn freilich die Japaner nicht den Glauben von der Notwendigkeit der Askese angenommen hätten, eine weitere Vorbedingung des Kapitalismus, dann wäre in Japan trotzdem der Kapitalismus nicht zum Durchbruch gekommen, Buddhismus und Schintoismus, die traditionellen Religionen, hatten in Japan damals nicht den großen Einfluß auf das Alltagsleben des japanischen Volkes. Aber als eine Folge der Kulturpolitik des Tokugawa-Bakufu hatte sich, wie bereits erwähnt, der Konfuzianismus ausgebreitet und sich im japanischen Volk tief festgesetzt. Der Konfuzianismus wurde in Japan nicht so sehr als eine Religion, sondern eher als ein ethischer Kodex aufgefaßt; er brachte auch dem niederen Volk bei, daß asketisches Verhalten nobles Verhalten sei. Dies geschah nicht unmittelbar, sondern auf Umwegen: Wir haben bereits erfahren, daß die Ethik des Samurai (das sog. *bushido,* das ist die Art des Kriegers, der Geist der Ritterlichkeit) allmählich von anderen Volksschichten aufgenommen wurde, und die Askese war einer der Werte dieser Ethik. So war in Japan bereits am Ende der Meiji-Revolution die zweite Vorbedingung des Kapitalismus erfüllt. Da aber die Askese des Protestantismus eine andere war als die des Konfuzianismus, ist der kapitalistische Geist in Japan selbstverständlich nicht der gleiche wie der in England.

Der japanische Konfuzianismus betont die Treue gegenüber dem Staat (oder dem Herrn), Kindesliebe gegenüber den Eltern, Glaubwürdigkeit gegenüber den Freunden und Achtung vor den eigenen Ahnen. Es war daher, gemäß der konfuzianischen Lehre, ganz natürlich, daß sich eine nationalistisch-kapitalistische Wirtschaftsform entwickeln würde, die auf dem Anciennitätsprinzip und der lebenslangen Beschäftigung in einem Betrieb beruhte. (Überdies verdankten viele Kapitalisten der Meiji-Zeit ihre Existenz der Regierung, und schon aus diesem Grunde arbeiteten sie eng mit der Regierung zusammen.) Der Konfuzianismus hat sich immer mit den zwischenmenschlichen Beziehungen beschäftigt und sich wenig Gedanken über das Verhalten des einzelnen in bezug zu einem absoluten Maßstab, also etwa Gott, gemacht, und daher wurde im Konfuzianismus der Geist des Individualismus erstickt. Nichtsdestoweniger war der Konfuzianismus intellektuell und rational, er vertrug sich also mit der modernen Wissenschaft. Unmittelbar nach der Meiji-Revolution gelang es Japan mit erstaunlicher Geschwindigkeit, die Naturwissenschaften Westeuropas zu übernehmen und sie sich zu eigen zu machen, und in den Jahren zwischen 1878 und 1900 gelang der Meiji-Regierung der erfolgreiche *take-off* ihrer Wirtschaft. So entstand in Japan eine kapitalistische Wirtschaft, die von einem gänzlich anderen Geist bestimmt wurde als der englische Kapitalismus, eine Wirtschaft, die die Seele Japans mit der Technologie des Westens vereinigte.

Schließlich ist noch festzuhalten, daß im politischen Denken des Konfuzianismus die Beamten diejenigen sind, die in der Gesellschaft die wichtigste Rolle spielen, und sie werden auch nach strengen Maßstäben und im Wettbewerb gegeneinander ausgesucht. Da Japan von diesem Gedanken zutiefst beeinflußt war, war das Feudalzeitalter der Tokugawa eine Epoche der Bürokratie, eine Zeit, in der der Samurai sowohl ziviler als auch militärischer Diener des Staates war. Die Meiji-Regierung hatte von Anfang an eine hochentwickelte, moderne Beamtenschaft. Es kann daher kaum verwundern, daß der japanische Kapitalismus als Staatskapitalismus begann, dessen Wirtschaft von Beamten geführt und angetrieben wurde.

III. Das erste japanische Imperium (1895–1931)

1. Die ruhelosen Jahre

Nach der Meiji-Revolution setzte die neue Regierung alles daran, einen ,,modernen Staat" aufzubauen. Zahlreiche Gesandtschaften wurden nach Amerika und Europa geschickt, um dort nach einem Modell für ihren neuen Staat zu suchen. Nicht erst nach der Revolution, sondern schon vorher hatten sowohl das Bakufu als auch die *daimyo* der größeren Lehnsgüter insgeheim Gesandtschaften zu den modernen und fortschrittlichen Nationen geschickt. Da sie wußten, daß das Problem nicht darin bestand, die Isolation beizubehalten oder das Land zu öffnen, stellte sich die Frage, wie ein moderner, geeinter Staat aussehen müsse und wie er geschaffen werden könne. Da zu dieser Zeit alle Auslandsreisen förmlich untersagt waren, lächelten sich diese Gesandtschaften, wenn sie sich in Paris oder London begegneten, sarkastisch an.

Diese Männer brachten einen Schatz von neuen Erkenntnissen und Einsichten über den modernen Staat mit nach Hause. Die Meiji-Regierung verglich und prüfte die verschiedenen Informationen, um herauszufinden, welches Land das höchstentwickelte und fortschrittlichste war, welches also beispielsweise das beste Bildungswesen hatte, welches die beste Marine, welches die beste Armee. Sie untersuchte die Arbeitsweise solcher Einrichtungen wie Polizei, Industrie und Finanzwesen eines jeden Landes. Aufgrund dieser Informationen traf die Regierung ihre Entscheidung, welchen Bereich sie nach welchem Land ausrichten wollte. So richtete sich beispielsweise das Bildungswesen, das 1872 in Kraft trat, nach dem französischen Modell mit seinen Schuldistrikten. Die Kaiserliche Marine wurde eine Kopie der British Royal Navy, doch die Armee war stark geprägt von der Armee Frankreichs. Was Telegraphen und Eisenbahnen anlangt, folgte Japan dem britischen Beispiel, in seinen Universitäten dem amerikanischen. Die Meiji-Verfassung und das Bürgerliche Gesetzbuch waren deutschen Ursprungs, aber das Strafgesetzbuch folgte dem Code Napoléon.

Auf diese Weise wurde der Meiji-Staat zu einem Mischmasch aus Großbritannien, den Vereinigten Staaten, Frankreich und Deutschland. Es stimmt, daß der britische Einfluß überwog, weil die Japaner seinerzeit die Briten als die in vieler Hinsicht führende Nation ansahen; aber man konnte in Japan auch Staatsideen deutscher Abstammung finden, ferner das Konzept „Reiches Land mit starker Armee", ein Rechtssystem nach französischem Muster und eine Wirtschaft, die sich an amerikanischen und britischen Maßstäben ausrichtete. Es war nicht zu erwarten, daß eine solche Synthese frei war von Spannungen und Widersprüchen. Es war auch nicht zu erwarten, daß eine Armee französischen Stils und eine Marine britischen Stils in fröhlicher Eintracht nebeneinander bestehen würden. Daher kam es in Japan zwischen den verschiedenen Bereichen zu Reibungen und zu Auseinandersetzungen, und Japan bot damals den Anblick eines Landes, das aus den Zivilisationsformen der fortgeschrittenen Nationen zusammengestückelt war. Trotz alledem glaubten die Japaner seinerzeit, daß die Übernahme des Besten aus jedem Bereich zu dem bestmöglichen Ergebnis führen würde.

Des weiteren stellte sich auch das Problem, ob die eingeführten Systeme und Zivilisationsformen sich in Japan bewähren würden, ob sie für die Japaner tragbarer waren als ihre traditionellen, akzeptierten Gegenstücke. Aus diesem Grund war ein gewisses Maß an Zugeständnis und Kompromiß unvermeidlich; auf alle Fälle war ein Minimum an Japanisierung oder Anpassung an japanische Traditionen unumgänglich. Außerdem waren die Bedingungen in Japan unmittelbar nach der Meiji-Revolution offensichtlich grundverschieden von denen in England nach dem Bürgerkrieg des siebzehnten Jahrhunderts. Es war daher für Japan ganz und gar unmöglich, eine industrielle Revolution durchzuführen und sich zu einem mächtigen Land zu entwickeln etwa unter den gleichen historischen Bedingungen wie Großbritannien. Japan war es vielmehr von Anfang an bestimmt, einem anderen Weg zu folgen.

Dieser Unterschied hängt eng zusammen mit der innersten Natur der Meiji-Revolution. Wir haben bereits darauf hingewiesen, daß es nicht eine Revolution war, die vom Bürgertum, sondern von den niederen Samurai und der Intelligenz getragen wurde mit dem Ziel, einen modernen Staat zu errichten, und sie vertraten die Überzeugung, daß das Feudalwesen ein Hindernis auf dem Wege zur Modernisierung Japans sei. Die neue Regierung gab dem Kaiser die Ländereien und die Menschen zurück, über die bislang die *daimyo* verfügt hatten; sie schaffte die Domänen ab und errichtete Präfekturen. Auch die Ständegesellschaft wurde beseitigt. Die Industriellen jedoch, die die Last der neuen Zeit zu tragen hatten, traten nicht aus den Reihen der Bauern, der Handwerker- oder Kaufmannsschicht hervor. Diese Personen riefen kaum nach Freiheit, um ihren Geschäften nachgehen zu dürfen, und es fehlte ihnen der Mut, Neuerungen einzuführen. Der englische Bürgerkrieg war ausgebrochen, weil der Mittelstand sich der Staatsführung widersetzte, und nach dem Bürgerkrieg brauchte die englische Regierung nicht erst Industrielle in die Welt zu setzen; die japanische Regierung hingegen mußte sich ihrerseits sofort darum kümmern, Industrielle aufzuziehen. Da ihre Industriellen aus dem Bürgertum schwachbrüstig waren, mußte die Regierung selber die Rolle des Industriellen spielen. Hätte die Meiji-Revolution ein bißchen später stattgefunden, dann wäre Japan vielleicht ein sozialistischer Staat geworden oder ein nationalsozialistischer. Seinerzeit war der Sozialismus freilich nicht viel mehr als ein theoretisches Programm. Japan machte seinen Neubeginn als ein Land, das sich von den Grundsätzen des Staatskapitalismus leiten ließ.

Die Meiji-Regierung gründete staatlich gelenkte Industrieunternehmen, die sie für wichtig hielt, weil sie eine starke Nation aufbauen wollte. Da die Regierung sich aus Mitgliedern der Intelligenz zusammensetzte, in denen ein Gespür für die neue Zeit erwacht war, lag auch die Leitung dieser Staatsunternehmen in den Händen dieser Leute. Und da diese Männer dem Konfuzianismus anhingen, wurde der Konfuzianismus auch die Weltanschauung der Industriellen. Diese Unternehmen bestanden samt und sonders aus großen Fabriken, und sie bedurften der Organisation und der Arbeitskraft vieler disziplinierter Arbeiter. Da die Bauern, die Handwerker und Kaufleute seinerzeit kaum die nötige Disziplin besaßen, rekrutierte man anfangs die Arbeiter selbstverständlich auch aus den Reihen der Kriegerklasse (die ersten Arbeitskräfte in den Seidenmühlen waren beispielsweise die Töchter des Kriegerstandes). Diese regierungseigenen Fabriken waren zu dieser Zeit in Japan höchstentwickelte Modellfabriken, die entsprechend der konfuzianischen Lehre geleitet wurden. Es war Japan bestimmt, sich auf einem ganz anderen Pfad zu entwickeln als der englische Kapitalismus, der unter den Schlagworten Individualismus und Liberalismus großgeworden war, gelenkt von der „unsichtbaren Hand Gottes" (Adam Smith).

Der japanische Konfuzianismus hatte, wie wir oben gelesen haben, den traditionellen Tugenden des chinesischen Konfuzianismus seit jeher wenig Augenmerk geschenkt und statt dessen Treue, Kindesliebe und Weisheit hervorgehoben. (Tatsächlich wird in Japan das Wort *jingi*, das soviel bedeutet wie Menschenliebe und Rechtschaffenheit, auch für eine gewisse Art Moral verwendet, die in der Unterwelt vorherrscht.) Mithin besaßen also Japaner kein Verständnis für westlichen Individualismus und keine Achtung für Liberalismus. Vor allem in den Jahren der Meiji-Zeit und danach, als nationalistische Ideen aufkamen, schätzten die Japaner Recht und Ordnung ganz besonders, und sie betrachteten Individualismus und Liberalismus als etwas, das Recht und Ordnung im Weg stand. Während der Staatskapitalismus florierte, wurden erfolgreiche Geschäftsleute als Menschen angesehen, die dem Staat wertvolle Dienste leisteten; während der erfolgreiche Geschäftsmann später, als die Herrschaft des Staatskapitalismus nachließ und eine stärker marktwirtschaftlich orientierte Ordnung Oberwasser gewann, als ein Schuft betrachtet wurde, der unter der Führung der unsichtbaren Hand eines bösen Geistes Glück hatte und Geld verdiente. In Amerika war Geldverdienen eines der besten Mittel, um gesellschaftliches Ansehen zu erlangen, aber in Japan genügte es keineswegs, Geld zu scheffeln, wenn man die Achtung der Gesellschaft erringen wollte. Nicht nur das, sieht man von den mehr oder weniger großen Unterschieden ab, die von der gesellschaftlichen Atmosphäre jeder Epoche abhingen, so war purer Gelderwerb oftmals sogar ein Grund für gesellschaftliche Ächtung. Die Japaner hingegen waren sich im klaren, daß in ihrem Land zwischen Gelderwerb und gesellschaftlicher Achtung eher ein Widerspruch bestand. Die Geschäftsleute waren sich bewußt, daß man neben dem Geldverdienen auch noch ,,etwas" tun müsse für die Gesellschaft und das Land, und sie dachten, daß sie dieses ,,Etwas" leisteten, wenn sie sich beim Geldverdienen ein bißchen zurückhielten.

Dieser Geist, der den Staatskapitalismus seit Anbeginn der Meiji-Zeit durchdrang, stand völlig im Einklang mit der Auffassung, welche die Kaufleute der Tokugawa-Zeit bezüglich der Anhäufung von Reichtümern hegten. Zu Beginn der Tokugawa-Zeit waren diese Kaufleute von niederem Stand, und sie trugen keine besondere sittliche Verantwortung; es kümmerte daher niemanden, wenn sie dank ihrer Gerissenheit Gewinne machten. Doch in den mittleren und späteren Jahren der Tokugawa-Zeit, als die Kaufmannshäuser groß geworden waren und die Beziehungen zwischen Herr und Diener im Geschäftsleben nachgeahmt wurden, fühlten sich auch die Kaufleute der konfuzianischen Ethik verpflichtet, und sie hörten auf, einzig und allein den Erwerb von Wohlstand und eine satte Lebensweise als das höchste Ziel ihres Daseins anzusehen. Sich ausschließlich von seinen eigenen Interessen antreiben zu lassen, war ,,niedrig", und es war sogar für einen Kaufmann wichtig, seiner Stadt und seinem Herrn Opfer zu bringen. Dem Familienunternehmen treu zu sein und durch diesen Familienbetrieb dem Volk zu dienen, dem Herrn zu willfahren und seiner Gemeinde zu nützen – all dies galt nun auch als Kaufmannspflicht.

Dennoch vertraute die Meiji-Regierung die Industrie nicht diesen Kaufleuten aus der Tokugawa-Zeit an. Diese altmodischen Handelsherren waren gewiß keine Halsabschneider, und sie besaßen ein beträchtliches Gespür für den Dienst an der „Gesellschaft"; aber die Gesellschaft, von der sie träumten, war nicht die eines modernen Staates. Die Gesellschaft, der sie sich opfern wollten, war nichts weiter als ein überschaubarer Personenkreis, beispielsweise die Familie ihres Feudalherrn, ihre Stadt oder ihr eigenes Haus. Sie verspürten in ihrem Innern keine Verpflichtung, aus Japan einen modernen Staat zu machen durch die Gründung von Unternehmen wie Eisenbahnen, Telegraphenbüros, Schiffswerften und Stahlindustriebetrieben; außerdem reichte das Kapital, das sie lockermachen konnten, für den Aufbau solcher Großunternehmen sowieso nicht aus. Es war unvermeidbar, daß der Staat diese Kategorie von Unternehmen selber aufbaute und dazu seine Machtstellung als Staat einsetzte. Obschon sich das Land gleich nach dem Beginn der Meiji-Zeit an sich geöffnet hatte, traf dies doch nur für den Bereich des Handels zu. Die japanische Regierung zeigte sich vorerst nicht geneigt, das Land so weit zu öffnen, daß auch ausländisches Kapital einströmen konnte. Mithin mußte die Regierung ihre eigenen Machtmittel einsetzen, um das Kapital für diese Unternehmen zu beschaffen. Ein großer Anteil der Regierungseinkünfte kam seinerzeit aus der Grundsteuer, also schraubte die Regierung den Steuersatz dieser Grundsteuer sehr hoch hinauf und benützte dieses Einkommen und die Sparguthaben der Privathaushalte dazu, mehrere Unternehmen in Betrieb zu setzen. Aus diesem Grund war die Belastung der Bauernschaft nach dem Beginn der Meiji-Zeit nicht geringer, als sie im Feudalzeitalter gewesen war.

Die Geldzahlungen der Feudalherren waren eine weitere Quelle, aus der der Industrie bares Geld zufloß. Als die Domänen aufgehoben wurden, hatte die Regierung die Zahlungen übernommen, die vormals die Domänen geleistet hatten. In den Jahren 1873/74 zahlte die Regierung den einstigen Feudalherren und Kriegern, die dieser Zahlungen verlustig gingen, bares Geld, und sie zeichnete für sie öffentliche Schuldverschreibungen, die den vier- bis sechsfachen Jahreswert der früheren Geldbeträge ausmachten. So kamen die Krieger in den Besitz von Geld, und vornehmlich die Feudalherren und die hochrangigen Krieger von einst wurden über Nacht steinreich. Sie legten diese Gelder in der Industrie an. Anders als die Kaufleute trafen sie ihre Entscheidungen, wohin sie ihr Geld steckten, nicht nach wirtschaftlichen Kriterien; die Bedürfnisse der Nation und das Interesse der Gesellschaft dienten ihnen als Maßstab für ihre Entscheidungen. Viele von ihnen waren sehr national gesinnt, und sie besaßen einen ziemlich klaren Blick dafür, was im Interesse der Nation lag; aber sie hatten keine Ahnung, welchen Gewinn ein einzelner Industriezweig abwarf – insbesondere dann, wenn man nur kurzfristig kalkulierte. Dies war in der Tat eine dilettantische Art – eines Samurai würdig –, Geschäfte zu machen.

Die wichtigsten Stellungen in der Zentralregierung wurden hauptsächlich von Samurai bekleidet, und die Regierung bevorzugte tüchtige Samurai, wiewohl sie, andererseits, die Ständegesellschaft abschaffte, weil sie sich von dem Prinzip leiten ließ, der Meiji-Staat solle nicht ein Feudalstaat sein. Genau das war der Grund, warum es innerhalb des Kriegerstandes so viele unzufriedene Elemente gab. Dies traf namentlich für die niederen Samurai zu, denn selbst wenn sie den vierfachen Jahreswert ihrer alten Geldzahlungen in bar oder als öffentliche Schuldverschreibungen erhielten, war diese Summe doch nur gering, und sie konnten ihre Stellung als Samurai nicht mehr zur Schau stellen. Abgesehen von diesen Geldzahlungen hatte es verschiedene Vorzüge mit sich gebracht, ein Samurai zu sein, und all dessen waren sie nun verlustig gegangen. Diese mißmutigen Elemente zettelten nicht selten Aufstände an.[1] Die Regierung untersuchte die Möglichkeit, eine Expedition ins Ausland zu entsenden, um die Aufmerksamkeit der unzufriedenen Samurai abzulenken. Der Plan, Korea anzugreifen, den Saigo Takamori vorlegte, wurde abgelehnt, aber eine Expedition nach Taiwan fand statt (1874).[2] Als sein Vorschlag verworfen wurde, zog sich Saigo, der sich durch seine Dienste für die Meiji-Revolution ausgezeichnet hatte, aus der Regierung zurück. Die unbefriedigten Krieger betrachteten ihn als ihren Befehlshaber, und sie erhoben sich schließlich 1877, in der Satsuma-Rebellion, gegen die Regierung. Innerhalb eines Jahrzehnts nach ihrer Gründung hatte die schwache Meiji-Regierung 1. große Mengen Bargeld und öffentliche Schuldverschreibungen ausgegeben, um die ehemaligen Samurai zu versöhnen, 2. einen Feldzug ins Ausland durchgeführt und 3. einen größeren Bürgerkrieg sowie mehrere Aufstände und etliche Bauernunruhen niedergeschlagen. Unter diesen Umständen war zu erwarten, daß das Geld an Wert verlor, und als man 1880 schrieb, war die Finanzpolitik der Regierung im Grunde am Ende.

Der Regierung blieb keine andere Wahl, als die staatlich geführten Unternehmen abzustoßen, und eine ihrer deflationären Maßnahmen bestand darin, diese Betriebe zu veräußern. Seit Gründung der Meiji-

Regierung standen ihr Kaufleute zur Seite, die ihre Leistungen anboten und sich zu allen Zeiten willig zur Verfügung stellten, weil sie darauf hofften, Konzessionen und Vorrechte zu bekommen. Es waren genau solche Kaufleute, die während der Taiwan-Expedition und der Satsuma-Rebellion an erster Stelle Aufträge der Regierung ausgeführt und dabei riesige Gewinne eingesteckt hatten. Als die Regierung ihre Bergwerke und Fabriken (Werften, Zement-, Glas-, Textilfabriken und weitere) veräußerte, überließ sie diese Unternehmen diesen „politischen Handelsherren" oder vormaligen hohen Beamten zu Schleuderpreisen. Zweifellos warfen viele dieser Unternehmen nur niedrige Gewinne ab; daher war der Umstand, daß einige Betriebe zu so niedrigen Preisen verkauft wurden, ja daß sie eigentlich verschenkt wurden, nicht ganz so skandalös, wie oftmals behauptet wird. Damals bezahlten jedoch staatliche Betriebe weitaus höhere Löhne als private, was dazu beitrug, daß sie weniger Gewinne abwarfen. Als diese Betriebe in Privathand übergingen und ihre Löhne anpaßten, wurden aus allen wirtschaftlich gesunde Unternehmen. Auf diesem Weg wurden viele der sogenannten politischen Handelsherren, in deren Hände die Staatsbetriebe kamen, mit einem Streich zu Industriekapitalisten. Dazu zählten Firmen wie Mitsui, Mitsubishi, Furukawa, Kuhara und Asano. Die Regierung gewährte ihnen nicht nur ihren Schutz, sondern half ihnen auch, indem sie ihnen tüchtige Leute zuwies. So gelang es der Regierung, sich einen harten Kern von Industriekapitalisten aufzubauen, die so für die Regierung gewonnen waren und allem, was die Regierung sagte, daher ein freundliches Ohr schenkten.

Kawasaki Masayoshi wurde beispielsweise Vizepräsident der Japanischen Post- und Dampfschiff-Gesellschaft. Er entstammte einer Kriegerfamilie aus den Domänen der Satsuma. 1878 pachtete er Land, das der Regierung gehörte, und errichtete die Kawasaki-Werft. 1884 drohte diesem Unternehmen der Bankrott, aber die Regierung sprang ein und rettete die Werft. 1886 erwarb Kawasaki zu einem wahren Spottpreis die regierungseigene Hyogo Werft, und als diese Anlagen samt dem Personal in seinem Besitz waren, war Kawasaki mit einem Schlag Inhaber einer Großwerft. Von dieser Zeit an, bis zum Beginn des Krieges im Pazifik (1941) – und selbst während der Großen Depression –, bekam er stets Aufträge von der Marine, so daß seine Docks immer mit Arbeit ausgelastet waren.

2. Vom Isolationismus zum Imperialismus

In den 1930er Jahren erschuf sich das Militär aufs neue den, wie man sagen könnte, „zahmen Industriekapitalisten". Die *zaibatsu,* einst die Schützlinge der Meiji-Regierung, arbeiteten nach wie vor eng mit der Regierung zusammen. In der Showa-Zeit (seit 1926) kam es jedoch wieder einmal zu einer Art Doppelregierung. Der Dualismus dieses Herrschaftssystems war zwar nicht so augenfällig wie zur Zeit der Tokugawa, als der kaiserliche Hof nur dem Namen nach die Regierung darstellte und in Wirklichkeit die Militärverwaltung des Tokugawa-Shogunats die Zügel in der Hand hielt. Trotzdem aber schwächte sich der Einfluß der kaiserlichen Regierung in den dreißiger Jahren ab, und die Militärs übernahmen allmählich die Macht im Land. Zusammen mit einer Gruppe jüngerer Beamten, den sogenannten Erneuerern innerhalb der Beamtenschaft, versuchte die Armee, die Macht des Kaisers, der älteren Staatsmänner, der politischen Parteien und konservativen Verwaltungsleute einzudämmen. In der frühen Showa-Zeit begann das Militär, die erste Geige zu spielen, und die kaiserliche Regierung mußte sich damit zufriedengeben, eine untergeordnete Rolle zu übernehmen.

Die *zaibatsu,* Kreaturen der Meiji-Regierung, verhielten sich von Anfang an der Regierung gegenüber loyal – unter ihrem Schutz waren sie schließlich zu riesiger Größe herangewachsen. Als sie groß und stark waren, kontrollierten sie ihrerseits, durch die politischen Parteien, allmählich die Regierung. Das Militär und die politische Rechte haßte die *zaibatsu,* die sich in den Augen der Öffentlichkeit mit der konservativen Regierung identifiziert hatten. Infolgedessen empfanden auch die Angehörigen der *zaibatsu* Widerwillen gegenüber dem Militär.

Das Militär brauchte Industriekapitalisten und neue *zaibatsu,* die ihm ergeben waren. Solche Geschäftsleute wurden überdies in neuen Bereichen benötigt, etwa in der schweren chemischen Industrie, in der Elektroindustrie und in anderen Industriebereichen, die Waffen herstellten. So erblühten Firmen wie Nissan, Nihon Chisso (Japan Nitrogen), Nihon Soda (Japan Soda), Showa Denko (Showa Electrical) unter dem Schutz des Militärs. Das Kapital für diese Unternehmen wurde von der Öffentlichkeit zur Verfügung gestellt, und zwar über den frei zugänglichen Kapitalmarkt. Dank ihrer guten Verbindung zum Militär erhielten diese Industriesektoren alle Arten von Zugeständnissen, und daher waren sie dem Militär ergeben.

Gestärkt durch die neuen *zaibatsu* setzte das Militär seine Politik durch. Diese Politik hieß: „Reiches Land mit starker Armee", und die Regierung und die älteren *zaibatsu* mußten wohl oder übel mitmachen.[3] In diesem Stadium versorgten die neuen und die alten *zaibatsu* die Regierung und das Militär nicht nur mit den gewünschten Gütern, sondern sie mußten sie auch immer sorgsam im Auge behalten und sich vergewissern, daß ihre Unternehmen mit dem nationalen Interesse harmonierten. Falls dies nicht zutraf, riskierten sie, daß ihre Unternehmen eines Tages nicht mehr auf der Liste der Betriebe standen, die das besondere Wohlwollen der Regierung genossen. So erfüllten die *zaibatsu*, die neuen wie die alten, weitgehend die Bedürfnisse der Regierung und des Militärs. Dies führte zu einem sekundären Nachfrageeffekt nach Gütern und Dienstleistungen von seiten der *zaibatsu*, und diese Nachfrage hatte Folgewirkungen auf jeden Industriezweig. Somit hatte eigentlich jede Industrie in irgendeiner Form einen Draht zur Regierung.

Hinzukommt, daß Japan in den 77 Jahren zwischen 1868 und 1945 in zehn größere Kriege verwickelt war (Taiwan-Expedition von 1874, Satsuma-Aufstand von 1877, Chinesisch-Japanischer Krieg von 1894/95, Russisch-Japanischer Krieg von 1904/05, Erster Weltkrieg 1914–1918, Feldzug in Sibirien 1918–1925, Mandschurischer Zwischenfall 1931–1933, China-Zwischenfall 1937–1941, Zweiter Weltkrieg 1941– 1945), die sich über insgesamt 30 Jahre erstreckten. Zu Beginn dieser Epoche besaß Japan eigentlich keine militärische Schlagkraft, aber in dieser Zeit wurde es zur dritten Seemacht und zur fünftstärksten Militärmacht der Erde. Aber Japan beherrschte nicht nur Korea und den mandschurischen Raum: in den letzten Jahren dieser Epoche gelang es Japan, weite Teile Asiens in seinen Einflußbereich zu bringen. Außerdem wuchs in dieser Zeit das japanische Bruttosozialprodukt vergleichsweise schnell. Dieses Wirtschaftswachstum wurde gewiß nicht durch den Einsatz marktwirtschaftlicher Mechanismen erreicht; es war der Regierung beziehungsweise dem Militär samt ihrer loyalen Gefolgschaft von Kapitalisten zu verdanken. In der Schlußphase verwandelte sich diese Art Staatskapitalismus schließlich zu einer Kommandowirtschaft, und da die Leiter der Privatunternehmen von Anfang an von der Regierung abhängig waren, unterwarfen sie sich mit ihren Betrieben bereitwillig – oder zumindest mit relativ wenig Widerstand – der staatlichen Kontrolle, wobei die Regierung ihnen mit Rat und Tat zur Seite stand.

In einer freien Marktwirtschaft, wo die Unternehmer ein hohes Maß an Eigenbestimmung und Unabhängigkeit haben, ist es wahrscheinlich nicht möglich, langfristig eine solche Entwicklung der

Wirtschaft unter Regierungsführung beizubehalten. Aber in einer Volkswirtschaft, die an die Ethik des Konfuzianismus glaubt, in der man immer nur an das Land denkt, und in der die größeren Unternehmen von Managern aus der Samurai-Schicht geleitet werden, ist diese Entwicklung tatsächlich möglich. In einer solchen Wirtschaft spielt der Preismechanismus nur eine untergeordnete Rolle, und die entscheidenden Fragen lauten: Woher bekommt man das Kapital, das man braucht, um die Bedürfnisse der Regierung zu befriedigen? Auf welche Industrien lenkt man die Nachfrage der Regierung? Und welche Art von Nachfrage üben die Unternehmen aus, denen die Regierung ihre Aufträge gibt? – Alle diese Fragen haben zu tun mit dem Keynesschen Prinzip der wirksamen Nachfrage. Unternehmen, die sich der Gunst der Regierung erfreuten, wuchsen ins Riesenhafte, erreichten eine Monopol- oder Oligopolstellung. Zwischen diesen Unternehmen gab es keine harte Konkurrenz, die der wirtschaftlichen Leistungsfähigkeit gut bekommen wäre, obschon sie durch verschiedene Maßnahmen in einem Wettbewerb nichtökonomischer Natur miteinander standen, da es ja darum ging, Regierungsaufträge zu bekommen. Der Mechanismus des Marktes funktionierte nicht gut, und die Zuteilung der Rohstoffe war unbefriedigend. Trotz alledem muß man sagen, daß es Japan in ziemlich kurzer Zeit gelang, einen großen Monopolsektor und *zaibatsu*-Sektor zum Mittelpunkt seiner Volkswirtschaft zu machen.

So zeigte also die japanische Regierung besondere Parteilichkeit für einige wenige Unternehmen. Anderen Unternehmen gegenüber war sie von beispielloser Gleichgültigkeit. Aber diese Begünstigung geschah mehr oder weniger zwangsläufig, und sie war sogar sinnvoll, da die Regierung mit ihrer Hilfe ihre Ziele verwirklichen konnte. Seit der Meiji-Zeit hatte eine japanische Regierung nach der anderen nur ein Ziel vor Augen: Japan zu einem starken Land zu machen, mit einer erstklassigen militärischen Schlagkraft und einer ebensoguten Industrie – zu einem Land, das die hochentwickelten Nationen Europas oder Amerikas nicht in die Knie zwingen konnten. Es gab zwei Möglichkeiten, dies zu erreichen. Die eine lautete, die Modernisierung voranzutreiben und unterschiedslos auf das *ganze* Land auszudehnen. Die zweite Möglichkeit bestand darin, aus der gesamten japanischen Industrie einzelne Gruppen auszuwählen, sie dann mittels gezielter Maßnahmen zu fördern und diese Kernbereiche später auszuweiten. Unter der ersten Formel bedurfte es einer endlosen Spanne Zeit, bevor in Japan erstklassige Betriebe in Erscheinung treten würden, deren sich Japan in der Welt nicht zu schämen brauchte; aber nach der zweiten Formel war es möglich, innerhalb ziemlich kurzer Zeit einen kleinen Kern eines „modernen Sektors" zu errichten, der Weltniveau hatte. Sodann konnte die Regierung mit der Modernisierung des ganzen Landes fortfahren, indem es diesen Kern erweiterte.

Die japanische Regierung machte die zweite Möglichkeit zu ihrer Wachstumspolitik, und zwar aufgrund ihrer Überlegung, daß eine Situation vorzuziehen sei, in der *einige Sektoren* der japanischen Industrie bereits das gleiche Niveau hatten wie die englischen, während andere noch immer weit zurücklagen statt einen Zustand anzustreben, in dem das Gefälle zwischen den beiden Ländern *in allen Bereichen* nur um, sagen wir ein Zehntel, abgebaut worden wäre. Infolgedessen zeigte die Regierung in ihrem Umgang mit den Unternehmen Parteilichkeit, und diese Politik wurde nicht nur von jenen Unternehmen unterstützt, die die Begünstigungen erfuhren, sondern auch von den zu kurz gekommenen. Sie waren, mit anderen Worten, allesamt der Meinung, daß es nötig sei, eine ausgesuchte Gruppe starker Unternehmen aktiv zu fördern. Geradeso wie zu den Olympischen Spiele nur ausgewählte Teilnehmer geschickt werden und nur sie alleine bevorzugt behandelt werden und die nicht daran teilnehmenden Spieler darüber normalerweise nicht klagen, so stimmten auch die Unternehmen, die nicht ausersehen waren, keine großen Jeremiaden an. In einer Gesellschaft, die von konfuzianischer Ethik beherrscht wurde, war es nicht so schwierig, dazu einen nationalen Konsens herzustellen. Wer nicht auserwählt wurde, gab sich mit seinem Los zufrieden.

Und dann mußte man einfach einige stärker ausbeuten, damit man die ausgesuchten „Spieler" bevorzugt behandeln konnte. Man braucht wohl nicht zu sagen, daß die Bauern die Leidtragenden waren, doch auch sie schickten sich in ihr Los. Es war zu erwarten, daß sich im letzten Augenblick in Teilen der Bauernschaft Widerstandsgeist, Aufruhr und Tumult regten, aber das war die Ausnahme. Die Bauern nahmen ihr Schicksal auf sich und ließen sich die schlimme Ausbeutung gefallen. Es war jedoch unmöglich, Japan zu einem entwickelten Land zu machen, indem man lediglich die Landwirtschaft grenzenlos ausspreßte und von den Bauern unbegrenzte Opferbereitschaft verlangte; die Regierung mußte schon bald nach einer weiteren Quelle der Ausbeutung suchen. Nach seinem Sieg im Russisch-Japanischen Krieg besaß Japan einen festen Brückenkopf in der Mandschurei, und seine bevorzugte Stellung wurde nicht nur von den Großmächten anerkannt, sondern auch von China. Außerdem annektierte Japan 1910 Korea. So war Japan eine Kolonialmacht geworden und in den Besitz riesiger neuer Gebiete gekommen, die es ausbeuten konnte. Das koreanische Volk wurde gezwungen, sich, ohne größeren Eigennutzen daraus zu ziehen, an der großen Aufgabe zu beteiligen, in Japan den Kern eines „moderneren Staates“ zu errichten, der dem Westen gewachsen sein würde, und diesen Kern Jahr für Jahr auszuweiten. In Korea wie in Taiwan folgte Japan einer strengen Politik der rassischen Diskriminierung; in den Jahren zwischen 1910 und 1925 machten die Löhne, die einem Koreaner oder einem Taiwanesen gezahlt wurden, nur 60 Prozent dessen aus, was ein Japaner im gleichen Bezirk für die gleiche Arbeit erhielt, und in einigen Fällen fiel dieser Anteil sogar auf unter 50% (siehe Tabelle 1).

Tabelle 1: *Löhne einheimischer Arbeiter im Vergleich mit Löhnen japanischer Arbeiter in größeren Städten der japanischen Kolonien (1922) (japanische Löhne = 100)*

	Zimmermann	Maurer	Dachdecker	Schmied	Schauermann	Drucker	Bilderrahmer	Rickscha-Kuli
Koreaner (Seoul)	54,9	64,6	60,7	–	–	–	62,6	93,6
Taiwanese (Taipei)	51,4	50,0	44,4	52,0	71,4	–	–	–
Chinese (Talien)	38,2	39,0	41,2	42,2	–	31,3	–	–

Quelle: *Meiji-Taisho Kokusei Soran* (Allgemeiner Überblick über die Lage im Japan der Meiji-Taisho-Zeit, Tokyo Keizai Shinposha, Tokyo 1927.)

Japanische Unternehmen erzielten in diesen Kolonien enormen Aufschwung, weil sie diesen Lohnunterschied auszunutzen verstanden. Außerdem erstellten die Japaner in Korea weiträumige neue Katasterkarten und beraubten somit viele Koreaner ihrer Ländereien. Koreanischer Reis wurde billig gekauft und zu den japanischen Inseln verschifft. Koreanische Arbeitskräfte, die nach Japan gingen, wurden dort sowohl hinsichtlich ihrer Löhne als auch im Leben in der japanischen Gesellschaft schwer diskriminiert. Später, zur Zeit des großen Kanto-Erdbebens von 1923, kamen falsche Gerüchte in Umlauf, die Koreaner hätten die Gelegenheit dazu benutzen wollen, Aufstände zu provozieren, und 6000 unschuldige Koreaner wurden im Raum Tokyo ergriffen und niedergemetzelt. Dazu zählten auch einige Japaner, die den Tod fanden, weil man sie irrtümlicherweise für Koreaner hielt.

Die Meiji-Regierung hatte zwar die Ständegesellschaft des Feudalismus abgeschafft, aber nach ihren Siegen in den imperialistischen Kriegen begünstigte sie aufs neue eine gesellschaftliche Diskriminierung, wobei diesmal Menschen aufgrund ihrer Rasse rücksichtslos in verschiedene Klassen gezwungen wurden. Die Regierung, durch die neue Form der Ausbeutung gestärkt, verwirklichte Schritt für Schritt ihr Ziel, das sie für das „nationale Interesse" hielt. Zumindest bis 1920 funktionierte dieses System ziemlich reibungslos.

Seit der Meiji-Zeit wurde das japanische Alltagsleben im Namen von „Zivilisation und Aufklärung" von einer merklichen Verwestlichung unterwandert. In den 1880er Jahren unterstützte selbst die Regierung zeitweise eine Politik der extremen Verwestlichung der Verbrauchergewohnheiten und der Kultur im allgemeinen, aber als sie bemerkte, daß ein verwestlichter Lebensstil dieser Art womöglich den „Geist" des japanischen Volkes zersetzen würde, machte sie eine Kehrtwendung und begünstigte fortan die traditionelle japanische Lebensweise. Zugleich machte sich auch im Volk Widerstand gegen eine totale Verwestlichung seines Lebensstils spürbar, denn einzelne Japaner begannen ein Leben zu führen, das man als Doppelleben bezeichnen könnte, das heißt, sie kleideten sich, aßen und wohnten nach westlichem Lebensstil, während sie gleichzeitig die traditionell japanische Lebensweise pflegten. Diese Art des gespaltenen Lebensstils machte eine doppelte Ausstattung notwendig – Anzug und Kimono, ein Tafelgeschirr für den Genuß westlicher Speisen und eines für japanische Gerichte, Möbel für Zimmer westlichen Stils und Möbel für japanisch eingerichtete Räume –, und dies machte auch die Lebenshaltung teuer, aber die Japaner gaben diesem gespaltenen Lebensstil gegenüber einem rein westlichen oder einem rein japanischen den Vorzug. Der westliche Lebensstil symbolisierte Fortschrittlichkeit; der japanische war Beweis dafür, daß man sich noch bewußt war, Japaner zu sein. Der gespaltene Lebensstil war für die Japaner in Anbetracht des Regierungsslogans – „Japanischer Geist und westliches Können" – ganz und gar natürlich.

Diese Art doppelter Lebensweise hilft andererseits gewisse Elemente eines Dualismus zu erklären, der für die Industrie charakteristisch war. Da die Japaner die Techniken für die Massenproduktion von Konsumgütern für den traditionell japanischen Stil nicht selbst entwickelt hatten, stellten sie diese Güter alle in kleinen Betrieben her, deren Produktivität ungemein niedrig war. Aber selbst bei den Konsumgütern, die unbedingt zum westlichen Lebensstil gehörten, gab es welche, die nicht zwangsläufig in Großbetrieben hergestellt werden mußten; man hätte diese Güter – mit anderen Worten –

besser in kleineren Betrieben hergestellt. So war es beispielsweise zuerst ein Großunternehmen, das Streichhölzer produzierte, und zwar einzig und allein deswegen, weil sie ein westliches Gut waren. Aber als man bemerkte, daß man Streichhölzer billiger in einem kleinen Betrieb herstellte, spaltete man das Unternehmen in mehrere kleine auf.

Wollen wir fortan die kleinen Betriebe, die traditionelle japanische Güter herstellen, als Betriebstyp A bezeichnen, und jene, die Konsumgüter westlichen Stils produzieren – die aber aus Gründen der Wirtschaftlichkeit besser in Kleinbetrieben hergestellt würden – als Betriebstyp B. Vom Typ A entstanden auch Großunternehmen westlichen Stils, und es ist unwahrscheinlich, daß die kleinen Unternehmen weiterbestanden hätten, wenn es nicht diesen Dualismus der Konsumgewohnheiten und des Lebensstils gegeben hätte. Daß das gleiche Gut, oder ein Gut zur gleichen Verwendung, zugleich in großen als auch in mittleren und kleinen Unternehmen mit unterschiedlicher Produktivität hergestellt wurde, könnte man als den Dualismus der Produktion bezeichnen; es ist typisch für Japan, daß der Dualismus des Konsums den Dualismus der Produktion noch vertiefen half. Auf diese Weise war der Dualismus der Produktion zum Teil auch das Ergebnis der Politik, die ,,Japanischen Geist und westliches Können“ forderte.

Es entwickelte sich jedoch ein weiterer, ein dritter Typ Betrieb, mittelgroß bis klein, den wir als Typ C bezeichnen könnten. Dieser war der Zulieferer für den großen produzierenden Betrieb, und es gab ihn für solche Bereiche wie Maschinen- und Schiffbau, für Fahrzeugbau und für die Chemie. Diese Betriebe produzierten, was die großen Unternehmen bei ihnen bestellten. In den meisten Fällen hatten die Großunternehmen Beziehungen zur Regierung, während die Zulieferer unabhängig waren, mochten sie auch von den großen Abnahmebetrieben technischen Rat und finanzielle Hilfe erhalten. Ganz selten einmal wuchs ein Unternehmen vom Typ C dank eigener Erfindungen und Neuerungen zu einem Großunternehmen heran. Die Mehrzahl dieser Betriebe mußte sich damit zufriedengeben, den Vermittler zu spielen, der die Nachfragelücke zwischen der Hochkonjunktur und der Depression auszugleichen half. Wenn die Größe eines Großunternehmens dem Niveau der Nachfrage zu Zeiten des Boom angepaßt war, dann war es während der Rezession gezwungen, die Zahl seiner Beschäftigten stark zu drosseln; folglich paßte das Management die Höhe der Produktion der Nachfrage an, die zur Zeit der Depression bestand oder ihr ziemlich nahekam. Dies bedeutete normalerweise, daß ein gewisser Nachfrageüberhang bestand, den die großen Unternehmen nicht decken konnten, und dieser Überhang wurde gestillt, indem man den Unterlieferanten Aufträge erteilte. Während der Hochkonjunktur ging es Zulieferern gut, aber in Zeiten der Depression wurde die ganze Last auf sie abgewälzt, und sie gerieten an den Rand des Ruins. Das Management des Großunternehmens beruhte hingegen auf einer ungemein stabilen und gesunden Grundlage. Das Großunternehmen beaufsichtigte den Unterlieferanten nicht nur in technologischer und finanzieller Hinsicht, sondern auch in seiner personellen Besetzung. Beschäftigte eines Großbetriebs, die in das Management eines Unterlieferanten versetzt wurden, glichen Offizieren, die man an die Front schickte: Die Wahrscheinlichkeit, im Kampf zu fallen, war groß, aber es war auch möglich, sich im Kampf auszuzeichnen und daraufhin eine hohe Stellung im Generalstab zu bekommen.

Diese drei Typen kleiner und mittlerer Unternehmen standen in scharfem Wettbewerb zu anderen Betrieben. Ihre Produkte waren billig, ihre Gewinnspanne war klein und ihre Löhne niedrig. Welch ein himmelweiter Unterschied zu den *zaibatsu!* Außerdem gab es außerhalb des industriellen Sektors im Hintergrund noch die Landwirtschaft. Der industrielle Sektor wuchs, indem er der Landwirtschaft die Arbeitskräfte wegnahm. Während die Industrie zulegte, schrumpfte die Landwirtschaft, zumindest in relativen Zahlen. 1904 waren 64% aller japanischen Haushalte landwirtschaftlich tätig, aber gut zwanzig Jahre später (1925) war diese Zahl auf 49% geschrumpft. Innerhalb der Landwirtschaft nahm der Anteil der Landwirte, die ihren eigenen Boden bebauten, immer mehr ab,[4] und entsprechend nahm der Anteil derer zu, die neben eigenem Land auch noch Pachtland bewirtschafteten. Die Besitzer winziger Äcker wurden zu Pächtern, und wer als Pächter sein Auskommen nicht mehr fand, wanderte in die Stadt ab, verdingte sich als Lohnarbeiter. So wuchs die Industrie auf Kosten der Landwirtschaft, und innerhalb der Industrie wurde das relative Gewicht der Großunternehmen immer größer. Es war das Bestreben und die Leistung der Japaner, auf diesem Weg eine Militärmacht (vor dem Krieg) und große Betriebe (vor allem nach dem Krieg) aufzubauen, die den Vergleich mit den führenden Ländern des Westens nicht zu scheuen brauchten. Die Produkte, die die modernen Sektoren ihrer Wirtschaft ausstießen, haben den Japanern viel Zufriedenheit gebracht – selbst wenn es keine Konsumgüter waren, sondern etwa hochwertige Kampfflugzeuge oder das Mammutschlachtschiff „Yamato". Sie bewiesen ihnen, daß die japanischen Streitkräfte und der Großunternehmenssektor imstande waren, mit denen im Westen mitzuhalten, und deswegen war die Masse des Volkes damit zufrieden, sich von diesen beiden Gruppen ausbeuten zu lassen, und ermunterte sie sogar, diese Entwicklung noch weiter voranzutreiben.

3. Wirtschaft auf japanisch: das späte neunzehnte Jahrhundert

Die Meiji-Regierung wollte unbedingt einen modernen Staat aufbauen. Als sie jedoch erkannte, daß es zu wenige Unternehmer gab, die imstande waren, moderne Betriebe zu führen, bemerkte sie zugleich, daß auch das Angebot an einfachen Angestellten und Fabrikarbeitern unbefriedigend war. Wie schon gesagt waren es Krieger, die infolge der Aufhebung der Domänen ihre Arbeit verloren hatten, die nun diese neue Beschäftigung annahmen. Wo es notwendig war, weibliche Arbeitskräfte einzusetzen, nahm man sie hauptsächlich aus den Kreisen der Töchter niederer Samurai. Zu Beginn der Meiji-Zeit wurde also nicht nur das Kapital für die staatlichen Betriebe vom Staat zur Verfügung gestellt; auch die Angestellten waren sehr häufig dem Staat eng verbunden und besaßen daher ein ausgeprägtes Nationalbewußtsein. In ihrem Selbstverständnis waren sie in der Produktion sowohl in eigener Sache als auch im Dienste der Nation tätig. Viele der vom Staat geführten Unternehmen wurden später entweder die Mutterorganisation oder eine Tochtergesellschaft eines *zaibatsu*. Die Japaner, die die Errichtung eines neuen Japan voranbringen wollten, konzentrierten sich im *zaibatsu*-Sektor, während sich in den anderen, traditionellen Sektoren die Angehörigen der Bauern, Handwerker und Kaufmannschaft der Feudalzeit zusammenfanden. Die ehemaligen Krieger und ihre Töchter besaßen einen relativ hohen Bildungsstand und ein hohes Selbstwertgefühl.

Dennoch waren Arbeiter, die sowohl Arbeitsdisziplin als auch technisches Geschick besaßen, seinerzeit überaus selten. Folglich standen die Manager moderner Unternehmen vor zwei großen Problemen: Wie gewinnt man viele solche Arbeitskräfte für sein Unternehmen? Wie bringt man solche Arbeitskräfte, wenn man sie erst einmal gefunden hat, dazu, lange Zeit bei einem zu bleiben? Die erste Aufgabe – solche Arbeitskräfte in großer Zahl heranzuschaffen – fiel der Regierung zu. Aus diesem Grunde konzentrierte sie von Anfang an ihre Bemühungen auf den Aufbau des Bildungswesens.

Mit der Verkündung des *Gakusei* (Bildungsgesetz) von 1872 schickte sich die Regierung an, ein modernes Schulwesen ins Leben zu rufen. Dieses Gesetz unterteilte das Land in ungefähr 50000 Schuldistrikte mit einer Elementarschule, wobei jeder Distrikt für 600 Personen zuständig war; und es machte der ganzen Nation den Schulbesuch zur Pflicht. Obendrein sollten diese Elementarschulen standardisiert werden, also keine Rücksicht nehmen auf soziale Stellung, Herkunft oder Geschlecht.[5] 1873 besuchten nur 28% der gesamten Bevölkerung im schulpflichtigen Alter diese Schulen, aber 1882 waren es 50%, 1885 bereits 67%, und im Jahre 1904 waren es 98%. Diese Zahlen zeigen, auf welche Resonanz das Gesetz in der Bevölkerung stieß; man kann daraus schließen, daß die Bevölkerung die Pläne der Regierung, einen modernen Nationalstaat aufzubauen, nach Kräften unterstützte. Es war jedoch ausgeschlossen, daß diese Bildungsmaßnahmen binnen kürzester Zeit sichtbare Wirkungen zeitigen würden: Während der Meiji-Zeit war also das Angebot an technisch geschultem und gebildetem Personal ganz und gar unzulänglich.

Bis zur Mitte der Meiji-Zeit rekrutierten Privatunternehmen ihre Arbeitskräfte auf traditionelle Weise. Es gab Arbeitsvermittler, die sich eine Anzahl von Arbeitern hielten, manchmal bis zu mehreren hundert. Das Unternehmen vertraute die ganze Rekrutierung dem Vermittler an und zahlte ihm dafür einen festen Betrag, auch die Zuteilung zur Arbeit und die Verteilung der Löhne an die Arbeiter lagen gänzlich in seiner Hand. Die Arbeiter, die für diese Vermittler tätig wurden, stammten aus armen Bauernfamilien. Da diese Arbeiter kaum irgendwelche Fertigkeiten mitbrachten, gerieten die Unternehmen allerdings infolge dieses Mangels an geschultem Personal in Schwierigkeiten. Folglich „wilderten" sie, im späten neunzehnten wie zu Beginn des zwanzigsten Jahrhunderts, nicht selten in anderen Firmen nach Arbeitskräften. Aus diesem Grund betonten die Firmen den „Geist der Treue" gegenüber ihrer Gesellschaft. Damit wollten sie erreichen, daß Festangestellte über einen längeren Zeitraum hinweg bei ihnen blieben. Im Jahr 1882 veröffentlichte der Kaiser die „Kaiserliche Verfügung an Soldaten und Seeleute" und 1890 das Kaiserliche Edikt über Bildung. Beide Dokumente erließ die Regierung, um das Volk zur konfuzianischen Moral, vor allem aber zur Treue gegenüber dem Staat zu verpflichten; gleichzeitig konnte daraus auch ein „Geist der Treue" gegenüber dem Betrieb abgeleitet werden, zumal die Einführung der allgemeinen Schulpflicht dazu beigetragen hatte, daß nicht nur die Samurai, sondern das ganze Volk eine konfuzianische Bildung erhielt. Trotz alledem war der „Geist der Treue" in der Arbeitswelt aber immer noch wenig ausgeprägt, so daß das Unternehmen eine besondere Zahlung leisten mußte, um diesen

Geist zu fördern. Auf diese Weise wurde damals die Basis für die Entlohnung die Dauer der Betriebszugehörigkeit.

Es war zu erwarten, daß die Entlohnung aufgrund langer Betriebszugehörigkeit bei den Angestellten in Großunternehmen beginnen würde. Es waren die Großbetriebe, die einen Anstrich von Würde besaßen, so daß sie von ihren Firmenangehörigen einen „Geist der Treue" verlangen konnten, und es waren ihre Angestellten, die die neuen Samurai wurden. Natürlich bestand in Japan, da es ja starke Überreste der Feudalgesellschaft gab, diese Gesinnung der Treue gegenüber dem Vorstand des Unternehmens auch bei den Beschäftigten der mittleren und kleinen Unternehmen. Da aber die Leiter solcher Betriebe nicht die Finanzkraft besaßen, mit der man diesen Geist kaufen konnte, gelangte das Prinzip der Entlohnung aufgrund langer Betriebszugehörigkeit und die Beschäftigung auf Lebensdauer nicht in die mittleren und kleinen Unternehmen.

Im Großunternehmenssektor erkauften sich die Firmen durch das Anciennitätsprinzip die Betriebstreue, als Gegenleistung garantierten sie Beschäftigung auf Lebenszeit. Wenn ein Angestellter aus einem Unternehmen ausschied, um zu einem anderen zu gehen, ohne das Einverständnis seines Arbeitgebers zu besitzen, wurde er als einer betrachtet, der die Firma „nicht unter harmonischen Umständen" verlassen hat und als „Verräter" gebrandmarkt. Andere Großunternehmen gaben solchen „Verrätern" nur ungern Arbeit, denn wenn sie aus der Reihe tanzten und ihnen ein Angebot machten, riskierten sie eine regelrechte Abwerbekampagne zwischen den Großunternehmen. Die sogenannten Verräter hatten daher keine andere Wahl, als sich eine Beschäftigung in mittleren oder kleinen Unternehmen zu suchen. Für sie war kein Platz mehr in den „wunderbaren" Großunternehmen, die moderne Produkte herstellten und mit Unternehmen aus den hochentwickelten Ländern des Westens um den ersten Platz kämpften; kein Platz mehr in dem Team von Firmen, das den Gewerbefleiß Japans repräsentierte, für das Wohl des Landes eintrat und auf dem alle Hoffnungen des japanischen Volkes ruhten. Die Wahrscheinlichkeit, daß jemand zum Verräter wurde, war daher gering. Die meisten Menschen blieben, wenn sie erst einmal in einem Großunternehmen beschäftigt waren, ungeachtet einiger Anlässe zur Unzufriedenheit, für den Rest ihres Lebens bei diesem Unternehmen. Der Arbeitsmarkt für mittlere und kleine Unternehmen war stets offen; aber die Gelegenheit, in den Großunternehmenssektor einzutreten, bot sich nur einmal in einem Menschenleben: beim Verlassen der Schule oder der Universität. In diesem Sinne hatten und haben die Eliten der japanischen Industrie – die Angestellten der

Großunternehmen – nicht die Freiheit, sich ihre Beschäftigung frei auszuwählen. Geradeso wie ihre Väter für die Gutsherren *(daimyo)* arbeiteten, opfern sie ihr Leben den neuen Gutsherren, dem Unternehmen.

Während die europäischen Staaten im Ersten Weltkrieg ihre Energien darauf verschwendeten, sich gegenseitig abzuschlachten, machte die japanische Industrie in China und auf anderen Märkten Fortschritte; sie durchlief eine bemerkenswerte Entwicklung. Das Angebot an tüchtigen Arbeitskräften zu sichern, war seinerzeit für die Großunternehmen ein gewaltiges Problem; sie dehnten das Prinzip der Beschäftigung auf Lebenszeit und die Entlohnung nach Betriebszugehörigkeit, die zuvor nur für Angestellte gegolten hatten, auch auf die Arbeiter aus. Die Entlohnung nach Betriebszugehörigkeit bewirkte jedoch eine unwirtschaftliche Lohnstruktur. Ältere Angestellte erhielten höhere Bezüge, weil sie älter waren; die Lohnkosten waren unnötig hoch. Um einen Ausgleich dafür zu schaffen, mußten die Anfangslöhne gedrückt werden, aber dann liefen die Unternehmen Gefahr, junge Leute an andere Gesellschaften zu verlieren. Wenn sie aber einen hohen Anfangslohn zahlten, dann mußten sie den älteren Angestellten ein Gehalt geben, das größer war als die Leistung, die sie erbrachten.

Um die Entlohnung nach Betriebszugehörigkeit von diesem Nachteil zu befreien, mußte das Unternehmen die Ausbildung am Arbeitsplatz verstärken. Es mußte ein On-the-job-training anbieten, das die Beschäftigten zugleich an Lebensjahren und an Fertigkeiten und Tüchtigkeit gewinnen ließ. In einer konfuzianischen Gesellschaft, in der man davon ausging, daß das Alter geachtet werden sollte, in der aber auch – umgekehrt – ältere Menschen verpflichtet waren, Tugenden zu zeigen, die Respekt verdienten, war bereits die Grundlage dafür gelegt, daß die Arbeiter sich am Arbeitsplatz Fertigkeiten aneigneten. Außerdem mußte das Unternehmen älteren Arbeitern Schreibtischarbeiten geben; unter dem Prinzip der lebenslangen Beschäftigung in einem Betrieb war es die Norm, daß Arbeiter, die mit den Händen gearbeitet hatten, eines Tages eine Nicht-Handarbeit leisteten oder in die mittleren beziehungsweise in die unteren Ränge des Managements überwechselten. Innerhalb des Betriebes gab es keine klare Unterscheidung zwischen Handarbeit und Nicht-Handarbeit; man arbeitete einmal in diesem, einmal in jenem Bereich. Unter diesen Umständen verloren die Arbeiter jedes tiefere Empfinden dafür, einen bestimmten Beruf auszuüben, statt dessen wurde ihr Bewußtsein geschärft, daß sie Angehörige einer bestimmten Gesellschaft waren.

Daß Arbeiter ihr Leben in einer Firma zubrachten und ihnen die Firma ihre Beschäftigung zuwies, bedeutete, daß Arbeiter ihr ganzes Leben einem Betrieb opferten; sie widmeten ihr Leben nicht einem Handwerk (oder Beruf). Da Arbeiter im Laufe ihres Lebens verschiedenerlei Tätigkeiten verrichten mußten, die sie nicht selber ausgesucht hatten, hingen sie wenig an der Arbeit selber. Die Treue zum Betrieb war weitaus stärker. Die Arbeiterbewegung war schwach. (Selbst dort, wo sich in der Nachkriegszeit Gewerkschaften gebildet haben, sind die meisten von ihnen keine Gewerkschaften aufgrund einer Berufszugehörigkeit; es sind Betriebsgewerkschaften, die aufgrund der Firmenzugehörigkeit organisiert sind.) Das Management zeigte außerdem besonderes Geschick, mit älteren Arbeitern umzugehen: Es setzte sie erfolgreich dazu ein, die Disziplin der Arbeiterschaft zu stärken. Arbeitskämpfe gab es wenige, und ein stark ausgeprägter „paternalistischer", „familiärer" und „kameradschaftlicher" Geist durchwehte das Unternehmen.

Da die Beschäftigten auf Geheiß der Firma ihre Tätigkeit wechselten, wurden die Ausbildung und das Anlernen (die Berufsausbildung), die für diese wechselnde Tätigkeit notwendig waren, hauptsächlich innerhalb der Firma durchgeführt, und die gesamten Kosten dafür übernahm selbstverständlich die Firma. Einige große Unternehmen brachten es sogar zu eigenen Schulen, in denen sie ausschließlich ihre eigenen Arbeitskräfte ausbildeten. Seit Beginn des zwanzigsten Jahrhunderts besitzen Großunternehmen wie die Mitsubishi-Schiffswerft und das Mitsui-Bergwerk ihre eigenen Berufsschulen; so etwa um 1920 war das Bildungs- und Fortbildungswesen innerhalb von Großunternehmen faktisch voll ausgebildet.

Natürlich gab es außerhalb dieser Firmen reguläre Fachschulen, die sich vor allem um berufliche Ausbildung kümmerten – Handelsschulen, gewerbliche und landwirtschaftliche Fachschulen –, aber in den Jahren zwischen 1868 und 1945 waren diese Schulen kaum besucht. Die Mehrzahl der Arbeiter mußte sofort nach dem Verlassen der Volksschule, ohne jede Berufsausbildung, die Arbeit in der Fabrik aufnehmen. In den mittleren und kleinen Unternehmen gab es keine systematische Ausbildung. Dort mußten die Arbeiter sich Fertigkeiten aneignen, indem sie dem Beispiel erfahrener Arbeiter folgten. Die Großunternehmen führten allerdings immer, auch wenn sie keine eigenen Ausbildungsstätten hatten, mehr oder weniger systematisch eine technische Ausbildung durch. Die Folge davon war, daß die Großunternehmen bei Einsatz haargenau der gleichen Herstellungsmethoden die besseren Ergebnisse zeitigten als die mittleren oder kleinen Unternehmen; folglich war ihre Produktivität höher.

Wenn die Berufsbildung dem einzelnen Arbeiter überlassen wird und außerhalb des Unternehmens stattfindet, dann bekommen große wie kleine Unternehmen in qualitativer Hinsicht mehr oder weniger das gleiche Personal; sofern sie die gleiche Fertigungsmethoden einsetzen, besteht dann zwischen Unternehmen kein großer Produktivitätsunterschied. Da in Japan jedoch, wie wir gesehen haben, die großen Unternehmen die Beschäftigung auf Lebenszeit sowie die Entlohnung nach Betriebszugehörigkeit einführten und die Berufsausbildung innerhalb der Firma durchführten, während die mittleren und kleinen Betriebe nicht stark genug waren, ihren Arbeitern eine Lebensstellung und eine Berufsausbildung anzubieten, trat also zwischen den Unternehmen eine unterschiedliche Arbeitsproduktivität zutage, die ihrerseits zu unterschiedlichen Löhnen führte.

Tabelle 2 A: *Lohnunterschiede (Arbeitslohn je Arbeiter in Firmen mit 1000 und mehr Beschäftigten = 100)*

Werkgröße (Arbeiterzahl)	1909			1914			Großbritannien 1949
	männl.	weibl.	insges.	männl.	weibl.	insges.	insges.
5–9	80,0	75,7	99,6	72,7	72,3	91,8	–
10–29	85,8	78,6	96,7	77,1	75,2	85,9	84
30–49	88,9	85,5	92,1	78,8	81,0	80,2	83
50–99	91,9	93,2	94,1	82,6	87,4	81,9	84
100–400	94,1	94,4	96,6	85,4	89,7	83,1	86
500–999	92,2	103,2	98,6	87,6	100,9	91,2	89
1000–	100,0	100,0	100,0	100,0	100,0	100,0	100

Quelle: Archiv des Sekretariats des Ministeriums für Landwirtschaft und Handel: *Kogyo Tokei Hyo* (Statistische Tabellen für Fabriken) für die Jahre 1909 und 1914. Die Zahlenangaben für Großbritannien entstammen S. Broadbridge, *Industrial Dualism in Japan* (Frank Cass and Co., Ltd., 1966), S. 51.

Es stehen uns – allerdings nur lückenhaft – Beweismittel zur Verfügung, die diese Aufspaltung verdeutlichen. Während die Tabelle 2 A zeigt, daß die Lohnunterschiede zwischen großen und kleinen Unternehmen 1914 größer waren als 1909, verdeutlicht sie aber auch, daß die Unterschiede in diesen Jahren nicht sehr groß waren. Wenn wir unter einem Großunternehmen einen Betrieb mit mehr als tausend Beschäftigten verstehen, dann war das Lohnniveau in Unternehmen aller Größen, ausgedrückt als prozentualer Anteil des Lohnniveaus in „Großunternehmen", in dem Zeitraum zwischen 1909 und 1914 hoch; der Lohnunterschied war in diesen Jahren kaum größer als 1949 in Großbritannien. Tabelle 2 B zeigt allerdings, daß bereits im Jahr 1932 ein beträchtliches Lohngefälle bestand, obgleich hier festzuhalten ist, daß die Tabelle 2 A die Größe des Unternehmens hinsichtlich der Zahl seiner Beschäftigten angibt, während Tabelle 2 B, im Gegensatz dazu, die Größe hinsichtlich des Betriebskapitals ausweist, so daß man die beiden Tabellen vorsichtig miteinander vergleichen muß. 1932 machten die Löhne in den kleinsten Unternehmen weniger als 26% derer in den größten Unternehmen aus! Diese Art „typisch japanischer" Lohnunterschied trat gegen 1920 in Erscheinung,[6] und in der Folgezeit vergrößerte sich die Differenz, bis Japan sich in den Krieg stürzte. Als die Wirren der Nachkriegszeit zu Ende gingen, war die Differenz wieder eklatant hoch. Wie man im fünften Kapitel sehen wird, boten in den Jahren schnellen Wirtschaftwachstums von 1963 bis 1973, als die verfügbaren Arbeitskräfte nicht ausreichten, die mittleren und kleinen Betriebe hohe Löhne an, um Arbeitskräfte anzulocken. Infolgedessen nahmen die Lohnunterschiede gewaltig ab, aber selbst heute ist eine ansehnliche Kluft geblieben.

Es war in den zwanziger Jahren, als sich so zwischen den Löhnen der großen und denen der mittleren/kleinen Unternehmen der Privatwirtschaft eine Kluft auftat; aber schon zuvor hatte es zwischen den Löhnen regierungseigener und denen privater Unternehmen ein beträchtliches Einkommensgefälle gegeben. 1909 beliefen sich die Löhne männlicher Arbeiter in Privatunternehmen mit mehr als tausend Beschäftigten nur auf das 1,13fache des Durchschnittslohnes männlicher Beschäftigter in allen Privatunternehmen; die Löhne männlicher Arbeiter in regierungseigenen Unternehmen betrugen das 1,43fache dieses Durchschnitts.[7] Die entsprechenden Zahlen für Frauen lauten 1,10 beziehungsweise 1,22. Es scheint also, daß der Lohnunterschied für Frauen in regierungseigenen beziehungsweise privaten Unternehmen nicht so groß war wie der für Männer. Auch dieser Unterschied nahm allerdings im Lauf der Zeit schnell ab, und im Jahr 1914 waren die Löhne für Fabrikarbeiter, Männer wie Frauen, in Regierungsunternehmen niedriger als die in Privatbetrieben mit mehr als tausend Beschäftigten.

In Japan zahlten die Regierungsbetriebe von Anfang an sehr hohe Löhne. Sie machten keine Gewinne, daher veräußerte die Regierung sie auch wieder. In den Betrieben, die weiterhin Regierungseigentum waren, blieben die Löhne übertrieben hoch, so daß sie in keinem Verhältnis standen zur Produktivität der Arbeiter. Sie waren das

Ergebnis nichtökonomischer Überlegungen, wie etwa solcher Erwägungen, daß viele Arbeiter Angehörige des alten Samurai-Standes waren, oder sie stellten einfach den Versuch dar, die Würde der Regierung unter Beweis zu stellen. Kurze Zeit nachdem diese gravierenden Lohnunterschiede verschwunden waren, begannen zwischen großen und mittleren bis kleinen Unternehmen des privaten Sektors erneut Lohnunterschiede aufzutreten. Es kam nicht von ungefähr, daß es zuerst das regierungseigene, später auch das private Unternehmen war, das von seinen Arbeitern Treue verlangte und als Dank dafür hohe Löhne zahlte.

Der Lohnunterschied zwischen großen und kleinen Unternehmen entwickelte sich zu einer chronischen Erkrankung der japanischen Wirtschaft. Tüchtige junge Leute drängten in die Großbetriebe; die mittleren und kleinen Unternehmen mußten die nehmen, die übrigblieben. Daher waren die großen Unternehmen imstande, hervorragende neue Kräfte einzustellen. Dies trug dazu bei, daß die bereits bestehenden Produktivitätsunterschiede noch größer wurden. Während die Lohnunterschiede wuchsen, vergrößerten sich auch die Gewinnunterschiede, und die Großbetriebe konnten schneller Kapital anhäufen als die mittleren und kleinen Betriebe. Die großen Unternehmen besaßen genügend Kapital, um sich die beste Technologie anzueignen, und der solcherart zustande gekommene technologische Unterschied brachte ein weiteres Anwachsen der Produktivität und daher weitere Lohnunterschiede mit sich. So entstand ein Teufelskreis, in dem die Lohnunterschiede zwischen großen und mittleren/kleinen Unternehmen größer und größer wurden.

Tabelle 3 zeigt die Veränderungen des Produktivitätsunterschieds für die Jahre 1929 bis 1942, wobei die Größe des Unternehmens nach der Zahl seiner Beschäftigten bestimmt wird. Da die Depression der frühen dreißiger Jahre zuerst die kleinen Unternehmen traf (1930), sodann große Unternehmen (1931), und da es die großen Unternehmen waren, die zuerst wieder Tritt faßten (1932), waren die Produktivitätsunterschiede für die Jahre 1929 bis 1932 etwas fluktuierend. Im Jahr 1933 nahm der Unterschied erheblich zu, und dieser Unterschied nahm erst in den Jahren nach 1940 wieder ab, als die japanische Wirtschaft sozusagen schon im Krieg stand. Seit 1940 werden die Auswirkungen der erzwungenen Konsolidierung augenfällig, und man sieht, daß die Bandbreite der Produktivitätsunterschiede abnimmt;[8] da dies aber eine Zeit der Preiskontrollen war, fällt es schwer zu sagen, ob das Produktionsniveau, das man jedem einzelnen Beschäftigten aufgrund der amtlich festgelegten Preise zumaß, wirklich das echte Niveau der Arbeitsproduktivität spiegelt.

Diese erheblichen Produktivitätsunterschiede verursachten nicht nur eine große Bandbreite von Einkommensunterschieden, sondern hatten auch höchst unterschiedliche Gesundheits- und Wohlfahrtseinrichtungen zur Folge, welche die Firmen ihren Beschäftigten zur Verfügung stellten. Wer in einem Großunternehmen arbeitete, gehörte, wie wir gesehen haben, zur Arbeiteraristokratie, zu den „Samurai" der Arbeiterschaft. Die großen Unternehmen boten nicht nur technische Ausbildung innerhalb des Betriebs an; sie bemühten sich auch, ihren Beschäftigten charakterliche und kulturelle Bildung zu geben und ihre Führungseigenschaften zu schulen. Infolgedessen entstanden innerhalb eines Unternehmens literarische Zirkel, Sportvereine, Clubs, die sich dem Teezeremoniell, Ikebana und anderen

Tabelle 2 B: *Lohnunterschiede 1932 (Arbeitslohn je Arbeiter in Betrieben mit 5 Mio Yen Kapital und mehr = 100)*

	Größe des Betriebes (Betriebskapital in 1000 Yen)								
	0–1	1–5	5–10	10–20	20–50	50–100	100–500	500–1000	1000–5000	5
Lohnunterschied	25,9	30,1	33,2	38,3	45,3	54,1	67,5	78,1	84,4	1

Quelle: Y. Ando (Hg.), *Kindai Nippon Keizai Yoran* (Überblick der modernen ja schen Wirtschaftsgeschichte) (Tokyo University Press 1975), S. 119.

derartigen Dingen widmeten, und das Unternehmen wurde gleichsam nebenbei zu einer großen Schule. Dies trifft vor allem für die Nachkriegszeit zu. Außerdem konnten Beschäftigte ihre Ersparnisse im Unternehmen anlegen, und sie erhielten dafür höhere Zinsen als von den Banken. Dies ermutigte nicht nur die Arbeiter zum Sparen, sondern verschaffte auch der Firma eine weitere Kapitalquelle. Innerhalb des Betriebs bildeten sich unter Firmenaufsicht Versicherungsgesellschaften und genossenschaftliche Vereinigungen. Wenn die Firma den Jahrestag ihrer Gründung beging, fanden Parties und Ausflüge statt, bei denen Sportler auftraten. Dies alles gab dem Arbeiter das Gefühl, eins zu sein mit seiner Firma, und begünstigte die lebenslange Beschäftigung in ein und demselben Betrieb.

Tabelle 3: *Produktivitätsunterschiede*
(Bruttoarbeitsertrag je Beschäftigtem in Betrieben mit mehr als 1000 Beschäftigten = 100)

Größe des Werkes (Zahl der Beschäftigten)	1929	1930	1931	1932	1933	1934	1935	1936	1937	1938	1939	1940	1941	1942
5–9	75	63	74	65	46	42	41	43	45	49	48	60	61	69
10–29	84	71	86	75	56	51	51	48	54	59	58	69	69	79
30–49	95	82	97	87	70	62	61	62	66	63	71	85	81	91
50–99	109	91	101	95	75	66	65	70	74	80	83	92	94	99
100–499	124	95	107	102	86	81	82	85	90	90	90	98	106	102
500–999	104	100	109	105	88	82	89	91	96	91	87	96	92	114
1000–	100	100	100	100	100	100	100	100	100	100	100	100	100	100

Quelle: Abteilung für Forschung und Statistik, Sekretariat des Ministeriums für Internationalen Handel und Industrie, *Kogyo Tokei 50 Nen-shi* (Jubiläumsgeschichte des Census der Fabrikanten [für 1909–58]), 1962.

4. Arbeitsmärkte, Arbeitskräfte, Arbeitsethos

Zwischen einer japanischen Firma und einer englischen besteht ein himmelweiter Unterschied. In der englischen Firma sehen die Beziehungen zwischen der Gesellschaft und dem Beschäftigten ganz anders aus: Der einzelne eignet sich Fertigkeiten an, welche die Firma sodann aufkauft und anderen Produktionsfaktoren hinzufügt, woraus ein bestimmtes Produkt entsteht, das die Firma dann veräußert; in England verläßt ein Arbeiter seinen Betrieb, wenn er glaubt, er könne seine Fertigkeiten an eine andere Firma mit höherem Gewinn verkaufen; aber ein Betrieb entläßt auch einen Arbeiter, wenn sie mit seiner Arbeit nicht zufrieden ist; in England eignet sich ein Arbeiter neue Fertigkeiten an, wenn er meint, er könne damit sein Einkommen steigern oder in seiner Arbeit größere Befriedigung finden; und der Arbeiter kann den Arbeitsmarkt ohne weiteres ein zweites Mal betreten und eine ganz andere Fertigkeit anbieten als beim ersten Mal.

In Japan hingegen war die Beschäftigung für den Betrieb wie für den einzelnen eine Bindung auf Lebenszeit, vergleichbar mit einer Ehe. Daher erachtete es ein Unternehmen bei einer Neueinstellung für ebenso wichtig, den Charakter des Bewerbers, sein Verständnis für Treue und seine Fähigkeit, der Firma langfristig etwas zu bringen, kennenzulernen wie seine reine Arbeitsproduktivität und seine betrieblichen Fertigkeiten. Das Unternehmen zollte der Frage, welchen Schaden oder Nutzen er bringen könne, die gleiche Aufmerksamkeit wie ein Mensch, der ein Kind adoptieren möchte. In Zeiten wirtschaftlicher Depression kam es sogar so weit, daß die Unternehmen nur noch solche Arbeitskräfte einstellten, zu denen sie persönliche Beziehungen hatten, oder die aus einer ganz bestimmten Gegend stammten.

Die Firma war fürsorglich. Zwischen den Beschäftigten und zwischen Personal und Management herrschte ein Solidaritätsgefühl vor, das man als eine Wahlverwandtschaft bezeichnen könnte. Die Firma war eigentlich eine große Familie. Wir haben gesehen, daß die Firma die langfristige Beschäftigung höher einschätzte als die kurzfristige Arbeitsleistung eines Beschäftigten, und sie bezahlte im Hinblick auf langfristige Beschäftigung ein Entgelt, das sich infolge der Dienstjahre erhöhte und langfristig stabil war. Auch die Arbeiter verschwendeten ihre Kraft nicht in einem kurzen Spurt, sondern sie taten ihr Bestes, um ihrer Firma auf lange Sicht gut zu dienen. Bei einem Spurt – um bei diesem Gleichnis zu bleiben – kommt es dem Läufer darauf an, seine Vordermänner zu überholen; im Langstreckenlauf hingegen trachtet er danach, im großen Feld zu bleiben. Hilft man in einem kurzen Lauf einem anderen Läufer, der zu stürzen droht, riskiert man, selber zurückzufallen; aber auf einer langen Strecke fällt es einem erfahrenen Läufer nicht schwer, einem anderen Läufer ein bißchen beizustehen. Auf eine Firma übertragen heißt das, daß es einem Arbeiter förderlich ist und sein Ansehen langfristig erhöht, wenn er einem Kollegen unter die Arme greift. Im langfristigen Wettbewerb ist der andere Läufer zugleich ein Waffenbruder, dem beizustehen man verpflichtet ist. Dies ist vor allem dann der Fall, wenn man die ganze Firma als ein Team betrachtet, das gegen andere Firmen wie eine Einheit auftreten muß.

Im Japan der Zwischenkriegszeit sah man den Betrieb nicht in erster Linie als eine Arena an, in der einzelne gegeneinander kämpften, sondern eher als ein Stadion für den gemeinsamen Wettkampf, wo ein Team mit dem anderen wetteiferte – dies eine Vorstellung, mit der die japanischen Samurai seit der Tokugawa-Zeit vertraut waren. Der wirtschaftliche Wettbewerb innerhalb einer japanischen Firma war gewiß nicht scharf; da man langfristig die kollegiale Zusammenarbeit zwischen den Mitarbeitern betonte, gab es zwischen Kollegen langfristig wenig Wettbewerb. Waren erst einmal die Würfel gefallen, daß jemand in eine Firma eingestellt wurde, dann war er, wie jeder andere, in dem Aufzug, der „Entlohnung nach Betriebszugehörigkeit“ heißt, daher kann man die japanische Firma etwa als eine „verschworene Gemeinschaft“ betrachten.[9] Aber geradeso wie ein Pionierkorps eine höhere Produktivkapazität besitzen kann als eine private Baufirma, so kann man auch von japanischen Unternehmen sagen, daß sie eine sehr hohe Produktivkapazität haben, und zwar nicht aufgrund des Wettbewerbs zwischen den einzelnen Mitgliedern der Arbeiterbrigade, sondern dank der gegenseitigen Unterstützung, Zusammenarbeit und Ermutigung, die sich die Beschäftigten geben. In einer japanischen Firma beschäftigt zu sein, war – und ist – eher so, als ob man bei der Polizei oder der Armee ist und nicht in einer privaten Firma.

Beschäftigte empfinden am Arbeitsplatz viel Befriedigung, wenn sie den Eindruck haben, daß sie ihre Treue zu ihrer Firma in besonderer Weise augenfällig gemacht haben; sie schöpfen aus ihren Überstunden mehr Zufriedenheit als aus ihrer normalen Arbeitszeit. Da während dieser Überstunden das Management nicht selten abwesend ist, werden diese Stunden zu einem geselligen Beisammensein. Kollegen stehen dann nicht mehr im Wettkampf miteinander, sie sind Klassenkameraden oder Waffenbrüder. In England und in Amerika hat es einige Beispiele solch familiär geführter Betriebe gegeben, aber sie hielten sich nicht lange und waren nicht tonangebend. In Japan verlangt jedoch das Wirtschaftssystem vom Arbeiter nicht nur die vorgeschriebene Arbeit, sondern auch, daß er alle Stunden seines Wachseins der Firma schenkt. Nehmen wir beispielsweise an, die Firma plant an einem Wochenende für ihre Beschäftigten eine Sportveranstaltung und stellt es jedem frei, ob er kommen will oder nicht. In England würden viele Beschäftigte sich nur widerwillig an einem Wochenende von der Firma in Beschlag nehmen lassen; viele würden nicht kommen. Der Versuch der Firma, eine erfolggekrönte Veranstaltung abzuhalten, würde scheitern, und sie würde wahrscheinlich die ganze Sache aufgeben. In Japan würde die Anwesenheit eines Arbeiters bei einer solchen Sportveranstaltung bedeuten, daß er besonders geschätzt wird und ihn die Firma als einen ergebenen Arbeiter in ihrer Erinnerung bewahrt, der sich um die Firma kümmert; und die Entscheidung, ob man diese Sportveranstaltung besucht oder nicht, ist nicht mehr die freie Entscheidung des einzelnen. So hängt das Leben eines Menschen selbst außerhalb der Arbeitszeit eng mit dem Unternehmen zusammen.

Englische Arbeitnehmer würden solch fürsorgliche Maßnahmen des Managements wahrscheinlich mit Hinweis auf die Freiheit des Individuums zurückweisen. In einer konfuzianischen Gesellschaft hingegen muß jeder einzelne danach trachten, der Gesellschaft, in der er lebt, seine Treue zu beweisen. Seine Treue zählt im gleichen Maße wie seine Bereitschaft, sich für andere zu opfern. Wenn er also an dieser Sportveranstaltung teilnimmt, alle Pläne, das Wochenende mit seiner Familie zu verbringen, aufsteckt, dann wird dies als ein echter Beweis seiner Treue angesehen. Daß die Firma bekanntgeben läßt, die Teilnahme an der Veranstaltung sei der Entscheidung jedes einzelnen überlassen, ist belanglos. Die Firma tut nach außen hin so, als stehe das Kommen jedermann frei, aber jeder Arbeitnehmer wird in Betracht ziehen, daß die Firmenleitung nichts sehnlicher wünscht als eine erfolgreiche Veranstaltung, die die Solidarität in ihrer Firma unter Beweis stellt. Wenn ein Arbeitnehmer die wahre Absicht der Gesellschaft begriffen hat und alles andere beiseite schiebt, um an der Veranstaltung teilzunehmen, dann ist er ein „tugendhafter" Arbeitnehmer. Die Firma schätzt seine treuen Dienste hoch ein; loyale Arbeitnehmer erhalten später einmal gute Arbeitsplätze oder hohe Extra-Vergütungen. In einer konfuzianisch-kapitalistischen Gesellschaft gilt hingebungsvolles Dienen als die oberste Tugend, und es zahlt sich in sittlicher wie in materieller Hinsicht aus. Wenn daher die meisten die Sportveranstaltung besuchen, wird der kleinen Zahl der „Freiheitsfreunde", die nicht teilnimmt, von den anderen zu verstehen gegeben, daß sie die „Harmonie" der Gemeinschaft gestört haben. In einer solchen Gesellschaft wird der Freiheitsanspruch des einzelnen oftmals als Verrat oder als eine Herausforderung an die Gemeinschaft beziehungsweise an die Mehrheit betrachtet, und jeder, der es wagt, seine Freiheit zu behaupten, wird sich möglicherweise völlig isolieren.

In einer solcherart geprägten Gesellschaft stößt man daher auf wenig Verständnis für einen Arbeitsvertrag im westlichen Sinne. Arbeit wird nicht als ein hochwertiges Wirtschaftsgut angesehen; es ist der Geist der Loyalität, der zählt. Der „Markt", auf dem man seine Treue anbietet, steht jedermann nur einmal im Leben offen. Auf diesem „Markt" begegnen diejenigen, die Treue anzubieten haben, jenen, die Treue suchen. Vor der Meiji-Revolution entschied die Geburt darüber, bei welchem Herrn man einmal in Diensten stehen würde, aber seither liegt diese Entscheidung bei jedem einzelnen. Es widerspräche jedoch jedweder Definition von Treueverpflichtung, könnte man diesen „Markt der Treue" mehrmals frei betreten und verlassen und sich einen neuen Herrn aussuchen, es sei denn, dafür gibt es einen guten Grund. Ein „Samurai", der das Unglück hat, mit seinem ersten Herrn unzufrieden zu sein, muß sich hernach wie ein herrenloser Samurai auf dem Marktplatz für Söldner umsehen. Arbeit wird also nicht nur als Wirtschaftsgut betrachtet, sondern als Treuedienst an der Gesellschaft, und das hat dazu geführt, daß diese konfuzianische Gesellschaft unweigerlich einen gespaltenen Arbeitsmarkt hervorgebracht hat. Das heißt, der „Markt der Treue" steht jedem Arbeitnehmer nur einmal offen; wenn das auf Lebenszeit eingegangene Arbeitsverhältnis in einer Katastrophe endet, dann hat der Arbeitnehmer keine andere Wahl, als sich auf dem Markt für Söldner nach einem neuen Arbeitgeber umzusehen, dann aber muß er von vorneherein einen niedrigeren Lohn in Kauf nehmen.[10]

Da große Unternehmen auf dem ersten Markt nur treue Arbeitnehmer rekrutieren können, gibt es unter ihren regulär Beschäftigten so gut wie keine „Söldner". (Natürlich ist Gelegenheitsarbeit eine Söldnerarbeit.) Die mittleren und kleinen Unternehmen hingegen stellen scharenweise „Söldner" ein. Selbst die Arbeitnehmer, die sie auf dem ersten Markt anheuern, beziehen Löhne, die sich von reinen Söldner-Löhnen nur wenig unterscheiden; sie spüren wenig inneren Zwang, ihren Pflichten besonders dienstbeflissen nachzukommen. Sie würden sogar, wenn sie sich klarweg als Söldner anböten, bei einem anderen Arbeitgeber ziemlich genau die gleiche Entlohnung bekommen. Folglich besteht zwischen großen und mittleren/kleinen

Unternehmen ein beträchtlicher Unterschied in der Entlohnung und in der sozialen Stellung.

Während der Tokugawa-Zeit gab es vier Stände: Krieger, Bauern, Handwerker und Kaufleute; und die Moral des Samurai-Standes war eine andere als die der anderen Stände. Dies berührte auch ihre Einstellung zum Treuedienst – dieser wurde zwar von einem Krieger, nicht aber von den anderen drei Ständen verlangt. Der Krieger nahm eine hohe Stellung ein, dafür durfte er nicht zu seinem eigenen Vergnügen tätig werden. Bauern, Handwerker und Kaufleute hatten einen niederen gesellschaftlichen Rang, aber dafür durften sie auch ihrer Gewinnsucht frönen. Diese beiden Gruppen ließen sich eigentlich von grundverschiedenen moralischen Kategorien leiten. Auf die gleiche Weise werden auch große Unternehmen von völlig anderen moralischen Wertvorstellungen gelenkt als mittlere oder kleine. Wenn der Beschäftigte eines großen Unternehmens versucht, in ein anderes Großunternehmen überzuwechseln, in der Hoffnung, dort noch besser zu verdienen, dann bedeutet dies, daß ihm das Ideal der Treue abgeht. Mit dieser Handlung unterschreibt der Beschäftigte sein eigenes Todesurteil. Das niedrige Lohnniveau in den mittleren und kleinen Unternehmen bedeutet jedoch, daß deren Beschäftigte unbehindert von einem Unternehmen zum andern wechseln können. Sie werden zwar schlechter bezahlt, dürfen aber andererseits ihre persönliche Freiheit genießen.

So bestand in Japan weiterhin ein Dualismus, wie er während der Tokugawa-Zeit bestanden hatte, und zwar sowohl im Wirtschaftsleben als auch in der gesellschaftlichen Stellung und auch in dem entsprechend unterschiedlichen Sozialbewußtsein beziehungsweise der Weltanschauung. In der Tokugawa-Zeit wurde die Frage, ob man zur herrschenden Klasse gehörte oder zu den Beherrschten, von der Geburt entschieden; aber seit der Meiji-Zeit geben die Aufnahmeprüfungen der Unternehmen darauf die Antwort, und die kann man nur einmal machen: beim Abgang von der Schule oder der Universität. In diesem Sinne bildete sich im Japan der Meiji-Zeit eine Gesellschaft, in der jeder mit jedem konkurrierte, aber dieser individuelle Wettstreit fand nur bei dieser einen Gelegenheit statt. Wenn ein Arbeiter einmal in einem Großbetrieb beschäftigt war, stieg er, wie schon gesagt, gemäß seiner Beschäftigungsdauer nach oben. So gab es, zumindest nach außen hin, nur selten harte Konkurrenz zwischen den Beschäftigten eines Unternehmens. In den mittleren und kleinen Betrieben zählte wirkliches Können bestimmt etwas, da aber diese Unternehmen sozusagen „im Keller" angesiedelt waren, brachte es dem Arbeitnehmer nur wenig Triumph, sich dort auszuzeichnen, wenn man die Dinge „von oben“ her betrachtet, aus der Warte des Großbetriebs.

Der Wettbewerb zwischen einzelnen Arbeitern beziehungsweise Angestellten war also äußerst begrenzt, wohingegen Beschäftigte verschiedener Firmen in scharfem Wettbewerb miteinander standen. Um als Führer erfolgreich zu sein, mußte jemand es fertigbringen, seine Kollegen innerhalb der Firma hinter sich geschlossen zu vereinen und sie im Krieg zwischen den Unternehmen zum Sieg zu führen, indem er entweder den Rang seiner Firma innerhalb der Großunternehmen anhob oder sie vom Status eines „mittleren bis kleinen“ in den eines „Großunternehmens“ versetzte. In der abendländischen Gesellschaft ist Wettbewerb Sache des einzelnen; er muß beim Eintritt in einen Betrieb gegen andere antreten, und wer es nicht schafft, wird von der Firma nicht genommen. Umgekehrt werden auch Firmen gezwungen, um einzelne Mitarbeiter zu konkurrieren. Diese Art Wettbewerb gibt es in Japan nicht. Dort bilden die Angehörigen eines Unternehmens ein Team, das als eine Körperschaft auftritt, um mit den Teams der anderen Firmen in Wettstreit zu treten; erfolgreiche Firmen verteilen sodann den erzielten Gewinn an alle Mitglieder ihres Teams in Form eines Bonus, und zwar mehr oder weniger nach Dauer der Firmenzugehörigkeit.

Für einzelne, glücklose Individualisten kann dieser Wettbewerb, der auf der Basis eines Teams funktioniert, eine Tragödie bedeuten. Zuweilen gibt es Tüchtige, die aber das Pech haben, mit Unfähigen zusammenarbeiten zu müssen; sie haben keine andere Wahl, als sich in ein Leben zu fügen, das keine Aussicht auf Verbesserung verheißt. Selbst wenn jemand in dieser Situation versuchen sollte, in ein stärkeres Team zu wechseln, um seine Tüchtigkeit unter Beweis zu stellen, würde dies als ein Akt der Untreue gedeutet werden, und keine andere Firma würde, von ganz außergewöhnlichen Umständen abgesehen, einen solchen „Verräter“ aufnehmen. So ist er also außerstande, in eine andere Firma zu gehen, es sei denn, er verdingt sich als Söldner.

Solcherlei Beschränkungen der persönlichen Entfaltungsfreiheit bedeuten im Grunde sogar eine Einschränkung der Assoziationsfreiheit. Jede freie Gesellschaft muß gewisse Freiheiten garantieren, wie die Freiheit, Konsumgüter auszuwählen, die Meinungs- und Redefreiheit und die Freiheit der Religionsausübung, aber die wichtigste dieser Freiheiten ist die Vereinigungsfreiheit. Wo es diese Freiheit nicht gibt, da gibt es im Grunde weder eine echte Meinungs- und Redefreiheit noch eine Religionsfreiheit. Innerhalb eines Wirtschafts- und Gesellschaftssystems bestehen verschiedene Gruppierungen, und der Lebensstil eines einzelnen wird geprägt von seiner Wahl, welcher Vereinigung er beitritt. Diese Wahl verändert das Leben eines Menschen. Das Leben eines Individuums, das die Firma A, den Hobbyklub B und die Abendschule C gewählt hat, unterscheidet sich von dem eines anderen, der sich für Firma A', Hobbyklub B' und Abendschule C' entschieden hat. Aber in Japan kann ein Mensch selbst heute noch nur einmal in seinem Leben eine Firma aussuchen (nehmen wir an, es ist ein Großbetrieb), und der Hobbyklub, dem er angehören wird, wird der seiner Firma sein; das gleiche trifft für die Abendschule zu. Die Firma ist nicht nur eine gewinnorientierte Organisation; sie ist eine kleine Gesellschaft für sich, und sie ist häufig so allumfassend, daß alle alltäglichen Aktivitäten ihrer Beschäftigten innerhalb des Rahmens dieser Firma stattfinden können. Weil die Firma so groß ist, daß sie das gesamte Leben ihrer Angestellten zu umschließen vermag, und weil ein einzelner seine Firma nicht wechseln kann, darum hat er auch nicht die Freiheit, sein Leben selbst zu bestimmen. Beschäftigte ein und derselben Firma sind daher, wie Soldaten, alle von der gleichen Art.

Anläßlich des fünfzigsten Gründungstages der Matsushita Electrical Company, im Jahr 1932, erwiderte der Vertreter der Belegschaft förmlich auf eine Rede, die Matsushita Konosuke, der Vorstand des Unternehmens, gehalten hatte. Er sagte:

> Nichts bereitet uns größeres Vergnügen, als heute diesem Erinnerungsfest anläßlich des Gründungstages der Gesellschaft beizuwohnen. Ich glaube, wir Beschäftigten müssen zu unserer Schande gestehen, daß es nur unserer persönlichen Unzulänglichkeit zuzuschreiben ist, wenn wir heute außerstande sind, unserem Präsidenten für die herzliche Führung geziemend zu danken, die er uns während dieses langen Zeitraumes angedeihen ließ. Doch die Ansprache, mit der er uns heute geehrt hat, ist wie ein Alarmsignal, das uns aufschrecken läßt aus unserer Trägheit, und so verbürgen wir uns, daß wir die Bedeutung dieser Worte achtsam im Geiste bewahren und uns immer mehr der hohen Aufgabe unserer Firma bewußt sein wollen, der Firma Matsushita Electrical, und daß wir versuchen wollen, unsere Pflicht unter Einsatz unseres Lebens zu erfüllen.[11]

Offensichtlich gaben diese Beschäftigten ihr Wort, für Matsushita zu leben und zu sterben; daher stellte sich für sie überhaupt nicht die Frage, ob sie ihre Freiheit geltend machen und ihren Arbeitsplatz wechseln wollten. Diese Art Geist der selbstlosen Hingabe an die Firma, den Beschäftigte zeigen, diese Einstellung, die in der Firma den Ort sieht, wo man leben und sterben will, herrscht selbst noch in den japanischen Betrieben der Nachkriegszeit vor, wenngleich nicht in so hohem Maße wie in der Firma Matsushita der Zwischenkriegszeit.

Anders als der chinesische Konfuzianismus maß seine japanische Spielart den Vorstellungen Treue und Harmonie besonderes Gewicht bei; Shotoku Taishi betonte Harmonie, und unter Kaiser Meiji wurden Treue und Kindesliebe groß geschrieben. Von allen kaiserlichen Erlassen war keiner einflußreicher als die „Kaiserliche Verfügung an die Soldaten und Seeleute" von 1882 und die „Kaiserliche Verfügung bezüglich Bildung" von 1890; und da die letztgenannte wiederholt in Schulen verlesen wurde, etwa wie die Bibel, kann man sie als die in Japan am weitesten verbreitete konfuzianische Schrift ansehen. Dieser kaiserliche Erlaß ermahnte seine Leser, „eifrig zu lernen und die Künste zu pflegen und dadurch die Fähigkeiten des Verstandes und die sittlichen Kräfte zu vervollkommnen"; aber das Ziel, warum man diese Eigenschaften pflegte, sollte es sein, in Zeiten nationaler Not bereit zu sein: „Sollte ein nationaler Notstand ausbrechen, so biete Dich beherzt dem Staate an; und beschütze und erhalte so das Wohl unseres Kaiserlichen Thrones, der zusammen mit Himmel und Erde erschaffen wurde." Da man Treue so sehr betonte, hielt man es auch für angebracht, daß man innerhalb einer Firma seinem Präsidenten Treue erwies, und mochten auch Firmen miteinander konkurrieren, war die Firma doch verpflichtet, dem Staat ihre Ergebenheit zu bekunden. Folglich war es unmöglich, im Namen des Wettbewerbs rücksichtslos dem Gewinn nachzujagen; letzten Endes mußten die Unternehmer ihre Profitgier in Anbetracht des öffentlichen Interesses und der Ziele des Staates zügeln.

Die Großunternehmen bildeten das Team, dessen Aufgabe es war, das Ziel der Nation zu erreichen: ein starkes Land aufzubauen, das gegen den Westen antreten konnte. Dies bedeutete, daß sich die großen Unternehmen, mehr als alle anderen, dieser nationalen Zielsetzung bewußt sein mußten und zu allen Zeiten zu ihrer Unterstützung bereit sein mußten. In diesem Bewußtsein strebte Japan in den ersten rund fünfzig Jahren nach der Meiji-Revolution als ein geeintes Land danach, einen modernen Staat zu errichten. Japans Siege im Chinesisch-Japanischen und im Russisch-Japanischen Krieg, ganz zu schweigen von der unerhörten Leistung, daß es in den Jahren nach dem Ersten Weltkrieg in den Rang einer der fünf Großmächte aufstieg, machten das japanische Volk völlig siegestrunken. Der allgemein verbreitete Hochmut führte zur Zwietracht, und er ließ erneut jene ausländerfeindliche Stimmung aufkommen, unter der es schon einmal geheißen hatte: „Wir wurden gezwungen, das Land zu öffnen, aber bald werden wir so stark sein, daß wir die Barbaren vertreiben können". Es war der Schlußstein jener Politik „Reiches Land mit starker Armee", die Japan während der Meiji-Zeit verfolgt hatte, daß die Regierung 1917 einen Plan für eine gewaltige, neue Landesverteidigung entwarf, der „25 Divisionen und eine Schwadron aus acht Schlachtschiffen und acht Kreuzern" vorsah. Doch mit Abschluß des Washingtoner Vertrages von 1922 mußte sie den Plan für dieses „Doppel-Acht-Schwadron" aufgeben. Die Japaner verstanden dies als einen Schachzug Amerikas und Englands, sie niederzuhalten, und dies kehrte die Lage von Grund auf um. Im ganzen japanischen Volk zeigte sich ein Trend nach rechts und wachsender Haß gegen Großbritannien und Amerika. Zur gleichen Zeit mußte sich die Industrie wie auch die Finanzwelt umstellen, damit sie den veränderten Wünschen des Landes und dem neuen Trend der öffentlichen Meinung gerecht wurden.

IV. Das zweite japanische Imperium (1932–1945)

1. Wirtschaft auf japanisch: die Zwischenkriegszeit

In seinem Roman *Kokoro* schreibt Natsume Soseki:

> Da starb mitten im Hochsommer der Kaiser Meiji. Mir war, als habe mit diesem Kaiser der Geist der Epoche begonnen und sei mit seinem Tod für immer erloschen. Ich war von der Empfindung überwältigt, daß all jene, die, wie ich, in dieser Epoche aufgewachsen waren, als anachronistische Erscheinungen zurückblieben. So habe ich es meiner Frau gesagt. Sie lachte und zeigte, daß sie das nicht ernstnehmen konnte. Doch plötzlich sagte sie etwas Seltsames, wenn auch scherzhaft: „Gut – wenn es so ist, dann solltest du den ‚Treue-Tod' sterben und dem Kaiser ins Grab folgen."[1]

In den ersten Jahren der Taisho-Zeit (1912–1926), die auf die Meiji-Ära folgte, war der alte Schwung noch immer zu spüren; aber in den zwanziger Jahren wurde der Graben zwischen Arm und Reich in Japan tiefer. Die Sozialisten behaupteten, dies sei die Folge des Kapitalismus. Die Rechte meinte, der Kaiser habe sich mit gerissenen und bösen Staatsmännern umgeben. Man wollte eine Palastrevolte inszenieren und sich dann den Traum einer idealen Gesellschaft erfüllen, in der der Kaiser über einem Volk von Gleichberechtigten thronte (dies entsprach der Vorstellung „Ein Herr und das ganze Volk"). Andererseits trat der Despotismus der Militärs immer nachdrücklicher hervor. Während der Tokugawa-Zeit hatte ein Angehöriger des Kriegerstandes die Freiheit, einen Bauern oder einen Händler, der ihm gegenüber nicht die geforderte Höflichkeit zeigte, zu schelten, ja sogar ihn zu töten, und das Militär maßte sich zunehmend die gleiche Haltung gegenüber der Regierung und dem Volk an. Ihre Losung lautete: zurück zum Geist des Kriegers.

Die Meiji-Regierung brachte dem Volk nicht die Gleichheit; aber unter ihrer Herrschaft entstand doch ein gewisser Corpsgeist. Ein geflügeltes Wort besagte damals: „Wenn er Akademiker ist, darf unsere Tochter ihn heiraten." Zwischen Angestellten und Arbeitern ein und desselben Unternehmens gab es beträchtliche Einkommensunterschiede. Die Eliteschicht in Regierungsämtern und in den *zai-*

batsu bezog überdurchschnittliche Gehälter. Außerdem entsprachen im Jahr 1909 auch die Löhne der männlichen Fabrikarbeiter, die in regierungseigenen Betrieben arbeiteten, dem 1,27fachen des Durchschnittslohnes männlicher Arbeiter in Unternehmen mit mehr als tausend Beschäftigten. Doch in Japan, einem Land, wo seit alters her die Regierung immer über das Volk gestellt wurde – noch dazu unter der Herrschaft der Meiji, deren Basis aus Leuten bestand, die sich durch besondere Verdienste während der Revolution ausgezeichnet hatten –, mag ein derartiger Unterschied zwischen den Löhnen und Gehältern der staatlichen und der privaten Unternehmen zwar Neid erregt haben, aber die Menschen nahmen ihn dennoch als eine Selbstverständlichkeit hin.

Damals war das Einkommensgefälle innerhalb der großen Masse allgemein nicht sehr groß. Auf dem Arbeitsmarkt gab es noch keine Unterscheidung zwischen großen, mittleren und kleinen Unternehmen; und da die Arbeitnehmer in den Großbetrieben von einem Arbeitsvermittler eingestellt wurden, gab es auch noch keinen deutlichen Lohnunterschied, der auf der Größe des Unternehmens fußte, wie dies später der Fall war (beispielsweise in den 1930er und den 1950er Jahren). Betrachtet man das produzierende Gewerbe insgesamt, so beliefen sich die Löhne in Betrieben mit 5 bis 9 Beschäftigten immerhin auf 80% der Löhne, die in Unternehmen mit mehr als 1000 Beschäftigten gezahlt wurden. (Diese Zahl bezieht sich auf Männer; für Frauen betrug sie 76%.) 1914 lautete diese Zahl für Männer 73%, für Frauen 72%. In diesen Jahren arbeitete allerdings die Mehrheit männlicher Arbeiter (1909 waren es 90%, 1914 waren es 85%) in mittleren oder kleinen Unternehmen mit weniger als tausend Beschäftigten, so daß männliche Arbeiter in Fabriken mit mehr als tausend Beschäftigten die Ausnahme bildeten. Wenn wir die Indices der Lohnunterschiede von Tabelle 2 A auf der Grundlage der Löhne in mittelgroßen Fabriken (500–999 Beschäftigte = 100) neu durchrechnen, dann entspricht das Ergebnis der Tabelle 4, und darin wird augenfällig, daß es in diesen Jahren für männliche Arbeiter eigentlich kaum Lohnunterschiede gab, die auf der Größe des Unternehmens beruhten.

Im Gegensatz dazu arbeitete die Mehrheit der Arbeiterinnen (1908 waren es 74% und 79% im Jahr 1914) in Unternehmen mit mehr als 30 Beschäftigten. Bedenkt man, daß 1909 die Löhne von Fabrikarbeiterinnen in Betrieben mit 30 bis 49 Beschäftigten 86% dessen ausmachten, was in Großunternehmen (mit mehr als 1000 Beschäftigten) bezahlt wurde – 1914 waren es 81% –, dann muß man daraus folgern, daß es auch für Frauen in diesen Jahren eigentlich keine großen Lohnunterschiede gab. Aber es gab erhebliche Unterschiede zwischen den Löhnen der Männer und denen der Frauen. Die Löhne für weibliche Beschäftigte waren etwa halb so hoch wie die für Männer, und die Fabrikarbeiterinnen führten ein kümmerliches Dasein.[2] Frauen hatten zu dieser Zeit in Japan weder das aktive noch das passive Wahlrecht, und die konfuzianische Ethik, die von der Überlegenheit des Mannes über die Frau spricht, wurde allenthalben anerkannt. Geschlechtsspezifische Lohnunterschiede waren für den Arbeitsmarkt kein besonderes Problem.

Tabelle 4: *Lohnunterschiede zwischen Arbeitern (Löhne je Arbeiter in Betrieben mit 500–999 Beschäftigten = 100)*

	1909	1914
5–9	87	83
10–29	92	88
30–49	96	90
50–99	100	94
100–499	102	97
500–999	100	100

Quelle: *Kojo Tokei Hyo* (Statistische Tabellen für Fabriken)

Während des Ersten Weltkriegs änderte sich die Struktur der japanischen Wirtschaft beträchtlich. Schon im August 1914, unmittelbar nach Ausbruch der Feindseligkeiten in Europa, trat Japan in den Krieg ein und drängte den deutschen Einfluß in China und im Pazifikraum erfolgreich zurück. Da das eigentliche Schlachtfeld Europa war, versiegten die europäischen Ausfuhren nach Asien, und Japan und Amerika teilten die Märkte des Ostens unter sich auf. Japanische Waren drangen in allen Teilen Asiens mächtig vor. Und nicht nur das: Da Japan nun keine pharmazeutischen Präparate, keine Düngemittel und Farbstoffe mehr aus Deutschland beziehen konnte, erfuhr seine chemische Industrie einen gewaltigen Zuwachs. Die Zahl der Beschäftigten in Spinnereien stieg von 1914 bis 1919 um 65% an, und Japan trat an die Stelle Großbritanniens, das bis dahin über die bedeutendste Textilindustrie der Welt verfügt hatte.

Zum gleichen Zeitpunkt legten auch die chemische und die Schwerindustrie Japans solide Grundlagen. Betrachtet man nur einmal die großen Unternehmen mit mehr als 500 Beschäftigten, so sieht man, daß 1914 die Spinnereibetriebe 74% aller Arbeitnehmer beschäftigten, während die chemische und die Schwerindustrie (Maschinen und Maschinenteile, Metallwaren und Chemikalien) ganze 20% ausmachten. Bis 1919 gelang es den letztgenannten Sektoren, den Anteil der Spinnereien auf 65% zurückzudrängen, während sie ihren Anteil auf 31% aller Beschäftigten (in Betrieben mit mehr als 500 Beschäftigten) erhöhten.

Die Spinnereien beschäftigten überwiegend Frauen; die chemische und die Schwerindustrie war hingegen das Revier der Männer. 1914 waren mehr als anderthalbmal soviel Frauen im produzierenden Gewerbe beschäftigt als Männer, aber im Jahr 1919 war die Zahl der männlichen und die der weiblichen Beschäftigten annähernd gleich groß. Da vor allem Großunternehmen in den Bereichen Chemie und Schwerindustrie vordrangen, wurden nun auch diese Betriebe von Männern beherrscht. Von ihren weiblichen Beschäftigten erwarteten die Unternehmen nicht, daß sie langfristig berufstätig waren; aber bei den männlichen Arbeitnehmern gingen sie davon aus, daß sie ihr ganzes Berufsleben über bei ihnen blieben. Gerade in einer Zeit wie dieser, als Japans Industrie in schnellem Wachstum begriffen war und Arbeitskräfte ohnehin knapp waren, hatte ein Unternehmen kein Interesse, einen Mann wieder gehen zu lassen, es sei denn, er erwies sich – auf die eine oder andere Weise – nicht als guter Mitarbeiter. Wie wir gesehen haben, erwarteten Unternehmen zunehmend Loyalitätsbekundungen von seiten ihrer Mitarbeiter, und neben dem normalen Arbeitsmarkt entstand nun ein Arbeitsmarkt der „erstklassigen“ Arbeitskräfte, auf dem man stillschweigend davon ausging, daß die Treue zum Betrieb ein Leben lang anhielt. Auf diesem Markt stellten die großen Unternehmen junge Leute ein, die soeben ihren Schul- oder Hochschulabschluß hinter sich hatten. Es wurden jedes Jahr nur die genommen, die gerade in dem zu Ende gehenden Schuljahr fertig geworden waren. Auf dem regulären Arbeitsmarkt, der jeden aufnahm (ich nannte ihn weiter oben den „Söldner-Arbeitsmarkt“), wurden nur schlechtbezahlte Arbeitsverhältnisse ausgehandelt. Gerade damals wurde die Spaltung des Arbeitskräftemarkts deutlich, die zu einem festen Bestandteil der japanischen Volkswirtschaft wurde.

Die Doppelstruktur der japanischen Wirtschaft war also unauflöslich verbunden mit der zunehmenden Vorherrschaft der Männer im produzierenden Gewerbe und mit dem Trend zur chemischen und zur Schwerindustrie. Infolge der maritimen Rüstungsbeschränkungen – ein Ergebnis der Konferenz von Washington (1921/22) – und infolge verschiedener Unglücksfälle wie dem großen Erdbeben von Tokyo (1923), der Finanzkrise von 1927 (eine Folge der mißbräuchlichen Anlage von Regierungsanleihen, die nach dem Erdbeben für den Wiederaufbau ausgegeben worden waren), ferner der weltweiten Depression der dreißiger Jahre, mußten aber auch die Chemie und die Schwerindustrie Einbußen hinnehmen. Diese Industriesektoren breiteten sich also in den zwanziger Jahren nur langsam aus. Aber 1931 drang Japan in die Mandschurei ein und unterwarf sich dieses Land. Dies trug dazu bei, daß Japan sich von der Großen Depression schneller erholte als jede andere Industrienation der Welt. Im folgenden Jahrzehnt, von 1932 bis 1942, entwickelten sich die chemische und die Schwerindustrie mit atemberaubendem Tempo.

Während Japan den Ausbau dieser Sektoren vorantrieb, setzte es in China seinen Angriffskrieg fort. Bei der Kwantung-Armee – jenem Teil der japanischen Streitkräfte, der in der Mandschurei stationiert war – faßte man den Plan, Chang Tso-lin, einen Warlord, der in der Mandschurei den starken Mann spielte, an die Leine zu legen und die Mandschurei von China unabhängig zu machen. Chang Tso-lin aber verschloß sich diesen Vorstellungen. Als er 1928 von Peking (Peiping) nach Shenyan (Mukden) zurückfuhr, flog sein Eisenbahnzug in die Luft. Dieser „Unfall" in der Mandschurei wurde zum Wendepunkt in einer Kette von Ereignissen, die schließlich 1931 zur Intervention in der Mandschurei führte. Im Jahr darauf proklamierte das japanische Militär die Mandschurei zu einem unabhängigen Staat (Mandschukuo), der aber nur eine Marionette Japans war. 1933 vereinbarten Japan und China einen Waffenstillstand, und eine Zeitlang herrschte wieder Friede. Die Chinesen mußten die vollendeten Tatsachen anerkennen, die Japan über ihre Köpfe hinweg verfügt hatte.

Die Japaner unternahmen große Anstrengungen, Mandschukuo aufzubauen, aber, wie zu erwarten, begegnete ihnen die einheimische Bevölkerung mit ausgesprochener Feindseligkeit. In China wurden japanische Waren allenthalben boykottiert, obwohl Chiang Kai-shek sein Volk zeitweilig sogar aufforderte, mit den Japanern zusammenzuarbeiten; antijapanische Bewegungen breiteten sich im ganzen Land aus. Schließlich eröffneten Einheiten der chinesischen Armee, die gerade im Manöver waren, 1937 das Feuer auf – in der Nähe von Peking stationierte – Einheiten der Kwantung-Armee, und dieser Zwischenfall führte zu einem richtiggehenden Krieg zwischen den beiden Ländern, der die nächsten acht Jahre über bis zum Ende des Zweiten Weltkriegs im Jahr 1945 dauerte.

Ein Krieg wie dieser war nur mit Hilfe bedeutender wirtschaftlicher Macht zu führen. Zur Zeit des Zwischenfalls in der Mandschurei arbeiteten nur 25 bis 30% aller Industriearbeiter in mittelgroßen (100–499 Beschäftigte) und großen Unternehmen (über 500 Beschäftigte) der Chemie- und der Schwerindustrie und 60 bis 67% in der Textilindustrie. Es liegt auf der Hand, daß eine Wirtschaft dieser Größenordnung (siehe Tabelle 5) nicht kräftig genug für einen solchen Krieg war. Während das Militär und die Regierung versuchten, mit Hilfe der alten *zaibatsu*, wie Mitsui, Mitsubishi und Sumitomo, die chemische und die Schwerindustrie zu fördern, unterstützten sie nun auch andere Konzerne – wie wir sie oben erwähnt haben, beispielsweise Nissan –, damit diese sich zu neuen *zaibatsu* entwickeln konnten.

Die alten *zaibatsu* widersetzten sich zuerst den Änderungen in der Wirtschaftsstruktur, die gleichsam auf eine Kriegswirtschaft abzielten; aber nach der Ermordung des ehemaligen Finanzministers Inoue Junnosuke und des Präsidenten der Mitsui-Gesellschaft, Dan Takuma, im Jahr 1932, durch Angehörige der sogenannten Blutliga, Gefolgsleute des Rechts-Ideologen Inoue Nissho, blieb diesen älteren *zaibatsu* kaum eine andere Wahl, als sich am Aufbau dieser Quasi-Kriegswirtschaft zu beteiligen. Zu diesem Zweck erließ die Regierung eine Reihe von Gesetzen: 1931 das Gesetz bezüglich der Kontrolle kriegswichtiger Industrien, 1934 das Öl-Industriegesetz, 1937 die drei zu Kriegszeiten geltenden Verordnungen (Einberufungsgesetz der Rüstungsindustrie, Notverordnungen betreffend Ein- und Ausfuhren, Gesetz über die Beschaffung von Kapital zu Notzeiten) und die Verwaltungsordnung bezüglich der Arbeitsplätze in Fabriken, 1938 das Nationale Mobilmachungsgesetz sowie das Gesetz zur Elektrizitäts-Verwaltung und 1939 die Verordnungen, mit denen u. a. Preiskontrollen eingeführt wurden. Das Kabinett beschloß 1939 einen *Planentwurf zur Anhebung der Produktionskapazität* und 1940 einen *Planentwurf zur Errichtung der Neuen Wirtschaftsstruktur.* Außerdem wurde 1940 noch die Lohnkontroll-Verfügung getroffen. Auf diese Weise hatten Regierung und Armee im Jahr 1940 die japanische Wirtschaft fest im Griff. Parallel zu dieser „Militarisierung" der Wirtschaft wurden die Chemie und die Schwerindustrie in einem bemerkenswerten Tempo ausgebaut, so daß binnen eines Jahres nach Ausbruch des Zweiten Weltkriegs, also im Jahr 1942, 88% der in Großunternehmen Beschäftigten (und 61% der in mittleren Unternehmen Beschäftigten) in diesen beiden Industriesektoren arbeiteten. Mit dieser Industriemacht hinter sich führten die japanischen Militaristen ihren entscheidenden Angriff auf Pearl Harbor durch.

Man sollte jedoch diesen Industrialisierungsvorgang nicht nur von außen betrachten. Es ist richtig, daß es gelang, die Arbeitskräfte auf die chemische und die Schwerindustrie zu konzentrieren, und 1942

Tabelle 5: *Verteilung der japanischen Arbeitskräfte im produzierenden Gewerbe (in %)*

Jahr	1934				1942			
Industrie / Größe des Unternehmens (Zahl der Beschäftigten)	Chemie- u. Schwerindustrie	Textilindustrie	Andere Industriezweige	Gesamt	Chemie- u. Schwerindustrie	Textilindustrie	Andere Industriezweige	Gesamt
Klein (5–99)	25	40	35	100	44	21	35	100
Mittel (100–499)	25	60	15	100	61	27	13	100
Groß (über 500)	30	67	3	100	88	10	2	100

Quelle: *Kogyo Tokei 50 Nen-shi* (Jubiläumsgeschichte des Census der Fabrikanten), 1962.

waren 91% aller Produkte der großen Industrieunternehmen Güter der chemischen oder der Schwerindustrie. Aber gleichwohl ließen, wie schon erwähnt, im Verlauf der Jahre 1940 bis 1942 – am Ende der Epoche, als Chemie- und Schwerindustrie expandiert hatten – die Produktivitätsunterschiede zwischen den verschiedenen Unternehmensgrößen (siehe oben Tabelle 3) merklich nach. Das macht deutlich, daß in dieser Zeit die Produktivität der großen Unternehmen nicht im gleichen Maß wuchs wie die der kleinen, wenngleich es schwierig ist festzustellen, bis zu welchem Grad dieses langsamere Wachstum – mißt man es an der Wertschöpfung – die Preiskontrollen widerspiegelt und damit die Frage zu beantworten, ob die Produktivitätszunahme der Großunternehmen wirklich so gering war.

Außerdem hatten viele Unternehmen der beiden Hauptindustriezweige ihre Tätigkeit auf Mandschukuo und China ausgeweitet – Nissan machte den Anfang –, daher kann man die japanische Industriemacht wohl für weit bedeutender halten, als die Statistiken ausweisen, die nur die Produktion für Japan selbst zeigen. Vor dem Hintergrund der militärischen Aggression in China erreichten die japanischen Regierungen damals jenes Ziel („Ein reiches Land mit einer starken Armee“), das sich die Meiji-Revolution gesetzt hatte; und als dieser Traum am Ende Wirklichkeit wurde, waren Japans Energien derart gigantisch geworden, daß sie nicht mehr zu bremsen waren. Das Militär war nicht mehr der Beschützer eines reichen Landes, sondern die Wirtschaft mußte ihr Letztes hergeben, um eine starke Armee zu unterhalten. Aber dieser fast gewalttätige Versuch einer völligen Transformation aller wirtschaftlichen Kräfte, um den Erfordernissen dieser aggressiven Außenpolitik zu genügen, war für Japan keineswegs bedeutungslos. Von diesem großen Experiment lernten alle – Regierung, Industrielle und Arbeiterschaft –, wie sich industrieller Wandel vollzieht. Eines der Phänomene der japanischen Wirtschaft der Nachkriegszeit war ihre enorme Flexibilität, mit der sie selbst auf drastische Veränderungen äußerer Bedingungen reagierte, und diese Anpassungsfähigkeit mag sie sich auf dem „Gewaltmarsch“ der dreißiger Jahre erworben haben, der ihr von den Militärs aufgezwungen worden war.

2. Auf dem Weg zur Kriegswirtschaft

Nicht nur die Unternehmer, auch die Militärs begrüßten niedere Löhne. Über Mannschaften zu befehlen, die Entbehrungen ertrugen, loyale Offiziere in ihren Reihen zu haben, war für die Armee das

Allerwichtigste. Hitler, der ziemlich genau nach dem gleichen Konzept verfuhr, glaubte gleichfalls, daß man die Bauernschaft erhalten müsse, um damit die Armee zu stärken. Zwar gab es in der japanischen Armee junge Offiziere, die sich in Anbetracht der immer schlimmer werdenden Verarmung auf dem Lande Sorgen machten; aber im großen und ganzen zeigte die Armee wenig Freude, wenn der Lebensstandard der Bauern und der Arbeiter stieg, weil sie fürchtete, dies könne zur Verweichlichung führen. So rühmten Regierung und Armee die Tugenden der Armut. Um während des Krieges den Preisauftrieb zu zügeln, wurden die Löhne kontrolliert und eine allzu üppige Lebensweise verboten. Nicht nur das: Einen westlichen Lebensstil zu pflegen erregte Anstoß, und einen Lebensstil, der sich auch nach westlichen Mustern richtete, gab es bald kaum noch. Das Leben wurde insgesamt spartanischer. Das Militär ermunterte Unternehmen auch dazu, das Anciennitätsprinzip beizubehalten und die Arbeitnehmer auf Lebenszeit zu beschäftigen. Für das Management der japanischen Volkswirtschaft war es nicht unbedingt notwendig, daß ein Arbeiter einem einzigen Unternehmen ein Leben lang verbunden blieb; aber erwünscht war es trotzdem.[3] Mithin wurde die Beschäftigung auf Lebenszeit auch vom Standpunkt der Produktionsplanung, die auf die Kriegführung abgestimmt war, gutgeheißen. Man kann übrigens den Wunsch, einem Unternehmen ein Leben lang loyal zu dienen, und den Umstand, daß der Betrieb sich dazu bereit erklärte, seine Senioren zu behalten, zugleich als eine Generalprobe und als Experimentierfeld ansehen, das dem Arbeitnehmer zeigte, welches Leben er in der Armee führen würde – ein Leben der Hingabe an sein Vaterland und des Gehorsams gegenüber den Befehlen der Offiziere und der längerdienenden Soldaten.

Folglich wurden vor und während des Krieges das Beschäftigungsethos der japanischen Wirtschaft und seine beiden tragenden Säulen – die Beschäftigung auf Lebenszeit und das Anciennitätsprinzip – jedermann eingeschärft, und diese Prinzipien fanden immer mehr Beachtung. Damals waren Arbeitskräfte überaus knapp, und Arbeitnehmer wußten nie, wann die Armee sie rief. Die Unternehmen, selbst die mittelgroßen und die kleinen, hatten kein Interesse daran, ihre Arbeiter wieder zu verlieren. Da der Arbeitsmarkt damals unter großem Druck stand, war es unmöglich, sich bloß als „Söldner“ zu verdingen. Viele mittlere und kleine Unternehmen führten gleichfalls das Prinzip der Beschäftigung auf Lebenszeit ein, stellten ihre Arbeitnehmer für die Zeit des Militärdienstes frei und erwarteten, daß sie danach zurückkamen.

Ich habe oben darauf hingewiesen, daß der Verhaltenskodex in den großen Unternehmen beträchtlich von dem in den mittleren und kleinen Unternehmen abwich, aber dieser betriebsspezifische Unterschied verschwand schon unmittelbar vor und auch während des Krieges. Da das ganze Land diesen Prozeß der Militarisierung durchgemacht hatte, war zu erwarten, daß nicht nur in den großen Unternehmen ein militaristischer Geist wehte, sondern auch in den mittleren und kleinen. Außerdem war es wahrscheinlich, daß der Lohnunterschied, der zwischen Unternehmen verschiedener Größenordnung bestand, im Prinzip geringer würde, da die Löhne in Übereinstimmung mit den Lohnkontroll-Bestimmungen festgelegt wurden.[4] Da jedoch viele der Großunternehmen ein unverzichtbarer Bestandteil der Rüstungsindustrie waren, erhielten sie ihre Rohstoffe und ihre Nahrungsmittel zugewiesen. Mithin entwickelte sich eine Kluft zwischen den Rüstungsbetrieben und den anderen Unternehmen, die Güter für den Zivilverbrauch herstellten. Dank der staatlich verordneten Lohnkontrollen klafften die Löhne nicht sehr weit auseinander; aber die Arbeiter in Rüstungsbetrieben erhielten ansehnliche Extra-Gratifikationen in Form von zusätzlichen Lebensmittelzuteilungen und ähnlichen Vergünstigungen. Die dadurch zustande gekommene Kluft verlief im wesentlichen zwischen Militär und Zivil; es war kein Unterschied, der auf der Größe der Unternehmen beruhte.

Da Japan seinerzeit mit fast allen Ländern der Erde auf dem Kriegsfuß stand, Deutschland und Italien ausgenommen, war es dem Land nicht möglich, seine militärische Schlagkraft zu verbessern, indem es auf ausländische Technologie zurückgriff. Die Japaner mußten also selber den wissenschaftlichen Fortschritt pflegen und neue Techniken im eigenen Land entwickeln. Die Revolution der Meiji war, wie wir oben gesehen haben, von Anfang an eine Revolution unter Führung der Intelligenz, und die Meiji-Regierung verfolgte eine Politik, die sich mit den Worten „Ein reiches Land mit einer starken Armee“ charakterisieren läßt. Bildung und wissenschaftliche Spezialisierung wurden von Anbeginn als überaus wichtig angesehen. Die obersten kulturpolitischen Ziele der Meiji-Regierung waren: die allgemeine Schulpflicht im ganzen Land einzuführen; mehrere Reichsuniversitäten zu errichten und damit der Nation ein höheres Bildungswesen zur Verfügung zu stellen; und Wissenschaften und Technologien aus dem Westen ins Land zu holen.

Die Regierung prüfte, wie schon gesagt, ehe sie diese Entscheidungen traf, sorgfältig die fremden Länder und versuchte herauszufinden, welches Land in welchem Bereich führend war. Dann schöpfte sie, für jeden Bereich, die Kenntnisse eben aus dem Land – und zwar nur aus diesem –, das sie für führend auf diesem Forschungsfeld hielt. Wenn wir uns beispielsweise ansehen, welche Stellen in ihren Ministerien in Tokyo die Regierung mit Ausländern besetzte, dann finden wir für die Jahre 1871 bis 1876 folgende Verteilung: Im Marineministerium (einschließlich der Abteilung Wasserwege und der Marineakademie) waren 87 Briten, 1 Amerikaner, 2 Niederländer und 1 Portugiese; im Heeresministerium (einschließlich der Militärakademie und der Kadettenanstalt) saßen 46 Franzosen; im Bereich Pionierwesen (einschließlich der Technischen Hochschule) 16 Briten und 3 Italiener; im Bereich Eisenbahn und Telegraphie 59 Briten; im Bereich Bauarbeiten 6 Niederländer; in der Medizinischen Fakultät 11 Deutsche; in der Kaisei Gakko (nachmals die Universität von Tokyo, die sodann zur Kaiserlichen Universität Tokyo wurde; sie ist die Vorläuferin der heutigen Universität Tokyo) 5 Briten, 6 Amerikaner, 4 Deutsche, 5 Franzosen und 1 Chinese.[5]

Dies bedeutete, daß die Meiji-Regierung westliche Kultur nicht aus allen Ländern zu gleichen Teilen und planlos bei sich einführte. Die einzelnen Bestandteile waren sorgfältig ausgesucht, und zwar in bezug auf den Beitrag, den jede Nation zur Wirtschaft und zur Verteidigung Japans leisten könne. Diese Elemente wurden sodann miteinander verschmolzen; das Ergebnis war die japanische Spielart westlicher Zivilisation. Auch entsandte die Regierung jedes Jahr viele Studenten nach Europa und Amerika, die dort studieren und Informationen über die westliche Zivilisation zusammentragen sollten, um Japan für die Zukunft zu wappnen. Anders als in China, wo die Regierung fest in den Händen einer Beamtenschaft ruhte, die sich auf ihren Apparat und die Bauernschaft stützte, bestand der Kern der Meiji-Regierung aus Angehörigen des Samurai-Standes, die sich der militärischen Bedrohung, die von den westlichen Ländern ausging, sehr bewußt war. Mithin hegte Japan keinen sehnlicheren Wunsch, als die Naturwissenschaften und die Technologie des Westens zu erlernen und zu beherrschen, da sie die Grundlage militärischer Stärke waren. 1880 beendeten die ersten Studenten an der Universität Tokyo ihre Ausbildung; 90% von ihnen erwarben ihren Studienabschluß in Physik oder Chemie. Erst seit der Mitte der Meiji-Zeit (1895) machten Geisteswissenschaftler 50% aller Studierenden aus.

Da Japan während des Ersten Weltkriegs aus der Kriegführung anderer Mächte Nutzen gezogen hatte, wurde es in der Zwischenkriegszeit eine der fünf Großmächte. Die Regierung neigte zuerst dazu, dem Land militärische Stärke und ein Bildungsniveau zu geben, die seinem neuen Status zukamen; aber nach den Abrüstungsverhandlungen, die im Vertrag von Washington (1922) ihren

Abschluß fanden, konzentrierte die Regierung ihre Bemühungen darauf, das Bildungswesen weiter zu entwickeln. 1918 gab es in Japan nur 5 Universitäten und 104 Fachhochschulen und Oberschulen, aber ein Jahrzehnt später waren es 40 Universitäten und 184 weiterführende Schulen und 1945 waren es 48 beziehungsweise 342. 1942 wurde an der Kaiserlichen Universität Tokyo eine zweite technische Fakultät eingerichtet, die sich darauf spezialisierte, wissenschaftliche Erkenntnisse zu Kriegszwecken einzusetzen. Militär und Regierung waren sich bewußt, daß sie einen totalen Krieg führten, und in einem totalen Krieg spielten wissenschaftliche und technische Fähigkeiten eine entscheidende Rolle. Unmittelbar vor wie auch während des Krieges wurden verzweifelte Anstrengungen unternommen, Japans Hochschulwesen zu verbessern, insbesondere was Naturwissenschaften und Technik anlangt. Im weiteren Verlauf des Krieges wurden Studenten der geistes- und der gesellschaftswissenschaftlichen Fachrichtungen in die Armee einberufen, während die Studenten der Naturwissenschaften und der Technik bis zuletzt studieren durften. Japans Technologie hatte einen hohen Stand erreicht: Sie konnte das Kampfflugzeug „Zero" und die „Yamato", das größte Kriegsschiff der Welt, herstellen; sie baute einen Zug, die „Asien", der mit Spitzengeschwindigkeit durch die Mandschurei raste. Aber in qualitativer Hinsicht stand diese Technologie immer noch auf tönernen Füßen. Die Absolventen der Naturwissenschaften und der TH-Fakultäten, deren Kapazitäten erweitert worden waren, um die Bedürfnisse der Kriegführung zu befriedigen, kamen für den Kriegseinsatz zu spät; aber nach dem Krieg leisteten diese Absolventen einen erheblichen Beitrag zum Wachstum der japanischen Wirtschaft.

Fast dreißig Jahre lang, die Hälfte jener sechzig Jahre zwischen 1886 und 1945, war Japan in Kriege verstrickt – in erklärte wie unerklärte. Es kann nicht überraschen, daß seine Militärausgaben ins Gigantische wuchsen. Während dieser sechzig Jahre beliefen sie sich im Durchschnitt auf mehr als 10% des Bruttosozialprodukts, in den letzten dreißig dieser sechzig Jahre waren es sogar mehr als 12%. Angesichts dieser Lage hatte es etwas Irrwitziges, mit einer Industrie, die ihren Aufbau in zwei bedeutenden Bereichen eben erst vollzogen hatte (selbst wenn man davon ausgeht, daß dies für einen Spätentwickler wie Japan eine großartige und rühmenswerte Leistung war), sich auf einen Krieg mit Amerika, Großbritannien, Holland und China einzulassen. Dennoch muß man sagen, daß Japans politisches Konzept vom „Reichen Land mit einer starken Armee" in den fünfzig Jahren, die auf die Meiji-Revolution folgten – das letzte, bittere Jahrzehnt ausgenommen –, von Erfolg gekrönt war.

Es ist richtig, daß siegreiche Kriege riesige Kriegsentschädigungen mit sich brachten, ferner neue Territorien, enorme wirtschaftliche Gewinne und riesige neue Märkte. Dies verführte das japanische Volk dazu, den Krieg als ein einträgliches Abenteuer anzusehen. Dennoch ist es ungewöhnlich und kaum zu glauben, daß dieses kriegstreiberische japanische Regime sich angesichts der unzähligen Menschenopfer und Unsummen von verschwendetem Geld so lange zu halten vermocht hat. Aber das Volk – die besitzende Klasse, die Manager und die Arbeiterschaft – waren sich stets im klaren über die Pläne der Regierung, und sie machten alles mit. Aber es stimmt auch, daß es zwischen den alten *zaibatsu* und dem Militär zeitweise Reibereien gab, und es gab auch Arbeiter, die mit der Kommunistischen Partei in Verbindung standen und Widerstand leisteten. Später gab es auch einen Schwarzmarkt, der die oppositionellen Regungen des japanischen Volkes unterschwellig zum Ausdruck brachte. Trotz alledem aber florierten die Betriebe; die japanische Wirtschaft wurde zu einer Kommandowirtschaft; das Kapital drang in die Mandschurei vor, wie es Militär und Regierung für erforderlich hielten; und das Volk unterwarf sich der geistigen Bevormundung. 1938 verabschiedete das Parlament ein Nationales Generalmobilmachungsgesetz, und das Volk erklärte sich mit der Errichtung eines „faschistischen" Staates einverstanden. Nishio Suehiro von der Shakai Taishuto (Partei der Volksmassen), der nach dem Krieg die Demokratisch-Sozialistische Partei gründete, sagte in einer Rede vor dem Abgeordnetenhaus, dem Unterhaus, in der er sich für das Nationale Generalmobilmachungsgesetz stark machte, Premierminister Konoe „sollte ein ebenso überzeugungsstarker Führer sein wie Hitler, Mussolini und Stalin". Nishio wurde mit der Begründung aus dem Parlament ausgeschlossen, daß „Stalin keiner unserer Heroen sein sollte", aber ganz offensichtlich war Japan bereits ein totalitärer Staat.

Die Japaner waren gern bereit, den totalitären Staat hinzunehmen. Schon der Kodex des Shotoku Taishi hatte sich dafür ausgesprochen, daß zwischen dem Individuum und dem Volk als Ganzem Harmonie *(wa)* bestehen solle. Zu Beginn der Showa-Zeit hatte sich in der japanischen Bevölkerung eine „Mehrheit" gebildet, in deren Mittelpunkt das Militär stand, aber auch die neue Verwaltungselite gehörte dazu, ferner die neuen *zaibatsu* und die Intellektuellen der Rechten – für sie alle war der Kaiser die große symbolische Figur. Das japanische Volk besaß ein Gespür dafür, wo der „Wille der Mehrheit" lag und woher der Wind wehte; es entsprach den Wünschen der „Faschisten" insofern, als es dem Prinzip folgte, die Harmonie zu bewahren. Überdies bedurfte es – da die „Faschisten" den Kaiser zu ihrem Symbol gemacht hatten – einer gehörigen Portion Mut von seiten eines jeden einzelnen aus der Mitte des Volkes, eine abweichende Meinung zum Ausdruck zu bringen. Das japanische Volk hatte seit der Meiji-Zeit vermittels der allgemeinen Schulpflicht gelernt, daß Treue gegenüber dem Kaiser und Kindesliebe gegenüber den Eltern die allerhöchsten Tugenden seien. Wenn ein Mensch nicht die gebührende Treue zeigte, bereitete er seinen Eltern Verdruß, und damit bewies er zugleich, daß es ihm an Kindesliebe mangelte.

Bis in die letzten Kriegstage, als der Totalitarismus am Ende zur Selbstvernichtung führte, zeigte das japanische Volk eine bemerkenswerte Bereitschaft, die Produktion weiterzuführen. Nach dem Angriff auf Pearl Harbor, im Laufe des drei Jahre und neun Monate dauernden Krieges, bis zur Kapitulation im August 1945, bauten die japanischen Werften 15 Flugzeugträger, 6 Kreuzer, 126 Unterseeboote, 63 Zerstörer, 70 Transportschiffe, 168 Küstenverteidigungsschiffe und viele weitere Schiffe, insgesamt 682. Darüber hinaus wurden noch 720 Frachtschiffe und 271 Öltanker gebaut. Im gleichen Zeitraum belief sich die Produktion von Militärflugzeugen auf annähernd 60000 Einheiten. Eine derartige Produktionsleistung hält einen Vergleich mit der amerikanischen im gleichen Zeitraum nicht stand, aber seinerzeit war das ein Weltrekord, den nur Amerika übertraf. Es war nicht erstaunlich, daß ein Land wie die USA, deren Fabriken keinerlei Schäden durch Bombardierungen erlitten und das sich ohne große Mühen Rohstoffe beschaffen konnte, riesige Mengen von Flugzeugen produzierte.

Wenn wir uns dieser Leistungen während der Kriegszeit erinnern, dann mag der Erfolg der japanischen Schiffbau- und Automobilindustrie in der Nachkriegszeit weniger erstaunlich sein. Anders als die Textilindustrie können diese Industriebereiche nicht gänzlich auf weibliche Arbeitskraft bauen, und ohne zusätzliche Neueinstellungen männlicher Arbeitskräfte wäre die Entwicklung der chemischen und der Schwerindustrie nicht möglich gewesen. In den Jahren des Ersten Weltkriegs zog das produzierende Gewerbe in Japan immer mehr Arbeiter an: 1914 machten Männer nur 40% aller Fabrikarbeiter aus, 1922 waren es 49%. Danach stieg dieser Anteil jedoch nicht weiter an, lag aber 1932 noch immer bei 49%. Aber nicht nur der Anteil männlicher Fabrikarbeiter war gestiegen, auch die Gesamtzahl männlicher Arbeiter war hochgeschnellt: Sie hatte sich zwischen 1937 und 1942 um das 3,2fache erhöht.

Um diese Riesenmenge männlicher Arbeitskräfte zu bekommen, mußte ein beträchtlicher gesellschaftlicher Wandel stattfinden. Da die Armee seinerzeit unzählige junge Männer einberief, war es schwierig genug, allein für diese Männer in der Landwirtschaft oder in anderen Industriezweigen Ersatz zu finden. Die riesige Umwälzung, die nötig war, wurde binnen allerkürzester Zeit vollzogen, und zwar allein dadurch, daß man angesichts der Krise an das Verantwortungsbewußtsein des Volkes appellierte, die Organisation der Unternehmen stärkte und das Nationale Generalmobilmachungsgesetz anwendete. In Friedenszeiten hätte man männliche Arbeitskräfte nur anlocken können, wenn man sie mit sehr hohen Löhnen reizte, aber die Zahlung solcher Löhne wäre der Ruin der Wirtschaft gewesen. In Friedenszeiten wäre daher die Entwicklung der chemischen und der Schwerindustrie in Japan weitaus langsamer vor sich gegangen. Im Angesicht des Krieges wurden männliche Arbeitskräfte zwangsverpflichtet, und sie wurden am Arbeitsplatz angelernt, ob sie wollten oder nicht. Dies war das Instrument, das diese riesige Umwälzung möglich machte. Die Ansprüche des Militärs und der Regierung an das Volk waren hoch, und das Opfer – und der Schaden – waren ungeheuer; aber trotz alledem war es in Japan bedeutend leichter, sich der Mithilfe des Volkes zu versichern, als dies in den westlichen Ländern der Fall gewesen wäre.

So kam es während des Krieges zu einem enormen gesellschaftlichen Wandel, und da viele Arbeiter nach dem Krieg wieder in die Landwirtschaft zurückgingen, betrug 1947 der Anteil männlicher Arbeitskräfte im produzierenden Sektor 67%. Japan konnte unmöglich zurückverwandelt werden zu einem Land, dessen Wirtschaft auf dem Feldbau und der Spinnerei beruhte – es sei denn, es machte eine Kehrtwendung um 180 Grad. Die Grundlagen für Japans Erfolg in der Nachkriegszeit wurden während des Krieges gelegt.

3. Die politische Rechte in der Zwischenkriegszeit

Obgleich die radikale Umwandlung in der Organisation der Wirtschaft unmittelbar vor oder während des Krieges stattfand, wäre sie doch ohne den ideologischen Rückhalt beim Volk nicht möglich gewesen. Die japanische Wirtschaft verlor den letzten Rest ihres liberalen Charakters und wurde, nach 1937, bestenfalls zu einer Plan- oder einer Kommandowirtschaft, schlimmstenfalls zu einer „faschistischen" Wirtschaft. Eine solche Wirtschaftsform stand gänzlich in Einklang mit der extrem rechtsgerichteten Ideologie des Volkes zu dieser Zeit.

Im Anschluß an die Meiji-Revolution war die japanische Rechte eine Zeitlang ganz gut in Zaum gehalten worden, aber in der zweiten

Hälfte der 1920er Jahre lebten ihre Aktivitäten wieder auf. Natürlich war auch zuvor schon die Rechte keineswegs in einen Dornröschenschlaf verfallen. Am Ende der Tokugawa-Zeit, als kaiserfreundliche und fremdenfeindliche Stimmungen allerorten in der Luft lagen, pflegten viele Angehörige der Intelligenz rechtes Ideengut, und man darf nicht übersehen, wieviel rechtsorientierte Ideologien zur Meiji-Revolution beigetragen haben. Um so mißmutiger reagierten sie auf die ungnädige Behandlung durch die Meiji-Regierung, und diese Unzufriedenheit trat von Zeit zu Zeit hervor. Der schlimmste Zwischenfall dieser Art war wahrscheinlich der Satsuma-Aufstand von 1877. Als nach dem Chinesisch-Japanischen Krieg (1894/95) Rußland, Deutschland und Frankreich intervenierten und auf Japan Druck ausübten, um die Bedingungen des Friedensvertrages zugunsten Chinas zu erleichtern, und auch im Jahr 1905, als die Bedingungen des Friedensvertrages am Ende des Russisch-Japanischen Krieges diesen Erwartungen nicht entsprachen, gärte im Volk natürlicherweise eine Mischung aus rechten Ideologien. Außerdem trugen auch die allgemeine Schul- und die allgemeine Wehrpflicht dazu bei, die Vorstellungen von Treue und Kindesliebe im ganzen Volk zu verbreiten, und am Ende der Meiji-Zeit war das Nationalbewußtsein unvergleichlich höher als zu Beginn dieser Epoche. Überdies nahmen viele Japaner die jähe Verwestlichung ihres Lebensstils, die während der Meiji-Zeit stattgefunden hatte, nur widerwillig hin. Hingen Menschen dem traditionellen Lebensstil ihrer Ahnen nach, dann pflegten sie natürlich gleichzeitig ein besonderes Interesse an ultrapatriotischem Gedankengut und östlicher Kultur. Trotz der Aktivitäten der Rechten und den entsprechenden Neigungen des Volkes hielt die Regierung bis ungefähr 1910 diese Kräfte, die nicht selten sogar wie ein besonderer Anreiz auf sie wirkten, gut unter Kontrolle.

Aber seit der zweiten Hälfte der zwanziger Jahre trat der Widerspruch, der in Japans Gesellschaft und Wirtschaft bestand, deutlich hervor. Die Lohnunterschiede zwischen großen und mittleren bis kleineren Unternehmen wurden offenkundig, die Kluft zwischen Arm und Reich wurde größer. Angesichts dieser Lage wurde die Linke in Japan schriller, aber auch die Rechte blieb nicht tatenlos. „Ein Herr und ein Volk", sagte man in Japan, und seit der Zeit des Shotoku Taishi galt die Auffasung von der Gleichheit aller, der Kaiser ausgenommen. Die Spaltung des japanischen Volkes in Reiche und Arme war für die Linke die Folge des Kapitalismus; die Rechte schrieb sie dem Umstand zu, daß der Kaiser von bösen Elementen umgeben war – alterprobten Staatsdienern und Elder statesmen (*genro* und *jushin*), führenden Regierungsmitgliedern und Parteifunktionären und von den *zaibatsu*. Die Rechte betrachtete diese Leute als die korrupten Elemente bei Hofe, hatte aber andererseits keine klare Vorstellung davon, welches System wohl einzurichten sei, wenn der Hof von derlei unerwünschten Einflüssen befreit wäre.

Eine Ausnahme bildete Kita Ikki. Er meinte, das beste staatliche Organisationssystem für Japan sei ein nationaler Sozialismus mit dem Kaiser an der Spitze. Viele Ideologen der Rechten hatten an den Vorstellungen Kitas kaum etwas auszusetzen. (Als es in den 1960er Jahren einmal zu einem Zusammenstoß zwischen einer Gruppe linksradikaler Studenten und dem rechten Schriftsteller Mishima Yukio kam, sollen sie, so erzählt man, in ihren Ansichten völlig übereingestimmt haben, einen einzigen Punkt ausgenommen: was mit dem Kaiser geschehen solle. In der späten Taisho- (1912–1926) und der frühen Showa-Zeit waren die Beziehungen zwischen der Linken und der Rechten in Japan sehr ähnlich; beide Gruppierungen neigten einer Art Sozialismus zu.)

Kita Ikki war bei weitem der hervorragendste Ideologe des rechten Flügels in Japan. Er war in China gewesen, hatte mit Sun Yat-sen zu tun gehabt und die Chinesische Revolution von 1911 miterlebt. Diese Erfahrung hatte ihn gelehrt, wie wichtig das Militär bei jeder Revolution ist, namentlich die jüngeren Offiziere und die Mannschaften. In Japan gewann das politische Bewußtsein gerade dieser Männer immer mehr an Bedeutung. Zur gleichen Zeit, als Kita schrieb, machten sich junge Offiziere Sorgen über die Verarmung der Bauern- und Fischerdörfer, aus denen ihre Soldaten kamen. Die jungen Marineoffiziere glaubten, die Verträge von Washington (1922) und London (1930) seien für die japanische Marine überaus nachteilig, und sie empfanden viel Bitterkeit gegenüber den *genro* und den führenden Regierungsmitgliedern – den „korrupten Elementen" am Hofe –, die sich diesen Verträgen gebeugt hatten. So fiel es den Ideologen der Rechten und den jungen Offizieren nicht schwer, sich zusammenzuschließen; aber selbst in dieser Epoche, die mit dem Jahr 1937 zu Ende ging – als Konoe Fumimaro Premierminister wurde –, war die japanische Rechte nicht stark genug, die japanische Außenpolitik zu beeinflussen. In dieser Epoche dachte die Rechte noch immer ausschließlich daran, den japanischen Staat zu verändern, und daher war das Problem mit der Rechten weiter nichts als eine rein innenpolitische Angelegenheit.

Auf der dritten Stufe dieser Verschiebung nach rechts trat eine weitere Abart rechten Gedankenguts ans Licht. Bei der Darstellung der Meiji-Revolution war bereits davon die Rede, daß die fremdenfeindlichen Parteiungen und die Gruppen, die Japan dem Westen öffnen wollten, ein ganzes Spektrum von Auffassungen darboten. Dazu zählte auch eine Gruppe, die Japan zwar vorläufig nach außen öffnen, auf lange Sicht aber die Fremden vertreiben wollte: „Solange das Land schwach ist, sollte man es den Fremden öffnen, sobald es aber gelungen ist, das Land zu stärken, muß entschlossen eine fremdenfeindliche Politik verfolgt werden." Japan wurde während des Ersten Weltkriegs nicht nur politisch zur Großmacht, es erweiterte auch seine Absatzmärkte in China und in den anderen Ländern Asiens; dieser Erfolg belebte das Vertrauen der japanischen Oberschicht – des Adels, der mittleren und oberen Ränge der Regierung und des Militärs, der Professoren und Studenten an den Kaiserlichen Universitäten. Sie empfanden allmählich so etwas wie Mitgefühl für die Völker Asiens – während sie sie zugleich verachteten. Sie hegten zunehmend das Gefühl, Japan habe die Pflicht, die Waffen gegen Britannien, Amerika und die anderen Weltmächte zu ergreifen und als Beschützer der asiatischen Nationen aufzutreten. Diese Männer unterteilten die Länder der Erde in drei Gruppen: die Vorhut entwickelter Länder, die nachhinkenden entwickelten Länder und die Entwicklungsländer. Japan wurde – zusammen mit Deutschland, Italien und Rußland – als ein nachhinkendes entwickeltes Land angesehen. Als dieser rechte Flügel endlich ins Rampenlicht trat, wandte er sich nicht mehr den inneren Problemen zu; „die Befreiung der Welt" hieß nun das weitgesteckte Ziel der Rechten. Sie wollten zuvörderst eine Reihe von Kriegen beginnen und sie gewinnen; daher mußte die innere Ordnung diesen Plänen angepaßt werden. Die Rechte maß den inneren Reformen keine grundsätzliche Bedeutung mehr bei.

Ein Vertreter dieser Rechten des „dritten Stadiums" war der Fürst Konoe Fumimaro. Er war ein Abkömmling des Nakatome (nachmals Fujiwara) no Kamatari, der in den Taika-Reformen eine wichtige Rolle gespielt hatte, und es ist gewiß nicht übertrieben zu sagen, daß er aus einer erlauchten Familie stammte, der einzig und allein die kaiserliche Familie überlegen war. 1917 beendete Konoe seine Studien an der Kaiserlichen Universität von Kyoto; anschließend war er im Innenministerium beschäftigt. 1919 nahm er als Mitglied der japanischen Delegation an der Pariser Friedenskonferenz teil. Zuvor schon, 1917, hatte er in der Zeitschrift „Japan und die Japaner" *(Nihon oyobi Nihonjin)* einen Aufsatz mit dem Titel „Ablehnung des Pazifismus, wie er von Großbritannien und Amerika vertreten wird" veröffentlicht. In diesem Aufsatz behauptete er, England und Amerika setzten sich für demokratische und humanitäre Ziele ein, weil dies der beste Weg für sie sei, ihre eigenen Interessen wahrzunehmen;

was diese Länder für Frieden ausgäben, sei kein wahrer Friede, der die Zustimmung aller anderen Länder finde. Es sei nichts weiter als ein Versuch, andere Länder dazu zu bewegen, die gegenwärtige Überlegenheit Britanniens und Amerikas anzuerkennen und sich an der Aufrechterhaltung des Status quo zu beteiligen. Die Vorhut entwickelter Nationen wünsche die gegenwärtige Aufteilung der Welt beizubehalten, aber die nachhinkenden entwickelten Länder könnten die Vorhut niemals einholen, es sei denn, sie veränderten den Status quo. Bloß für den Frieden zu sein und dem Militarismus abzuschwören, liefe also darauf hinaus, die ungleiche Verteilung der Rohstoffe, die aus dem Wirtschaftsimperialismus der Vergangenheit herrühre, anzuerkennen; dies stehe nicht unbedingt in Übereinstimmung mit den Geboten der Gerechtigkeit und der Humanität. Wolle man dem Militarismus ein Ende machen, so müßten erst einmal der Wirtschaftsimperialismus und die Benachteiligung der gelben Rasse von seiten der Weißen aufhören.

Einige dieser Ideen zeigen beträchtliche Ähnlichkeiten mit Adolf Hitlers *Mein Kampf*, und Konoe hing beinahe bis zum Ende seines Lebens dieser Denkweise an. Als er später Premierminister wurde und die Verantwortung für den Krieg zwischen China und Japan übernahm, betrachtete er den sogenannten China-Zwischenfall (1937) genau von dieser Warte aus. Er glaubte, dies sei nicht ein Krieg Japans gegen China, sondern ein Befreiungskampf mit dem Ziel, China dem britischen und amerikanischen Einfluß zu entziehen. Es sei also ein Krieg, dessen Endzweck Gerechtigkeit hieße, ein heiliger Krieg. Ebenso sei auch der Krieg gegen Amerika ein heiliger Krieg, der geführt werden müsse, um Asien aus den Klauen britischer und amerikanischer Imperialisten zu befreien. Mit dieser Ansicht über England und Amerika stand Konoe keineswegs allein; viele Ideologen der Rechten, der Sozialisten und Kommunisten vertraten sie ebenfalls. Daher gelang es Konoe auch, nicht nur mit Angehörigen der Rechten, sondern auch mit Linksintellektuellen auf freundschaftlichem Fuß zu verkehren; dank seiner Herkunft stand es ihm auch frei, mit Angehörigen des Adels oder mit dem Kaiser ebenso freimütig zu sprechen wie mit Großunternehmen und hohen Regierungsbeamten.[6]

In den Jahren zwischen 1933 und der Gründung der Vereinigung zur Förderung der Kaiserlichen Herrschaft (1940) berief Konoe regelmäßig eine Gruppe ein, um mit ihr aktuelle Fragen zu erörtern. Dies war der Showa-Studienkreis *(Showa Kenkyukai)*. Viele führende Mitglieder der Politik und der Finanz, der Verwaltung, der Wissenschaft und der Publizistik gehörten dieser Vereinigung an, sie stellte so etwas wie Konoes Braintrust dar. Emporgekommene Nationalökonomen dieser Zeit, wie Nakayama Ichiro und Tobata Seiichi, gehörten ihr an, ferner zählte Miki Kiyoshi dazu (ein Philosoph der Linken, er starb im Gefängnis), Ozaki Hotsumi (ein Journalist des *Asahi Shinbun*, er wurde nach dem Sorge-Ozaki-Spionagefall hingerichtet), Shimizu Ikutaro (ein Soziologe, gleich nach dem Krieg galt er als ein „linker, progressiver Intellektueller"; in den letzten Jahren als einer der Anführer der „Neuen Rechten"). Der folgende Auszug ist eine Zusammenfassung der – wie Konoe selber sagte – „Schlußfolgerungen", zu denen er „unlängst nach gründlicher Überlegung und aufgrund einer zehnjährigen Freundschaft mit Leuten aus allen Kreisen, der Linken wie der Rechten, aus dem Militär wie auch aus der Verwaltung, gekommen" sei:

„Obgleich man vielleicht davon ausgehen darf, daß jene Militärs, die nach Reform rufen, nicht unbedingt eine kommunistische Revolution herbeiführen wollen, kann man die Gruppe von Beamten und bürgerlichen Sympathisanten, die sie umgibt, gleichermaßen zutreffend als Rechte oder als Linke bezeichnen – die sogenannten Rechten sind nichts weiter als Kommunisten, die sich das Gewand der *kokutai* (nationales Gemeinwesen) angelegt haben –, und sie planen bewußt eine kommunistische Revolution. Man darf gewiß annehmen, daß sich törichte, einfache Soldaten von solchen Beamten und Zivilisten an der Nase herumführen lassen." (Auszug aus einer Denkschrift Konoes an den Kaiser.)

Es war derselbe Konoe, der in den vier Jahren unmittelbar vor dem Krieg im Pazifik gleich dreimal Premierminister war und demnach die politische Situation in der Hand hatte. Nach der Bildung seines ersten Kabinetts verkündete Konoe auf einer Pressekonferenz die Errichtung einer Organisation der „nationalen Einheit", um den „wahren Frieden auf der Grundlage internationaler Gerechtigkeit herbeizuführen". Nur einen Monat nach der Bildung des Kabinetts Konoe stand Japan mit China im Krieg. Einige Japaner erwarteten von Konoe, daß er die Eigenmächtigkeit der Armee zügeln werde, aber Konoe, der „viele gute Verbindungen hatte zu allen Bereichen des Militärs und der Verwaltung, zur Rechten wie zur Linken", konnte diese Verbindungen nicht abbrechen. Konoe hatte nicht die Kraft, die Armee zurückzuhalten. Er besaß weder den Mut noch die Intelligenz, den Kampf mit China zu beenden. Andererseits strebte er in seiner zweiten Amtszeit „die Verwirklichung des wahren Friedens auf der Grundlage internationaler Gerechtigkeit" an – dazu schloß er 1940 mit Italien und Deutschland den Dreimächtepakt ab. Wenig später entstand in Japan die Vereinigung zur Förderung der

Kaiserlichen Herrschaft. Die politischen Parteien mußten ihre Aktivitäten einstellen, und Japan wurde zu einem Staat, der sich Hitlers Deutschland zum Vorbild nahm; Konoes Organisation der „nationalen Einheit" war somit vollkommen. Bald darauf glitten die Zügel der politischen Macht in die Hände von Tojo Hideki, und zwei Monate später brach im Pazifik der Krieg aus.[7]

Der einzige Angehörige der Rechten, der sich gründlich überlegt hatte, welche Art Gesellschaft nach einer Revolution angestrebt werden sollte, war Kita Ikki. Kitas wichtigste Werke sind *Die Theorie des Nationalen Gemeinwesens und des Wahren Sozialismus* (1906), *Ein Entwurf für den Neuaufbau Japans* (1919) und seine *Nichtamtliche Geschichte der Chinesischen Revolution* (1921). Kitas Ansicht bezüglich der Stellung des Kaisers war ausgesprochen fortschrittlich. Er hielt es für abwegig, so zu tun, als sei das japanische Gemeinwesen für alle Zeiten unveränderlich, wie es die meisten auf dem rechten Flügel taten, und alle Vorstellungen zu verdammen, die dieser Auffassung widersprachen. Daß man den Sozialisten und den Wissenschaftlern nicht gestattete, ihre gegenteiligen Meinungen zu bekunden, hielt er einer zivilisierten Nation für unwürdig; für die Wissenschaft sei dies ein Schlag ins Gesicht. Der Kaiser sei nur *ein* Organ des japanischen Staates, sagte er, das japanische Volk sei ein weiteres, aber aufgrund seiner Stellung als Staatsorgan mit ganz bestimmten Funktionen sei der Kaiser mit besonderen Vorrechten ausgestattet. Als Nation bestehe Japan zum einen aus diesem Organ, dem Kaiser – der als Staatsoberhaupt beträchtliche Sondervollmachten genieße –, und zum andern aus den Mitgliedern, die einander allesamt gleich seien (dem Volk). Kita hielt es für einen Fehler, die Beziehung zwischen Kaiser und Volk, wie sie in alten Zeiten bestanden hatte – als der Kaiser und das Volk eine Familie waren, mit dem Kaiser als seinem Oberhaupt – wieder beleben zu wollen. Nur ahnungslose Barbaren, meinte er, würden die Meiji-Revolution für eine Neuauflage der kaiserlichen Herrschaft halten und daher von der „Meiji-Restauration" sprechen. Die Meiji-Revolution sei keine Rückkehr zur kaiserlichen Herrschaft gewesen; sie habe, im Gegenteil, den konfuzianisch-bürgerlichen Staat gebracht, der schon das Ideal der Taika-Reformen gewesen sei. Da es dem Kaiser nicht gestattet werden sollte, eine Art japanischer Papst zu werden, dürfe er sich auch nicht in die Wissenschaften oder in die Formulierung ethischer Doktrinen und politischer, historischer oder philosophischer Theorien einmischen. Die Rechte, die das Volk gegenüber dem Staat besaß, bedeuteten, daß es keineswegs verpflichtet war, dem „Kaiserlichen Reskript über Erziehung" zu folgen. Dies war Kitas Ansicht über den Kaiser; er glaubte, die Beziehung zwischen dem Kaiser und seinem Volk sei durchaus wandlungsfähig und entwickle sich im Laufe der Zeit fort.

Die wichtigsten Punkte von Kitas Plan zum Neuaufbau Japans lauteten wie folgt: Zuvörderst sollte der Kaiser in der neuen Zeit nicht mehr als Familienoberhaupt betrachtet werden und seine Familie schon gar nicht als die führende Familie der Nation, wie in alten Zeiten, sondern er solle der Repräsentant des ganzen Volkes sein. Er solle daher ein Beispiel geben und der Nation das gesamte landwirtschaftliche Nutzland, die Berge, die Wälder, Aktien, Wertpapiere aus dem Besitz der kaiserlichen Familie vermachen. Der Adelsstand solle abgeschafft und alle Hindernisse zwischen dem Kaiser und dem Volk beseitigt werden. An die Stelle des Herrenhauses solle eine Konsultativversammlung treten, die über die Entscheidungen des Abgeordnetenhauses beraten solle. Alle Männer über 25 Jahre sollten das aktive und das passive Wahlrecht zu diesem Gremium besitzen. Jede japanische Familie solle das Recht haben, Eigentum in barem Wert bis zu einer Million Yen und Land im Wert von bis zu einhunderttausend Yen zu besitzen. Privatunternehmen sollten bis zu zehn Millionen Yen als Eigenkapital besitzen dürfen, alle größeren Unternehmen aber müßten Eigentum des Staates sein.

Betrachtet man heute Kitas Ideen, so scheint ihnen wenig anzuhaften, was man als „gefährlich“ bezeichnen könnte. Man kann sie kaum der Ideologie der Rechten zuschreiben, aber man kann sie auch nicht als linke Politik einstufen. Kitas Anschauung über den Kaiser entspricht ziemlich genau der Sichtweise des heutigen Durchschnittsjapaners, nämlich: Abschaffung des Adelsstandes, Aufhebung der *genro* (hohe Beamte) und des Geheimen Rates (was Kita als „Hindernisse“ zwischen Kaiser und Volk bezeichnet hatte), Beseitigung des Herrenhauses und Reform des Wahlrechts. In einigen Fällen waren die nach 1945 vollzogenen Reformen radikaler als die, die Kita angeregt hatte. Auch wenn man bedenkt, daß in Japan 1919 das Bruttosozialprodukt pro Kopf im Durchschnitt 260 Yen ausmachte, daß der Durchschnittswert des Privatvermögens pro Kopf 1337 Yen betrug (einschließlich Landbesitz) und daß im Schnitt jeder Japaner den Gegenwert von 593 Yen Land besaß, dann waren die Grenzen, die Kita für den Besitz vorsah, eigentlich sehr weit gesteckt, den Landbesitz ausgenommen. Faßt man Kitas Pläne für die staatliche Neuordnung in wirtschaftliche Begriffe, dann laufen sie im wesentlichen auf Landreformen hinaus, und Bodenreformen wurden ja auch nach dem Krieg unter der Aufsicht der Besatzungsmächte durchgeführt. Man glaubt allgemein, daß es unmittelbar nach dem Krieg im

Stab der Besatzungsmächte viele Männer gab, die Verbindungen hatten zu linken Parteien; und Kita war nicht radikaler als sie.[8]

4. Kita Ikki und die Neuordnung der Welt

Kitas Vorstellungen, wie man die Nation neu ordnen solle, waren allerdings etwas extrem. Dank seiner Erfahrungen während der Chinesischen Revolution von 1911 glaubte er, das Militär sei der wichtigste Motor einer Revolution. Da die Armee aber in jedem Land, in dem eine Revolution fällig war, zwangsläufig korrupt sei, glaubte Kita auch, daß man sich auf die Generäle und die hochrangigen Offiziere nicht verlassen könne, also müsse die Revolution in Japan mittels eines Staatsstreichs unter der Führung jüngerer Offiziere und Mannschaften durchgeführt werden. Nach dem geglückten Coup, so meinte er, solle der Kaiser für die folgenden drei Jahre das Kriegsrecht ausrufen, beide Kammern des Parlaments auflösen und in dieser Zeit die Grundlagen für die staatliche Neuordnung legen. In den Jahren des Kriegsrechts sollten Reservisten der Armee der unmittelbaren Aufsicht des Kabinetts unterstehen, und es sollte ihre Aufgabe sein, die öffentliche Ordnung aufrechtzuerhalten. In der gleichen Zeit sollten die Reservisten eine Schätzung vornehmen, welche Werte die Reichen allerorten besaßen, und jeglichen Privatbesitz beschlagnahmen, der die genannten Obergrenzen überstieg.

Es besteht die Auffassung, die wichtigste Antriebskraft hinter einer Revolution seien die Zivilisten; aber einer anderen Ansicht zufolge ist das Militär wichtiger. Eine Revolution ist nur das Mittel oder der erste Schritt, mit dem man ein bestimmtes Ziel erreichen möchte; aber die Gesellschaft, die man sich für die Zeit nach der Revolution erhofft, hängt davon ab, ob man die führende Rolle in der Revolution dem Militär oder den Zivilisten zuweist. Nach einer Revolution mit Zivilisten als Hauptakteuren kann eine bürgerliche Regierung auftreten, die den Grundsätzen der Demokratie folgt und friedliche Außenbeziehungen unterhält. Aber auf eine Revolution mit dem Militär an der Spitze folgt leicht ein chauvinistischer, ultranationalistischer, faschistischer Staat. Japan, an dem Kita seine Revolutionsformel ausprobieren wollte, war bereits in den Jahren nach der Meiji-Revolution ein durch und durch nationalistisches Land geworden; und wenn ein solches Land eine Revolution nach Kitas Vorstellungen macht, dann kommt dabei unweigerlich ein faschistischer Staat heraus, in dem der gemäßigte, wahre Sozialismus, von dem Kita geträumt hatte, keine Chance hat. Kita beging den Denkfehler, seine

Ziele mit Mitteln zu verfolgen, die im Widerspruch zu diesen Zielen standen.

Nationalismus ist oft gleichbedeutend mit nationalem Egoismus. Wenn es einem Land gelingt, die Gleichsetzung dieser beiden Neigungen bei einer anderen Nation zu erkennen, dann wird diese Nation an ihrem Nationalismus zu zweifeln beginnen. Verbindet sich der Nationalismus eines Landes jedoch mit Selbstgerechtigkeit, gerät es in eine gefährliche Lage. Kitas Vorstellungen von einer neuen gerechten Weltordnung glichen denen Konoe Fumimaros; aber Kitas Ideen waren besser durchdacht. „Die gleichen Gründe, die wir für eine gerechte Verteilung der Lebensgüter innerhalb eines Landes vorbringen, sollten uns auch dazu bewegen, für eine gerechte weltweite Verteilung all der Dinge einzutreten, die den Lebensstandard ausmachen."[9] ‚Ein revolutionäres Japan zu schaffen' und ‚die Völker Asiens zu befreien', das waren für Kita nur zwei Seiten der gleichen Medaille, und auf beiden stand für ihn noch die unwiderlegbare Forderung nach Gerechtigkeit.

Außerdem glaubte Kita, daß diese Gerechtigkeit in der internationalen Arena wie im Landesinnern erreicht werden müsse. Er schrieb: „Der riesige Reichtum Großbritanniens erstreckt sich über die ganze Erde; Rußland besitzt in der nördlichen Erdhälfte unermeßliche Räume. Hat nicht Japan, das – in internationaler Hinsicht – wirklich nur ein Habenichts ist, das Recht, im Namen der Gerechtigkeit die Waffe zu ergreifen und diese Besitzmonopole zu zerbrechen? Die Sozialisten Europas und Amerikas anerkennen zwar den Klassenkampf der Proletarier, aber den Krieg, den – wie man sagen könnte – das internationale Proletariat führt, nennen sie Aggression und Militarismus und widersprechen sich damit selber ... Daß Japan, ein Proletarier in internationaler Hinsicht, ... sich in den Krieg stürzt, um die ungerechten territorialen Grenzziehungen zu berichtigen, das sollte den rückhaltlosen Beifall der Völker finden.[10]

Hätte Japan während des gegenwärtigen Weltkriegs [d. h. des Ersten] an der Seite Deutschlands gekämpft, dann hätten seine Armeen Rußland mit einem Schlag unterwerfen können, und während die deutsche Marine die englische Flotte in Europa zerschlagen hätte, hätte die japanische Marine sie aus Indien und Australien hinauswerfen können. Somit hätte Japan sich ganz leicht ein riesiges Reich errichten können, das sich von Rußland im Norden bis nach Australien im Süden erstreckte."[11]

Wen wird es erstaunen, daß diese Art *Mein Kampf* von Kita Ikki zum Evangelium der stürmischen jungen Offiziere wurde? Außerdem stimmte diese Vorstellung, die Welt auf der Grundlage der „Gerechtigkeit" neu zu ordnen, mit der Ansicht Konoes überein, auf den, während der dreißiger Jahre, die Armee, die Finanzwelt, die Intelligenz und das Volk so große Hoffnungen setzten, ja den sie als den „neuen Stern" am politischen Firmament feierten. Nach Kitas Tod, an dem Konoe und seine Kollegen nicht unschuldig waren, nahm die Geschichte ziemlich genau den Verlauf, den Kita vorhergesagt hatte, und während des Zweiten Weltkriegs entstand ein großes Reich, das sich von der Mandschurei im Norden bis nach Neuguinea im Süden erstreckte, das aber innerhalb dieses Krieges auch wieder zerbrach.

In Kitas Werken finden sich Gedanken, die vielen Japanern zusagten. Nun war es freilich unwahrscheinlich, daß sich das ganze japanische Volk einzig und allein aus diesem Grund auf einen Wahnsinnsakt eingelassen hätte, der binnen einiger Jahre tragischerweise mit der Zerstörung des Staates endete, den die Meiji errichtet hatten. Die Weltanschauung des Meiji-Staates war ein konfuzianischer Nationalismus; als Staatswesen verkörperte er eine konstitutionelle Monarchie, sein Wirtschaftssystem war kapitalistisch – zumindest bei oberflächlicher Betrachtung –, und er arbeitete mit dem Westen zusammen. Am Ende des Ersten Weltkriegs war dieser Staat in einer Klemme; die Dinge funktionierten nicht mehr so reibungslos wie bisher.

Vor allem das Militär war unzufrieden. Aus den beiden vorangegangenen großen Kriegen – dem Chinesisch-Japanischen und Russisch-Japanischen – waren die Generäle und die hochrangigen Offiziere als Helden hervorgegangen. Das Volk empfand viel Dankbarkeit für sie, und sie bekamen einen schönen Teil des Gewinns als Belohnung. Aber insgesamt waren es im Ersten Weltkrieg doch die Kapitalisten, die das große Geschäft gemacht hatten. Die Streitkräfte, die Tsingtao (eine chinesische Stadt, die seit 1898 in deutschem Besitz war) stürmten, die deutsche Kreuzer und U-Boote im Pazifik aufspürten und Konvois im Mittelmeer begleiteten – sie sahen von diesen Belohnungen nichts. Sie hielten diese Behandlung für ungerecht. Die Kapitalisten, die während des Krieges den chinesischen Markt zu ihrem Monopol gemacht und ihre Produkte sogar nach Westeuropa exportiert hatten, mauserten sich nach dem Krieg zu neureichen Millionären, einige sogar zu Multimillionären. Die Soldaten dagegen erwarteten nach dem Krieg Rüstungsbeschränkungen und, Hand in Hand damit, Massenentlassungen. Schlimmer noch, in den letzten Kriegstagen war die japanische Armee tief in das Herz Sibiriens vorgestoßen, und selbst nach Kriegsende waren Truppen in Sibirien verblieben; sie wurden im Oktober 1922 abgezogen, ohne irgend etwas gewonnen zu haben. (Der Rückzug aus Nordsachalin fand erst 1925 statt.) Armee und Marine waren tief enttäuscht.

Japan hatte die Expedition nach Sibirien unternommen, weil Frankreich und England darum gebeten hatten. Diese Länder ersuchten Japan und die USA, Truppen nach Sibirien zu entsenden, weil sie sahen, daß Deutschland, falls es ihm gelänge, mit dem bolschewistischen Regime, das durch die Russische Revolution an die Macht gekommen war, einen Separatfrieden zu schließen, imstande sein würde, seine Truppen von der Ostfront abzuziehen und all seine Streitkräfte an die Westfront zu werfen, was den Westmächten erhebliche Schwierigkeiten bereitet hätte. Sie hielten daher den Versuch für geboten, viele deutsche Soldaten im Osten zu binden, indem sie „im Osten eine neue Front errichteten". Die japanische Regierung stimmte schließlich zu, zusammen mit den Vereinigten Staaten Truppen zu entsenden; aber schon bevor diese Bitte aus Frankreich und England kam, hatte die japanische Armee ihren eigenen Plan gefaßt, Truppen in die fernöstlichen Gebiete Rußlands zu schicken. Nach außen hin war es das Ziel der Armee, japanische Bürger in dieser Gegend zu schützen, in Wirklichkeit aber hatte dieser Feldzug ganz eigenständige Ziele, nämlich das Regime zu stützen, das sich den Bolschewiken widersetzte, und mitzuhelfen, die Revolution zu ersticken. Innerhalb der Regierung gab es auch radikale Elemente, die ein rein japanisches Expeditionskorps verlangten, während die Mehrheit in der Regierung für eine gemeinsame Expedition mit den USA war, mit dem Ziel, England und Frankreich zu helfen und den Weltkrieg bald zu beenden.

Infolgedessen ließ selbst nach Abschluß der sibirischen Expedition die Zusammenarbeit zwischen der Regierung und der Armee zu wünschen übrig, und das Militär machte geltend, daß das Oberkommando eigenständige Rechte besitze und verweigerte der Regierung die Mitsprache in militärischen Angelegenheiten. Während des Chinesisch-Japanischen wie auch während des Russisch-Japanischen Krieges hatten die Streitkräfte unter Führung der Regierung glänzend gekämpft, aber diese gleiche Armee fing nun während des sibirischen Feldzugs an, außer Kontrolle zu geraten; alle militärischen Angelegenheiten, einschließlich solcher Entscheidungen wie Verstärkung des Expeditionskorps und Erweiterung des Operationsraumes, wurden allmählich ausschließlich vom Militär bestimmt.

Von da an stellte sich das japanische Militär gegen alle Stimmen von außen taub. Das japanische Volk betrachtete ein solches Verhalten seiner Streitkräfte nicht unbedingt als etwas Absonderliches. Seit der Meiji-Revolution waren erst fünfzig Jahre vergangen. Davor hatten in Japan dreihundert Jahre lang verschiedene Samurai-Herrschaftshäuser regiert: die Häuser Oda, Toyotomi und Tokugawa. Den Japanern war eine sehr klare Erinnerung an das Bakufu verblieben. Vielen Japanern war die Vorstellung, die Kontrolle des Militärs sei Sache von Zivilisten, schrecklich, sofern sie diesen Gedanken überhaupt zu fassen vermochten. Natürlich gab es Politiker, die sich diesem zügellosen Aufbegehren der Armee zu widersetzen suchten, aber die Angehörigen der Armee wurden ihrerseits angewiesen, dafür zu sorgen, daß dieser Widerstand gering war. Das Militär wurde immer anmaßender, verfolgte gegenüber der Regierung seine eigenen Ziele und setzte seine Pläne durch. Infolgedessen begann in Japan erneut eine Zeit der Doppelherrschaft und einer schizophrenen Außenpolitik. Während die politische Macht der Armee wuchs, verstärkten sich in ihrem Innern die Richtungskämpfe, und einzelne Gruppen versuchten, die Oberhand zu gewinnen.

Obwohl die ,,Kaiserliche Verfügung an Soldaten und Seeleute" dem Militär streng untersagt hatte, sich in die Politik einzumischen, schlossen sich Angehörige der Streitkräfte, namentlich der Armee, den Politikern der Rechten und ihren Vordenkern an, redeten in die Politik hinein und konspirierten mit den sogenannten China-*ronin* (herrenlosen Samurai) mit dem Ziel, in der Mandschurei Unruhen zu schüren. In den Jahren 1927/28, als die Armee der chinesischen Nationalregierung unter Leitung Chiang Kai-sheks ihren Nordfeldzug durchführte, entsandte die japanische Regierung unter dem Vorwand, sie müsse japanische Einwohner schützen, Truppen in die chinesische Provinz Shantung. Die Regierung unterstand damals Premierminister Tanaka Giichi, einem General, der zugleich als Außenminister amtierte, so daß das Kabinett wenig mehr war als ein Anhängsel der Armee. Die Regierung hatte einen Geheimplan entworfen, die Mandschurei und die Innere Mongolei von den angrenzenden Teilen Chinas abzutrennen und sich dort selbst um die Aufrechterhaltung der öffentlichen Ordnung zu kümmern. Als augenfällig wurde, daß Chang Tso-lin, der Diktator der Mandschurei, die japanischen Weisungen nicht genau befolgen würde, wurde er von der Kwantung-Armee umgebracht. Ferner verursachte die Armee 1931 an der Südmandschurischen Eisenbahn, die in japanischem Besitz war, eine weitere Explosion, behauptete sodann, dies sei das Werk der chinesischen Armee gewesen und startete ihren Angriff auf deren Truppen. Das war der Beginn des Mandschurischen Zwischenfalls. Mit dem Gehorsam des Militärs war es vorbei.

Während es einerseits Leute gab, die am Ersten Weltkrieg schönes Geld verdienten, gab es andererseits eine deutliche Zunahme der

Lohnunterschiede zwischen großen und mittleren bis kleinen Unternehmen. Zudem hatten mehrere schlechte Ernten die Bauerndörfer in Armut gestürzt. Die hart bedrängten Bauern im Nordosten des Landes waren gezwungen, ihre Töchter zu verkaufen, um selber überleben zu können. Verständlicherweise hegten daher nicht nur Angehörige der Rechten und der Linken, sondern viele Menschen aus dem Volk Haß gegen die *zaibatsu* und verwünschten den ganzen Kapitalismus. Hohe Armeeführer, geblendet von Ruhmsucht und persönlichem Ehrgeiz, konspirierten miteinander. Sie waren bereit, einen Krieg vom Zaun zu brechen und die Stellung der Armee zu stärken. Dann taten auch noch Kita und seine Anhänger ihr Bestes, ihre Verbindungen zu den jüngeren Offizieren zu vertiefen, weil sie Kitas Plan der nationalen Erneuerung in die Tat umsetzen wollten, und es fiel diesen blauäugigen jungen Offizieren, die man förmlich auf die krassen Unterschiede zwischen Arm und Reich in Japan gestoßen hatte, nicht schwer, den Ideen Kitas aus ganzem Herzen zuzustimmen.

1921 meuchelte ein Mitglied der Rechten Yasuda Zenjiro, den Vorstand des Yasuda-*zaibatsu*. 1930 wurde dann Premierminister Hamaguchi Osachi angeschossen, er erlag im Jahr darauf seinen Verletzungen. 1931 planten einige führende Offiziere des Heeres unabhängig voneinander einen Staatsstreich, indes ihre Kollegen im Feld den Zwischenfall in der Mandschurei inszenierten. Die Staatsstreichpläne wurden aufgedeckt, bevor es soweit kam, sie scheiterten also; die Rädelsführer kamen mit einem blauen Auge davon. Da Japan bereits in der Mandschurei in Kriegshandlungen verwickelt war und insgesamt nach rechts driftete, wurden sie eher als Patrioten denn als Verräter angeschaut. 1932 wurden Finanzminister Inoue Junnosuke und Dan Takume, Vorstand des Mitsui-*zaibatsu*, von Angehörigen der Rechten ermordet. Im Anschluß daran griff eine Gruppe junger Marineoffiziere die Residenz des Premierministers und das Hauptquartier der Polizei an und tötete Premierminister Inukai Tsuyoshi; dies wird als der ,,Zwischenfall des 15. Mai“ bezeichnet. 1935 wurde infolge von Richtungskämpfen innerhalb der Armee einer der führenden Vertreter der Kontroll-Gruppe *(Tosei-ha)*, Generalleutnant Nagata Tetsuzan, Leiter des Büros für Militärangelegenheiten im Kriegsministerium, von einem Offizier der Gruppe Kaiserlicher Weg *(Koda-ha)* am hellichten Tag getötet. Es bedarf keiner Erwähnung, daß das japanische Volk diesen Rechtsterrorismus verabscheute, aber dennoch hatte es ein beträchtliches Schuldgefühl gegenüber seiner Armee, die Japan in die Lage versetzt hatte, ein ,,Mandschurisches Reich“ (Mandschukuo) zu errichten, das im Nordosten Chinas riesige Landflächen beherrschte. Infolgedessen war die Kritik des japanischen Volkes am Militär im großen und ganzen gewiß nicht übertrieben groß. Die meisten Menschen glaubten aufgrund ihrer Erziehung, daß an erster Stelle die Nation stehe; folglich bestand zwischen ihnen und dem Militär in dieser Hinsicht ohnehin kein großer Unterschied.

Mandschukuo war ein seltsames Land. Seine Regierung tat so, als wolle sie die Harmonie zwischen den fünf ethnischen Gruppen in seinem Lande (Chinesen, Japaner, Koreaner, Mandschuren und Mongolen) fördern; aber in Wirklichkeit beherrschten die Japaner die anderen vier Rassen und beuteten sie aus. Die Zusammensetzung der japanischen Bevölkerung in der Mandschurei war in politischer Hinsicht weitaus heterogener als in Japan selbst. Studenten, die verhaftet oder von der Universität wegen Teilnahme an linken Studentenaktionen relegiert worden waren, arbeiteten hier Schulter an Schulter mit Terroristen der Rechten, die man aus dem Gefängnis entlassen hatte. Beispielsweise arbeiteten in der Forschungsabteilung der Südmandschurischen Eisenbahngesellschaft (das war im Grunde der Sitz der japanischen Verwaltung in der Mandschurei) so unterschiedliche Männer wie Okawa Shumei, der am Ende des Zweiten Weltkriegs als Kriegsverbrecher verhaftet wurde, und Ozaki Hotsumi, der während des Krieges als russischer Spion hingerichtet wurde, in der Forschung eng zusammen. Viele, die es in Japan zu nichts gebracht hatten, stiegen in der Mandschurei in die oberste Führung auf und machten sich ein schönes Leben.

1936 kam es schließlich zum berühmten „Zwischenfall des 26. Februar“ (den man als den Showa-Staatsstreich ansehen kann). Zweiundzwanzig junge Armeeoffiziere führten gut 1400 Mannschaftsdienstgrade und einfache Soldaten zum Sturm auf die Residenzen des Premierministers und des Großkammerherrn sowie auf das städtische Polizeihauptquartier, und eine Zeitlang besetzten sie sogar den Kaiserlichen Palast. Das Motto der Aufständischen lautete: „Ehrfurcht vor dem Kaiser und nieder mit dem Bösen!“ Nur drei Personen kamen bei diesem Putschversuch ums Leben – Finanzminister Takahashi Korekiyo, der Bewahrer des Geheimen Siegels Saito Makoto, und General Watanabe Jotaro –, aber die Aufständischen hatten ursprünglich nicht nur alle älteren Staatsmänner und die Angehörigen des Kabinetts töten wollen, sondern auch viele hohe Offiziere der Armee. Ganz offensichtlich stand der Staatstreich auch in Zusammenhang mit den Richtungskämpfen in der Armee. Infolgedessen waren die Strafen, die nach dem Scheitern des Coups ausgesprochen wurden, überaus schwer. Da die jungen Offiziere, die den Coup geplant hatten, der Armee-Gruppe Kaiserlicher Weg angehörten, säuberte die Kontroll-Gruppe nach diesem Zwischenfall das Heer völlig von diesen ihren Widersachern. Die Gruppe Kaiserlicher Weg trat dafür ein, die bösen Elemente in der Umgebung des Kaisers auszumerzen und das Land von innen her zu erneuern; hingegen war es das Ziel der Kontroll-Gruppe, den politischen Einfluß des Militärs mit rechtlichen Mitteln zu verstärken und, mit stillschweigender Billigung der japanischen Staatsmänner, Beamten und Unternehmer, einen Staat zu installieren, der auf totalen Krieg eingestellt war, einen Staat, dem also auch die Wirtschaft unterstellt war.

Zwar standen die jungen Offiziere, die den Staatsstreich versucht hatten, unter dem Einfluß von Kita Ikkis Ideen, aber Kita hatte bei dem Vorfall selber kaum eine Rolle gespielt. Er meinte, daß es unter den gegebenen Umständen für Japan wichtiger sei, seine Beziehungen zu China und den Vereinigten Staaten neu zu überdenken. Mithin fand der Coup keineswegs seinen ungeteilten Beifall, und er gab dem Aufstandsversuch der jungen Offiziere nie mehr als seine stillschweigende Zustimmung. Trotzdem wurde er festgenommen und wie einer der Rädelsführer des Putsches abgeurteilt. Als er am 19. August 1937 zusammen mit Nishida Mitsugu, der ebenso wie Kita als Rädelsführer galt, hingerichtet wurde, sagte Nishida zu ihm: „Laß uns das Leben beschließen, indem wir in drei Hochrufe auf Seine Majestät den Kaiser ausbrechen“. Da verweigerte sich Kita mit den Worten: „Ich will das nicht“. Sein jüngerer Bruder, der unmittelbar vor der Urteilsvollstreckung mit ihm sprach, berichtet, Kita habe gesagt: „Mit dem Aufstand hatte ich nichts zu tun. Da aber die Leute, die ihn unternahmen, meine Schriften bewunderten, fühle ich mich geehrt, in ihrer Mitte zu sein, wenn sie zur Rechenschaft gezogen werden.“

Der Kaiser versuchte, soweit es seine Stellung gestattete, diesem Abgleiten nach rechts Widerstand zu leisten. Verschiedene Dokumente, die seit dem Zweiten Weltkrieg veröffentlicht wurden, machen dies deutlich; aber seinerzeit war sich niemand aus dem Volk über die Auffassungen des Kaisers im klaren. Als der Zwischenfall des 26. Februar stattfand, hatte Japan den Völkerbund bereits verlassen, und in den siebzehn Monaten zwischen Februar 1936 und Kitas Hinrichtung schloß es den Anti-Kominternpakt mit Deutschland ab, und in China brachen erneut Kämpfe aus. Der japanische Staat wurde fast schon von zwei Regierungen beherrscht: einer Schein-Regierung, die schwach war; und einer starken Militärregierung, die hinter den Kulissen agierte. Die beiden Regierungen verfolgten unterschiedliche außenpolitische Ziele: die Pro-forma-Regierung wollte den Krieg mit China nicht eskalieren lassen und wünschte eine friedliche Lösung; aber die Regierung im Hintergrund heizte mit jedem ihrer Schritte diesen Konflikt an, so daß die Pro-forma-Regierung jegliches Vertrauen verlor, das sie im Ausland noch besaß. Während dieser Vorgänge sah sich die Regierung außerstande, eine eigenständige außenpolitische Willensbekundung abzugeben, sie geriet vollends ins Schlepptau des Militärs. Eine andere Meinung zu bekunden als die des Militärs oder der Rechten konnte seinerzeit den Tod bedeuten, und zwar nicht nur für die Masse des Volkes, sondern auch für ältere Staatsdiener und vielleicht sogar für den Kaiser. Überhaupt war der Kaiser nach den Satzungen der Verfassung zur politischen Neutralität verpflichtet. Weil der Kaiser eine lebende Gottheit war, muße er auf eigene politische Meinungen verzichten; infolge dieser Vorstellung war der Kaiser von Anfang an fast aller Handlungsmöglichkeiten beraubt. Das Militär und die Rechte usurpierte in Wirklichkeit den Kaiserthron und die Funktionen der führenden Politiker; deren Äußerungen waren bloß noch stumme Gesten, von denen das Volk nicht einmal erfuhr.

1938 erging das Nationale Generalmobilmachungsgesetz, und zwei Jahre später schlossen Japan, Deutschland und Italien den Dreimächtepakt. Alle Gruppierungen des rechten Flügels hatten sich zusammengetan, und das Land schäumte vor lauter Nationalismus, Kaiserverehrung und Hurrapatriotismus. Das japanische Volk, mit seiner konfuzianischen Erziehung und seiner traditionellen Verehrung für das Kriegertum, setzte der neuen Ordnung nicht nur keinen heftigen Widerstand entgegen, es war völlig trunken von diesem Reiswein, der zwar alt war, aber aus neuen Schläuchen floß. Konoe wie auch Tojo mögen als Diktatoren zu schwach gewesen sein, aber das Land selber war inzwischen superpatriotisch genug. Die Japaner hatten sich zusammengeschlossen und versuchten mehr und mehr, eine „Neuverteilung der Welt auf der Grundlage der Gerechtigkeit" durchzuführen, wie Kita und Konoe dies genannt hatten.

Japan ähnelte nun stark dem Nazi-Staat, freilich ohne einen Hitler. Das Land war in diesen Jahren nicht faschistisch in dem Sinne, daß ein Diktator den Willen des Volkes vergewaltigte und ultranationalistische und militaristische Ziele durchsetzte; die große Mehrheit des japanischen Volkes forderte – infolge der Agitation des Militärs und der Rechten, der allgemeinen Schulpflicht und ihrer traditionellen Vorstellungen von Staat und Kaiser – diese ultranationalistischen und militaristischen Ziele. Japan hatte eine Staatsform angenommen, die man als „demokratischen Faschismus" bezeichnen könnte, was nur heißen soll, daß der Regierung gar nichts weiter übrigblieb, als einen starken Kurs zu steuern. In dieser Situation hätte nicht nur das Militär und die Rechte, sondern sogar das Volk es gar nicht zugelassen – selbst wenn die gewählte Regierung gemäßigt gewesen wäre –, gegenüber Amerika eine versöhnliche Politik zu betreiben. Seinerzeit wäre es in erster Linie notwendig gewesen, den Chauvinismus und die Arroganz des hochmütigen japanischen Volkes zu kühlen, und ironischerweise konnte das nur jemand fertigbringen, der für den Krieg war.

Der Kaiser kam persönlich zu dieser Schlußfolgerung, nachdem er die Lage überdacht hatte. Seit der Zeit, als die Kwantung-Armee Chang Tso-lin hinterrücks ermordet hatte (1928), arbeitete er unablässig für die Bewahrung des Friedens, soweit seine Stellung ihm das gestattete. Als Tojo Hideki, der nichts sehnlicher wünschte als einen Krieg, schließlich für den Posten des Premierministers vorgeschlagen wurde, erteilte er diesem Vorhaben seine Zustimmung mit den Worten: „Hier heißt es wohl ‚Wer nichts wagt, gewinnt nichts'." Daß der Kaiser dieser Politik des ‚Friß oder stirb!' seine Zustimmung gab, mag man einen Fehler nennen; aber man darf getrost annehmen, daß es für jeden anderen als diesen Tojo im Oktober 1941 unter diesem „demokratisch-faschistischen System" außerordentlich schwierig gewesen wäre, den Krieg zu verhindern.

1945, als Tokyo und beinahe alle anderen größeren Städte in Schutt und Asche lagen, wurde es in Japan endlich möglich, Friedensfühler auszustrecken. Im Mittelpunkt dieser Bemühungen standen zwei Admiräle, denen während des Aufstands vom 26. Februar 1936 die Flucht geglückt war: Okada Keisuke war seinerzeit Premierminister, und da sein jüngerer Schwager, den er als seinen persönlichen Sekretär beschäftigte, ihm stark ähnelte, konnte dieser Schwager den aufständischen Offizieren weismachen, er selber sei der Premierminister, und er ließ sich an dessen Stelle töten. Der andere Admiral, Suzuki Kantaro, wurde von den Rebellen angeschossen und schwer verwundet, aber seine Frau legte bei Hauptmann Ando, dem Anführer der Aufständischen, ein gutes Wort ein, nicht den Todesschuß auf ihn abzugeben. Das war der Grund für Suzukis Überleben. Dank Okadas Beistand gelang es Suzuki, der 1945 den Premierministerposten innehatte, die Gruppe zu bändigen, die den Widerstand fortsetzen wollte, und schließlich die Potsdamer Aufforderung zur Kapitulation anzunehmen. Der Showa-Staatsstreich hatte Japan in den Krieg mit Amerika getrieben, aber die gleichen Leute, die die Aufständischen versehentlich am Leben gelassen hatten, waren es auch, die Japan wieder den Frieden brachten.

V. Das japanische Wirtschaftswunder

1. Die Besatzungszeit

Lange Zeit zwang der Despotismus der Militärs die Japaner, ein freudloses Dasein zu führen. Sie waren sich immerzu schmerzlich bewußt, daß die Augen der Geheimpolizei auf ihnen ruhten. Spätestens in den allerletzten Kriegstagen spürten viele, daß nicht England und Amerika ihre wahren Feinde waren, sondern ihr eigenes Militär. Gleich nach der Kapitulation, als die Japaner bemerkten, daß die Besatzungsmächte nicht annähernd so streng waren, wie man gefürchtet hatte, verschwand ihre Angst. Mehr noch, sie empfanden Dankbarkeit für sie, betrachteten sie nun als die lange erwarteten Befreier. Richtig ist natürlich auch, daß die Soldaten der Besatzungsarmee von Anfang an hohe Moral und strenge Manneszucht zeigten. Zwischen diesen Soldaten und den Japanern gab es so gut wie keine Spannungen. Es war eigentlich eine vorbildliche Besatzung.

Es war von Anbeginn das Ziel der Besatzungspolitik, Japan zu reformieren, es in ein Land zu verwandeln, das nicht – wie bisher – vor Lebenskraft strotzte und militaristisch und angriffslüstern war, sondern friedfertig und demokratisch, mit einer Wirtschaft, die als freie Marktwirtschaft arbeitete. Im November 1945 verfügte General Douglas MacArthur, der Oberkommandierende der Alliierten Streitkräfte, in einem Schreiben an Premierminister Shidehara Kijuro, daß fünf Reformen vorzunehmen seien: Frauen sollten das Wahlrecht erhalten und Arbeitnehmer die Freiheit, sich zu organisieren; das Bildungswesen sei neu zu ordnen; die Wirtschaft zu demokratisieren. Gemäß dieser Weisung erhielt Japan neue Wahlgesetze, es bildeten sich Gewerkschaften, und das Bildungswesen wurde erneuert. Um dem japanischen Absolutismus ein Ende zu machen, wurde außerdem der Adelsstand abgeschafft und das Herrenhaus in ein Haus der Räte *(Sangiin)* umgewandelt; die sogenannte Dritte Kammer, der Geheime Rat, wurde abgeschafft. Sodann bekam das Land eine neue Verfassung: Der Kaiser sollte fortan nur noch ein Symbol sein; die Verfassung legte die Volkssouveränität fest, garantierte die Grundrechte, räumte den Regionen größere Autonomie ein und verfügte die Gewaltenteilung in Exekutive, Legislative und Judikative. Außerdem entsagte Japan dem Recht, Krieg zu führen. Um die Wirtschaft zu demokratisieren, wurden die *zaibatsu* zerschlagen, Besitz wurde hoch besteuert. Das Eigentum der kaiserlichen Familie war davon nicht ausgenommen: Die riesigen Latifundien, die diese Familie da und dort im Land besaß, desgleichen ihre Gutshäuser, wurden – mit wenigen Ausnahmen – enteignet. Schließlich führten die Besatzer eine tiefgreifende Bodenreform durch.

Dieses „neue Japan" ähnelte sehr stark dem Land, das Kita Ikki in seinen Reformplänen gezeichnet hatte. Als Kita 1919 seinen *Entwurf für den Neuaufbau Japans* schrieb, wurden gerade die Besitzer winziger Bauernhöfe zu Pächtern hinabgedrückt; Bauerndörfer verkamen, bis dort nur noch zwei Extreme anzutreffen waren: eine Handvoll Großgrundbesitzer auf der einen, zahllose Pächter auf der anderen Seite. Kitas Reformplan sah eine weitreichende Bodenreform vor, und Kita erwartete, daß der Kaiser mit gutem Beispiel vorangehen würde. Wovon Kita nur geträumt hatte, wurde nach dem Krieg, unter dem Oberbefehl des Alliierten Hauptquartiers, ziemlich genau in dieser Form zur Wirklichkeit. Kita hatte sich auch gewünscht, der Kaiser möge „aufhören, Kaiser zu sein, wie er es in alter Zeit gewesen war, als Staatsoberhaupt, das die beiden tragenden Elemente des Staates – Land und Volk – besaß". Infolge der Bodenreformen stieg der Anteil der Bauern mit eigenem Grundbesitz zwischen 1946 und 1947 von 36,5% auf 54,1% an, und der Anteil der Pächter fiel von 26,6% auf 7,9%. Man muß darauf hinweisen, daß auch die Vermögenssteuer den Unterschied zwischen Arm und Reich beträchtlich verwischte. Obgleich alle den *zaibatsu* angeschlossenen Firmen, die Holding-Gesellschaften ausgenommen, die aufgrund eines Befehls aus dem Hauptquartier MacArthurs in ihre Bestandteile zerlegt wurden, in den Folgejahren sich wieder belebten und erneut expandierten, erlangten die *zaibatsu*-Familien doch niemals wieder die enorme wirtschaftliche Machtstellung, die sie zuvor einmal besessen hatten.

Dies alles wurde schließlich dreizehn Jahre nach dem Showa-Staatsstreich (dem Aufstand vom 26. Februar 1936) Wirklichkeit; Kita hatte jedoch eine Neuordnung der ganzen Erde vorgehabt – die Befreiung Asiens von den imperialistischen Einflüssen Amerikas, Englands und Frankreichs. Sie sollte der nationalen Erneuerung folgen, so daß selbst wenn der Showa-Staatsstreich von Erfolg gekrönt gewesen wäre und bereits 1937 ein Japan wie das von 1947 hervorgebracht hätte, dieses Japan, Kitas Japan, früher oder später leichtfertig einen Krieg begonnen hätte, den es dann für einen Krieg zur Befreiung der Welt ausgegeben hätte. Man muß daraus folgern, daß die Niederlage von 1945 und die darauf folgende Besatzung eigentlich unumgänglich waren, und zwar vor allem, weil das japanische Volk nicht imstande gewesen war, seine ultranationalistische Ideologie zu zügeln.

In den Jahren 1945 bis 1947 waren Nahrungsmittel überaus knapp; trotzdem könnte man die Behauptung wagen, niemals zuvor hätten die Japaner ein solches Hochgefühl der Befreiung empfunden. Es stimmt zwar, daß das Volk unmittelbar nach der Meiji-Revolution, als das alte Ständewesen abgeschafft wurde, gleichfalls ein großes Befreiungsgefühl verspürte; aber damals war Bildung noch kein Allgemeingut, und nur wenige Menschen konnten die Bedeutung dieser Reform wirklich ermessen. Nach dem Zweiten Weltkrieg, achtzig Jahre nach dieser Revolution, gab es unzählige, die sich – wenn auch vielleicht nur ganz abstrakt – bewußt waren, wie wichtig die Freiheit ist. Während der langen Kriegsjahre waren die Japaner geistig ausgehungert worden. Sie standen nun zum einen in Schlangen vor Lebensmittelgeschäften, aber sie drängten sich auch in langen Schlangen vor Läden, wo es Bücher und Zeitschriften zu kaufen gab.

Die Besatzungstruppen lösten sämtliche Einheiten der Armee und der Marine auf, aber die öffentliche Verwaltung rührten sie eigentlich nicht an. Japan wurde nun der Militärverwaltung der Alliierten Streitkräfte unterstellt, und in allen wichtigen Angelegenheiten mußte die japanische Regierung den Weisungen des Alliierten Hauptquartiers Folge leisten. In den langen Jahren bis 1945 hatte die japanische Beamtenschaft jedoch stets die Funktion einer „zweiten“ Regierung unterhalb des Militärs gespielt, und die Umstände der Besatzung, wo die Beamtenschaft gegenüber dem Alliierten Hauptquartier wieder eine ganz ähnliche Rolle spielte, entsprachen sehr den früheren Erfahrungen, mit denen die Beamten wohlvertraut waren. Hätte die japanische Regierung, im Gegenteil, gleich nach dem Krieg ihre Unabhängigkeit zurückerhalten, dann wäre sie sich wahrscheinlich völlig im unklaren gewesen, was zu tun sei. Die japanischen Beamten waren unter der Herrschaft des Militärs zu ausgezeichneten Verwaltungsfachleuten herangereift, und mochten nun auch die obersten Ränge des Herrschaftsapparates ausgetauscht worden sein – an die Stelle der japanischen Armee war das Alliierte Hauptquartier getreten –, so blieb die japanische Bürokratie doch so zuverlässig und tüchtig wie bisher und wirkte in ihrem Amt weiter. Während der Besatzungsjahre leistete die japanische Regierung dem Alliierten Hauptquartier keinen Widerstand; auch versuchte sie nicht, durch irgendwelche Tricks dessen Arbeit zu behindern.

Doch Schwierigkeiten gab es in Hülle und Fülle. Die Preise kletterten in die Höhe, die Zahl der Arbeitslosen überstieg fünf Millionen, und es gab etliche Streiks. Alle Japaner waren auf schwere Reparationszahlungen gefaßt; sie glaubten, jeder Gedanke an eine Belebung der japanischen Militärmacht sei töricht, und daß es allenfalls ein Traumziel der fernen Zukunft sein könne, daß Japan auch nur den Lebensstandard der Vorkriegszeit erreichen würde. Doch schon 1948 kam es in der internationalen Situation in Asien zu einer unerwarteten Wende, die Japan einfach berühren mußte. In diesem Jahr schlugen die chinesischen Kommunisten die Armeen Chiang Kaisheks entscheidend, und im südlichen Teil der Halbinsel Korea entstand die Republik Korea, während sich auf der nördlichen Hälfte die Volksrepublik Korea etablierte. Im folgenden Jahr, 1949, rief Mao Tse-tung die Volksrepublik China aus, und 1950 begann schließlich der Korea-Krieg. Die Beziehungen zwischen der Sowjetunion und China auf der einen und den Vereinigten Staaten auf der anderen Seite kühlten sich fast bis auf den Nullpunkt ab.

Unter dem Druck dieser neuen Situation blieb der amerikanischen Regierung nichts anderes übrig, als Japan schnell wiederaufbauen zu helfen und es zu einem Bollwerk gegen den Kommunismus in Asien zu machen. Die Besatzungspolitik des Alliierten Hauptquartiers machte eine Kehrtwendung. Hatte das oberste Ziel bislang gelautet, aus Japan eine zurückhaltende, friedliebende Demokratie zu machen und dem Land zu einer Wirtschaft zu verhelfen, die nach marktwirtschaftlichen Prinzipien funktionierte, so galt es nun, Maßnahmen zu ergreifen, die Japan wieder erstarken ließen und ihm soviel militärische und wirtschaftliche Macht zu geben, wie eine Vorhut des „freien" (d.h. antikommunistischen) Lagers sie eben benötigte. Infolge dieser Wende stieg der japanische Kapitalismus wie der Vogel Phoenix aus der Asche, und zwar beinahe in der gleichen Gestalt, die er vor dem Krieg gehabt hatte.

Die Armee und die Marine waren unterdessen bereits aufgelöst worden und die Zerschlagung der *zaibatsu* war in vollem Gange. Außerdem waren ehemalige Angehörige der Streitkräfte aus öffentlichen Ämtern entfernt und führende Unternehmer in den Ruhestand versetzt worden. In dem Augenblick jedoch, als der Korea-Krieg begann, wies das Alliierte Hauptquartier die japanische Regierung an, eine Polizeireserve aufzustellen (später hieß sie Selbstverteidigungsmacht) und die Mannschaftsstärke der maritimen Sicherheitskräfte erheblich aufzustocken. Im Anschluß daran wurden einige ehemalige Offiziere aus der Zwangspensionierung zurückgeholt und wieder mit öffentlichen Ämtern betraut. Einige davon traten sofort in die Nationale Polizeireserve ein und waren fortan verantwortlich für die Verteidigung Japans, nachdem die Amerikaner viele ihrer Truppen nach Korea entsandt hatten. Ferner wurden ehemalige

Seeoffiziere und Mannschaften als Angehörige der maritimen Sicherheitskräfte auf die Meere um Korea geschickt. Sie räumten dort Minen.[1] Nur drei Jahre und drei Monate nach Inkrafttreten der neuen Verfassung begann die Polizeitruppe, Rekruten einzustellen – wiewohl Artikel 9 der Verfassung eindeutig lautet: „(Es) werden keine Land-, See- und Luftstreitkräfte unterhalten. Das Recht auf Kriegführung durch den Staat wird nicht anerkannt."

Gleich nach Ausbruch des Korea-Krieges orderten die amerikanischen Streitkräfte (beziehungsweise die Sicherheitskräfte der Vereinten Nationen) bei japanischen Firmen zahlreiche Güter: Waffen, Wagenersatzteile und andere Militärgüter. Amerika mußte die dringend erforderliche Wiederbelebung der japanischen Wirtschaft selber in die Hand nehmen, und aus diesem Grund wurde die Politik der Entmilitarisierung der japanischen Wirtschaft, die noch im Gange war, unverzüglich aufgehoben. Zugleich war klar, daß Japan mit Amerika zusammenarbeiten mußte. Die Idee, die bislang vorgeherrscht hatte – Japan neu aufzubauen als eine freie, friedliche, mittelgroße Wirtschaftseinheit –, wurde fallengelassen, und statt dessen wurde nun von Japan erwartet, daß es mithelfen würde, den Kommunismus in Südostasien zu bremsen.

Das neue Ziel des japanischen Wiederaufbaus war folglich eine Wirtschaft, die das ihre beisteuern konnte, die Volkswirtschaften Südostasiens zu entwickeln, und die zugleich die Reserven bereithielt, die nötig waren, die Nachfrage nach Gütern von seiten der Vereinigten Staaten zu decken. Unter den anfangs getroffenen Maßnahmen war es Japan nicht gestattet, einen Lebensstandard zu haben, der den jener asiatischen Länder übertraf, welche das Opfer der japanischen Aggression geworden waren. Infolgedessen wurden alle japanischen Güter und Industrieanlagen – lebensnotwendige Güter und größere Industrieanlagen waren davon ausgenommen – entweder den Alliierten oder den Ländern überlassen, die unter der japanischen Aggression gelitten hatten. 1949 wurden diese Reparationen eingestellt. Im Friedensvertrag von San Francisco von 1951, mit dem Japan ein Mitglied der „freien Welt" wurde, anerkannte Japan schließlich seine Pflicht, Reparationen zu leisten; aber viele Staaten, die an diesem Frieden teilhatten, verzichteten darauf, Reparationen zu verlangen, und nur wenige Länder – die Philippinen, Indonesien, Burma und Südvietnam – nahmen sie tatsächlich in Anspruch.

Zur Zeit der großen Kehrtwendung wurden in Japan ähnliche Maßnahmen getroffen, die auch frühere japanische Regierungen beschlossen hatten. Nun entstand wieder eine Wirtschaft, deren Kern große Unternehmen bildeten. In den fünf Jahren nach 1950 profitierten japanische Unternehmen gewaltig von der riesigen Nachfrage nach militärischen Gütern, die die amerikanischen Streitkräfte im Korea-Krieg einsetzten. Während der ersten beiden Jahre waren Lastkraftwagen, Wagenersatzteile, Baumwollwaren und Kohle die an meisten verlangten Güter, aber 1952 gestattete das Alliierte Hauptquartier Japan die Produktion von Rüstungsmaterialien, und bald darauf wurden diese am meisten verlangt. Geradeso wie die Kwantung-Armee in den dreißiger Jahren versucht hatte, den Schaden, den die Weltwirtschaftskrise der japanischen Volkswirtschaft zugefügt hatte, zu begrenzen, indem sie „Spezialaufträge für die Mandschurei" erteilte, so gelang es auch diesmal der japanischen Wirtschaft, aus den Tiefen, in die sie die Niederlage gestürzt hatte, wieder nach oben zu klettern. Dies geschah mit Hilfe der „Spezialaufträge für Korea", welche die amerikanische Armee tätigte. Seit 1950 stellten sich die Eisen- und Stahlindustrie auf höhere Produktion ein, und im Jahr darauf auch weitere Industrien: die Spinnereien, die Kohlebergwerke und der Maschinenbau. Bald übertraf ihr Produktionsniveau den Rekord der Vorkriegszeit. Es waren allerdings ausschließlich die Großunternehmen, die von dieser Verbesserung der wirtschaftlichen Zusammenarbeit mit den USA profitierten; mittlere und kleine Unternehmen vermochten aus den „Spezialaufträgen" keinen unmittelbaren Gewinn zu ziehen.

Das war noch nicht alles. In den fünfziger Jahren wurden viele der riesigen alten Anlagen des Heeres und der Marine an Privatunternehmen veräußert, darunter auch ausgediente Arsenale. Auch die Ölvorräte der Marine in Yokkaichi wurden verkauft, und zwar an die Showa-Oil-Company und an die Mitsubishi Petrochemical Company; die großen Ölvorräte der Armee in Iwakuni gingen an die Mitsui Petrochemical Company und an die Japan Mining Company; die Koba-Stahlwerke kauften die Harime-Werkstätten in Osaka, die bislang zum Arsenal des Heeres gehört hatten.

In der Meiji-Zeit hatte der Verkauf regierungseigener Industrieunternehmen die Struktur der japanischen Wirtschaft geprägt; der „Verkauf alter Rüstungsgüter" spielte nach dem Zweiten Weltkrieg eine ähnlich einschneidende Rolle für die künftige Entwicklung der japanischen Wirtschaft. Viele Konzerne, die in der Folgezeit Japans wirtschaftlichem Wachstum entscheidende Impulse gaben, übernahmen Anlagen der Armee oder der Marine. Aus alten Marinearsenalen entstanden blühende Schiffswerften und Stahlwerke.

Den Japanern kam diese Entwicklung überaus gelegen. Als der Korea-Krieg ausbrach und der Boom mit Spezialaufträgen einsetzte, waren Geschäftsleute wie Politiker hochbeglückt und behaupteten,

„der *kamikaze* [göttlicher Wind] habe zu guter Letzt begonnen, zu ihren Gunsten zu wehen“. Die wirtschaftliche Misere der Nachkriegszeit war weitaus weniger groß, als man geunkt hatte, aber dafür zeigte die japanische Wirtschaft, wie sie sich in diesen Nachkriegsjahren etablierte, fast haargenau die Merkmale der Zwischenkriegszeit. Der Traum von einer Wirtschaft mit freiem Wettbewerb, die vielleicht arm, dafür aber demokratisch war und auf der Gleichheit gründete – wie man sie sich unmittelbar nach Kriegsende erhofft hatte –, war schnell ausgeträumt. Aufs neue entstand die Wirtschaft der Zwischenkriegszeit, in der die Regierung ein wichtiges Wörtchen mitzureden hatte und in der, mithin, derjenige seinen Profit machte, der klug genug war, sich mit der Regierung gut zu stellen. Nun verlegten viele Firmen ihren Hauptsitz nach Tokyo, und unzählige Menschen drängten sich in die Hauptstadt, um dort einen Arbeitsplatz oder einen Studienplatz zu bekommen; aber zugleich verspürte das japanische Volk auch Haß gegen die neuerwachenden Elemente des Militarismus.

Viele japanische Intellektuelle und Studenten hielten den Sturz ihrer alten Militärregierung für den einzigen Sieg, den sie im Zweiten Weltkrieg errungen hatten. Sie reagierten daher sehr empfindlich auf die Wiederbewaffnung und die anwachsende Monopolstellung der Großunternehmen, die ihre stärkste Mißbilligung fanden. Vor allem aber kritisierten sie lautstark die Kehrtwendung der amerikanischen Japanpolitik und protestierten gegen den amerikanischen Egoismus, der Japan zuerst die Demilitarisierung auferlegt hatte und sodann, als die Lage sich änderte, eine Kehrtwendung machte und die Einberufung einer Polizeitruppe anordnete (die in Wirklichkeit nichts weiter war als eine paramilitärische Einheit), der die Rüstungsindustrie belebte und Japan zu einer Nachschubbasis der amerikanischen Armee machte. Zeitweise hatten sogar Angehörige der Kommunistischen Partei Japans die amerikanische Armee als Befreiungsarmee gefeiert, aber viele Japaner – und nicht nur Kommunisten – verzweifelten jetzt an den Vereinigten Staaten. Infolgedessen waren bis in die Mitte der sechziger Jahre in einigen Teilen der Intelligenz, der Studenten und der Arbeiterschaft stark ausgeprägte antiamerikanische Gefühle zu spüren. Sie erreichten ihren Höhepunkt im Jahr 1960, als die Ratifizierung des revidierten amerikanisch-japanischen Sicherheitsvertrages anstand. In ganz Tokyo herrschte so dicke Luft wie seinerzeit während des Aufstandsversuches vom 26. Februar 1936.[2] Das war also die Belohnung dafür, daß Japan sich zur „größten Werkstätte der freien Welt in Asien“ machen ließ.

2. Arbeitnehmer und Management

Unmittelbar nach dem Krieg steckten die überlieferte Kultur Japans und sein nationales Ethos in einer tiefen Krise. Das Volk verlor sein Vertrauen in seine Zivilisation und seine Lebensweise, es haßte sie sogar. Trotzdem konnten der Individualismus und der Liberalismus des Westens in Japan keine tiefen Wurzeln schlagen. Die Gewerkschaften, die zu fördern die Besatzungsmächte unmittelbar nach dem Krieg als Teil ihrer Liberalisierungspolitik angesehen hatten, entwikkelten sich schließlich zu sehr ,,japanischen" Betriebsgewerkschaften, und was die Unternehmensführung anlangt, so zeigte auch sie allenthalben ein Gebaren, das man als sehr ,,japanisch" bezeichnen könnte, weil es einen ,,Herr-im-Haus-Standpunkt" offenbarte.

Gewerkschaften hatte es in Japan schon vor dem Krieg gegeben, aber bei Kriegsende wußte kaum mehr ein Mensch, wie diese Gewerkschaften aufgebaut gewesen waren. Die Gewerkschaften wurden etwa zur gleichen Zeit verboten, als die Wirtschaft anfing, sich auf Krieg einzustellen. An ihrer Stelle bildete sich in jedem Unternehmen eine ,,patriotische Gewerbevereinigung", an deren Spitze der kaufmännische und der technische Leiter des Unternehmens standen. In den Augen der Besatzungsbehörden war es wichtig, die Arbeiter zu organisieren; dies war im Konzept der Besatzungspolitik so wichtig wie die Bodenreform und die Gleichstellung der Frau. Sie besaßen jedoch keine klare Vorstellung, wie man in Japan eine ausgewogen funktionierende Arbeiterorganisation einführen könnte. Zuerst machten sie nur eins, sie hetzten die Arbeiter auf.

Selbstverständlich waren es die Arbeiterführer der Zwischenkriegszeit, die sich an die Spitze dieser neuen Gewerkschaftsbewegung stellten. Viele davon waren Kommunisten, und mehr als einer hatte ein großes persönliches Charisma; aber die meisten von ihnen hatten einige Jahre im Gefängnis gesessen (einige fast zwanzig Jahre lang). Die japanische Gesellschaft hatte große Veränderungen durchgemacht, und diese Männer waren genau zu einer Zeit aus der Gesellschaft herausgerissen worden, als es für sie in der neuen Arbeiterbewegung am meisten zu lernen gegeben hätte. Obendrein herrschte bei den Kommunisten noch die Illusion, daß man ein um so besserer Kommunist sei, je länger man im Gefängnis gesessen habe. Dies lief im Grunde darauf hinaus, daß die Stellung eines Menschen in der Führung der Arbeiterbewegung desto höher war, je weniger er über seine Umgebung Bescheid wußte. Es liegt auf der Hand, daß die japanische Arbeiterbewegung zwangsläufig zu einem Nährboden des

Kommunismus wurde – eines Kommunismus zudem, wie man ihn nur in Büchern findet: losgelöst von jeder Realität.

Diese Männer verwechselten die Gewerkschaftsbewegung mit einer revolutionären Partei. Damals reformierten die Besatzungsmächte gerade die japanische Gesellschaft. Daher war jede Gruppe – ob sie sich nun zur Rechten oder zur Linken zählte –, die eine Revolution herbeizuführen versuchte, deren Ziele mit den Plänen der Besatzungsmächte unvereinbar waren, für sie im Grunde ein Feind. Außerdem fügten gerade die chinesischen Kommunisten der Armee Chiang Kai-sheks mehrere militärische Niederlagen zu, obwohl diese Armee von den Amerikanern unterstützt wurde. Die Beziehungen zwischen den Besatzungsmächten und den japanischen Kommunisten, die anfangs gar nicht so schlecht gewesen waren, kühlten sich schnell ab. Nun verbot das Alliierte Hauptquartier den Generalstreik, der für Februar 1947 geplant war. Dieser Streik hätte es den Gewerkschaften samt ihren Verbündeten aus der Kommunistischen und der Sozialistischen Partei erlaubt, ihr gemeinsames Ziel zu verwirklichen und das Kabinett zu stürzen. Etwas später, im Juli 1950, begann die sogenannte Säuberung von den Roten: Kommunisten und alle, die dafür gehalten wurden, wurden aus den öffentlichen Betrieben, aus Bildungseinrichtungen, Zeitungshäusern und anderen Verlagen entlassen. Einen Monat später wurde die Polizeireserve aufgestellt und weitere drei Monate darauf begann die Wiedereinstellung ehemaliger Berufssoldaten.

Nun trat die japanische Gewerkschaftsbewegung merklich leiser auf. Zuerst glaubten ihre Aktivisten, daß Gewerkschaften erst einmal auf Betriebsebene gebildet werden sollten, die man später nach dem jeweiligen Industriezweig zusammenschließen müsse. Die Industriegewerkschaften, die auf diese Weise entstanden waren, sollten sodann unter dem Dach des Kongresses der Japanischen Industriegewerkschaften zusammengeschlossen werden. Dieser „Kongreß" nahm sich den amerikanischen Congress of Industrial Organisation zum Vorbild, aber er war radikaler als dieser, und seine Führung lag in der Hand von Kommunisten. 1949 erreichten die Gewerkschaften ihre höchste Mitgliederzahl: 56% der gewerblich Tätigen gehörten einer Gewerkschaft an; von da an nahm diese Quote Jahr für Jahr ab, und 1978 waren nicht mehr als 32% aller Arbeitnehmer Gewerkschaftsmitglieder. 1950, als der Krieg in Korea ausbrach und die Besatzungspolitik bereits ihre Kehrtwende vollzogen hatte, wurde der Allgemeine Rat der Gewerkschaften Japans *(Sohyo)* gegründet. Er vertrat eine weitaus realistischere Politik als der Kongreß der Industriegewerkschaften, der 1958 schließlich aufgelöst wurde.

Als die Gewerkschaftsbewegung ruhiger und maßvoller geworden war, rückte die Betriebsgewerkschaft in den Blickpunkt der Arbeiterbewegung. Wir werden später noch sehen, daß sich in der Nachkriegszeit das Prinzip der Beschäftigung auf Lebenszeit und der Bezahlung nach Dienstjahren immer mehr durchsetzte, und in diesem Umfeld begannen die Gewerkschaften, ihre Tätigkeit mehr und mehr auf die Belange ihres Unternehmens zu konzentrieren, indes auch das Management des Unternehmens oftmals für seine Betriebsgewerkschaft Mitgefühl empfand. Da die Unternehmensleitung und die Gewerkschaftsführer von Zeit zu Zeit über Lohnerhöhungen miteinander verhandelten, konnte das Management sich ein Bild machen, in welchem Maß die Gewerkschaftsführer imstande waren, ihre Mitglieder zu zügeln; zugleich gewannen auch die Führer der Gewerkschaften ein ziemlich klares Bild von den Umständen, unter denen die Unternehmensleitung handelte. So entstand auf beiden Seiten das Bewußtsein, zum gleichen Betrieb zu gehören, und die Stellung des Gewerkschaftsvorsitzenden und andere Führungspositionen innerhalb der Gewerkschaften wurden allmählich sogar als wichtige Stufen auf der Erfolgsleiter innerhalb der Firma angesehen. In vielen Unternehmen wurde der Obmann der Betriebsgewerkschaft nach Ende seiner Amtszeit sogar Geschäftsführer oder Direktor der Firma. Es war nicht ungewöhnlich, daß der Präsident und der Vizepräsident eines Unternehmens nacheinander Vorsitzender der Gewerkschaft gewesen waren. Japanische Manager betrachteten die Führung der Gewerkschaften langsam in ziemlich genau dem gleichen Licht, in dem englische Lehrer die Klassensprecher an ihren Schulen ansehen: als Menschen, denen eine große Zukunft bevorsteht. Dies bedeutete, daß die radikale Arbeiterbewegung, die eine Zeitlang Streiks im ganzen Land organisiert hatte, sich nun vollständig beruhigte; in extremen Fällen arbeiteten Betriebsgewerkschaften sogar mit dem Management geradeso zusammen, wie es die ,,patriotischen Gewerbevereinigungen" während des Krieges gemacht hatten. Die Besatzungsbehörden hatten anfangs die Gewerkschaftsbewegung als Teil ihrer Demokratisierungspolitik gefördert – und eben diese Besatzungsmächte lähmten sie nun, indem sie ihr Mäßigung verordneten.

Die Entlassung von Spitzenmanagern der führenden Unternehmen war eine weitere wichtige Säule der alliierten Demokratisierungspolitik. Dies geschah mit der Begründung, daß sie alle den Krieg mehr oder weniger unterstützt hätten. Diese Säuberung hinterließ leere Stühle, die mit jüngeren Leuten besetzt werden mußten. Diese jungen Herren besaßen zwar ein hohes Maß an Kriegserfahrung, aber sie konnten so gut wie keine Leistungen vorweisen, die sie bei Führung eines Wirtschaftsbetriebs erworben hatten. Japan hatte seit 1931 fast fünfzehn Jahre lang Krieg geführt. Daher gab es bei Kriegsende selbst unter den Vierzigjährigen viele, die ein Jahrzehnt an der Front gestanden hatten und allenfalls auf acht Jahre Berufserfahrung in einem Betrieb zurückblicken konnten. Außerdem hatten die Firmen, in denen sie gearbeitet hatten, unter den Bedingungen des Krieges gestanden, so daß sie keinerlei Erfahrung besaßen, wie Unternehmen funktionieren, wenn die Wirtschaft unbehindert arbeitet. Junge Männer dieses Schlages wurden nun rasch auf Direktorenstühle gehoben, um die Hinausgeworfenen zu ersetzen; selbstverständlich nannte man sie bald „drittklassige Direktoren".

Diese jungen Manager leiteten ihre Belegschaft ziemlich genau so, wie sie früher ihre Truppen befehligt hatten. Aber auch die Arbeitnehmer besaßen langjährige Militärerfahrungen. Nach Kriegsende galt alles, was aus der Zeit des Militarismus stammte, als böse; aber Unternehmensleitung und Beschäftigte waren so lange in der Armee gewesen, daß ihnen die Bezahlung nach Dienstjahren und die Beschäftigung auf Lebenszeit zusagten, und sie zweifelten keinen Augenblick, daß diese Prinzipien ihre Vorteile hatten. Diese Beschäftigungspraktiken setzten sich nach dem Krieg nicht einfach nur fort, sie breiteten sich sogar immer weiter aus. Die jungen Chefs drängten ihre Arbeiter, „zusammenzuhalten, um die schwierige Lage zu meistern", und sie ließen „Werk 1" gegen „Werk 2" um höhere Produktivität konkurrieren, wie sie während des Krieges versucht hatten, mit „Bataillon 1" „Bataillon 2" zu übertreffen. Rückhaltlose Hingabe an das Unternehmen galt als höchste Tugend.

Große Unternehmen, die früher einmal zu einem *zaibatsu* gehört hatten, waren von diesen Veränderungen besonders betroffen. Die Weisungen der Besatzungsmächte untersagten es den *zaibatsu*-Familien, sich in das Management der Unternehmen einzumischen, und die neue Vermögenssteuer sorgte dafür, daß sie einen Großteil ihres Hab und Guts einbüßten. Gleichzeitig wurden auch ihre loyalen „Vorarbeiter" geschaßt, die Männer also, die vor und während des Krieges die *zaibatsu*-Konzerne geleitet hatten. In diesen Unternehmen wurden also Management und Kapitalbesitz mit einem Schlag voneinander getrennt. Die neuen jungen Manager fühlten sich eher der Belegschaft zugehörig als dem Besitzer des Unternehmens. Diese jungen Manager im Angestelltenstatus, selber keine Kapitaleigner, waren viel mehr darauf aus, die nationale oder internationale Stellung ihrer Unternehmen zu fördern, als für deren Eigentümer die Gewinne zu maximieren. Man kann die Einstellung dieser Manager mit der von echten Forschern vergleichen, die auch glauben, daß es wichtiger sei, wissenschaftliche Ergebnisse zu bekommen als große Reichtümer anzuhäufen. Da das Management glaubte, die Unterstützung der Belegschaft sei für diesen Zweck wesentlich, beanspruchten sie für sich keine riesigen Gehälter, und sie waren darauf bedacht, ihren Beschäftigten großzügig soziale Einrichtungen zur Verfügung zu stellen. Vor dem Krieg hatten die Linke wie die Rechte Angehörige der *zaibatsu*-Familien und deren Manager heftig angegriffen und sie beschuldigt, sie verfolgten nur selbstsüchtige Ziele; nicht selten hatte man damals den Ruf nach Verstaatlichung dieser Unternehmen vernommen. Aber nach 1945 hatten die Unternehmen, die in der Zwischenkriegszeit Teil eines *zaibatsu* gewesen waren, keine Mühe, mit diesen Angriffen fertigzuwerden.

Natürlich gibt es in Japan auch Großunternehmen, die niemals zu einem *zaibatsu* gehörten. An der Spitze vieler solcher Unternehmen stehen Direktoren oder Geschäftsführer, die früher einmal einfache Arbeitnehmer waren, geradeso wie die Manager der oben behandelten ehemaligen *zaibatsu*-Tochterfirmen. Dann gibt es weitere Großunternehmen, die heute noch von ihrem Gründer oder von einem Sproß aus seiner Familie geleitet werden. Dazu zählen Firmen wie Matsushita Electric, Sony, Toyota, Honda, Cannon und Suntory. Die Manager dieser Firmen müssen ihren Erfolg ihrer persönlichen Ausstrahlung zuschreiben, und sie wissen nur zu gut, daß sie ohne die Unterstützung ihrer Belegschaft ihre Ausstrahlung einbüßen würden. Sie wissen auch, daß sie keine Aussicht hätten, gutes Personal zu bekommen, wenn sie ihre Beschäftigten nachlässig behandeln würden. Im allgemeinen sind Manager dieser Firmen eher kühner und entschlossener als die Manager in anderen Betrieben, die früher selber einmal Arbeitnehmer waren. Aber diese Form des Managements hat auch ihre Schattenseite, und sie besteht darin, daß der Chef Belegschaftsvertreter einsetzt und Firmenslogans in Umlauf bringt, um jedem einzelnen seiner Beschäftigten seine persönliche Philosophie einzuimpfen. Japanische Unternehmen verstehen sich heute – und zwar unabhängig davon, ob sie früher einmal zu einem *zaibatsu* gehörten oder nicht – mehr oder weniger als eine Gemeinschaft, in der Management und Belegschaft durch ein gemeinsames Schicksal und durch gemeinsame Interessen zusammengehalten werden. In Ausnahmefällen sind es sogar Gemeinschaften, die von einer gemeinsamen Philosophie durchdrungen sind, und der Firmengründer wird häufig wie der Gründer einer Sekte verehrt.

In der Nachkriegszeit verlangten Unternehmensleitungen, daß ihre Beschäftigten geschlossen ihre Treue gegenüber dem Unternehmen bekundeten. Es genügte ihnen nicht, daß neueingestellte Arbeitnehmer lediglich eine gewöhnliche Schulbildung hatten. Natürlich sollte es das oberste Ziel einer Schulbildung sein, die Talente zu wecken, die in jedem Menschen schlummern; aber es gibt auch noch eine andere Form von Bildung – eine Bildung, die versucht, den Menschen in eine Schablone zu pressen. In den meisten westeuropäischen Ländern will die Schule vermutlich die Individualität eines Menschen entwickeln; die Armee hingegen versucht, eher die menschliche Uniformität zu fördern. Wenn Menschenwesen erst einmal standardisiert sind, fällt es den Offizieren nicht schwer, ihre Leistungskraft gemeinsam einzusetzen. Die Standardisierung von Menschen ist sogar eine unverzichtbare Vorbedingungen, wenn man Operationen mit größeren Menschenmassen plant. Im Japan der Zwischenkriegszeit formte aber sogar die in der Schule vermittelte Bildung den Schüler nach einem einheitlichen Muster. Nach dem Krieg hörte man zwar Lippenbekenntnisse, die sich zur autonomen Entwicklung des Individuums und zum Liberalismus bekannten, aber in Wirklichkeit wurde die alte Form von Ausbildung beibehalten, die Uniformität hervorbringt. Trotzdem meinten Manager, daß die Schulbildung allein nicht genüge, damit jemand bei seiner Arbeit im Betrieb seine Solidarität zeigt. Wer in einen Betrieb neu eintrat, erhielt dort sofort eine firmeninterne Ausbildung, und dazu zählte auch ein gehöriges Maß an sittlicher Bildung, außerdem wurden den Neuen die Funktionsweisen der Firma eingeschärft. So wurde jemand, der in ein Spitzenunternehmen eintrat, binnen kürzester Zeit zu einem erstklassigen „Soldaten" der Firma, der der Firmenleitung auf den kleinsten Wink gehorchte.

So verlangten also große Unternehmen von ihren Beschäftigten Ergebenheit; doch mittlere bis kleine Unternehmen waren außerstande, von ihrer Belegschaft mehr zu verlangen als die normale Arbeit. Infolgedessen setzte sich die dualistische Struktur des Arbeitsmarktes der Zwischenkriegszeit fort, das heißt, es bestand weiterhin ein erster Arbeitsmarkt, also der Arbeitsmarkt der Großunternehmen, den ich oben den „Markt der Treue" genannt habe. Daneben bestand noch ein zweiter, den die mittleren bis kleinen Unternehmen in Anspruch nahmen, von mir als „Markt der Söldner" bezeichnet. Es dauerte also nach dem Boom des Korea-Krieges, der 1950 einsetzte, gar nicht lange, und die großen Lohnunterschiede zwischen großen und mittleren/kleinen Unternehmen hatten sich verfestigt. Ähnlich war es ja auch in der Zwischenkriegszeit gewesen.

Tabelle 6 A zeigt die Lohnunterschiede für die Jahre nach 1951, bezogen auf verschiedene Unternehmensgrößen, und zwar ohne Berücksichtigung des Geschlechts. Sie zeigt, daß in den fünfziger Jah-

Tabelle 6 A: *Lohnunterschiede nach Unternehmensgröße (in %)*

Jahr	Größe des Unternehmens (gemessen an der Zahl der Beschäftigten je Werk)			
	5–29	30–99	100–499	500–
1951	38	56	75	100
1953	41	54	71	100
1955	41	53	69	100
1958	44	55	70	100
1960	46	59	71	100
1963	58	69	79	100
1965	63	71	81	100
1968	63	69	80	100
1970	62	70	81	100
1973	61	71	82	100
1975	60	69	83	100
1978	61	68	83	100

Quelle: für 1951–1955: Ministerium für Internationalen Handel und Industrie, *Kogyo Tokei Hyo* (Tabellen der Industriestatistiken);
für 1958–1978: Arbeitsministerium, *Maigetsu Kinro Tokei Chosa* (Monatlicher Überblick über die Beschäftigungsstatistiken).

ren zwischen großen und kleinen Betrieben ein beträchtlicher Unterschied bestand, der jedoch seit 1960 rapide abnahm. Dieser neue Trend – die Verringerung der Unterschiede – kam 1970 zum Erliegen. In den siebziger Jahren kehrte er sich erneut um: die Unterschiede wurden wieder etwas größer – zuungunsten der kleineren Unternehmen. Man darf jedoch diese Tabelle nicht vorschnell mit Tabelle 2 A vergleichen, auf der die Lohndifferenzen der Jahre 1909/1914 zu sehen sind. Der Bereich der gewerblichen Großunternehmen wurde, wie schon gesagt, in den dreißiger Jahren mehr und mehr zur Domäne der Männer. Davon war der Anteil der Arbeiterinnen in Großunternehmen hoch gewesen, aber seit den fünfziger Jahren machten dort auch die Männer einen hohen Anteil aus. Im Vergleich zu den Löhnen der Männer waren die der weiblichen Beschäftigten vor und nach dem Krieg überaus niedrig, daher war der Durchschnittslohn in Großunternehmen vor 1930 niedrig, nach dem Krieg hingegen war er hoch. Die Zahlen von Tabelle 2 A, die den Lohnunterschied zwischen 1909 und 1914 zeigen, verschleiern also den wahren Sachverhalt, indem sie die Differenz verkleinern, während die

Zahlen der Tabelle 6 A, für die Nachkriegszeit sie nach oben hin übertreiben.

Tabelle 6 B: *Lohnunterschiede nach Unternehmensgröße und Geschlecht (in %)*

		Größe des Unternehmens (gemessen an der Beschäftigtenzahl)			
Jahr		5–29	30–99	100–499	500–
1909	M	85	92	97	100
	F	77	89	93	100
1914	M	78	84	89	100
	F	74	85	89	100
1960	M	54	71	83	100
	F	62	77	86	100
1968	M	69	76	86	100
	F	69	73	85	100
1973	M	70	81	90	100
	F	63	72	83	100
1977	M	70	77	90	100
	F	63	69	83	100

Quelle: für 1909–1914: *Kojo Tokei Hyo* (Statistische Tabellen der Fabriken); für 1960–1977: *Maigetsu Kinro Tokei Chosa* (Monatlicher Überblick über die Beschäftigungsstatistiken).

Tabelle 6 B zeigt die Lohnunterschiede für beide Geschlechter getrennt. Erwartungsgemäß bestätigt sie sowohl die Über- als auch die Untertreibung, doch selbst im Jahr 1960, als die Kluft kleiner wurde, war der Lohnunterschied für Männer und für Frauen offenbar größer als in den Jahren 1909 und 1914. Für die fünfziger Jahre ist also ein sehr großer Lohnunterschied zu konstatieren, auch wenn es für diese Zeit keine statistischen Daten gibt, die den Lohnunterschied nach Betriebsgröße für Männer und Frauen gesondert ausweisen. Aber selbst als der Unterschied am geringsten war (für Männer 1973, für Frauen 1968), war er immer noch größer als 1914, von 1909 gar nicht zu sprechen.

Dennoch gibt es Nationalökonomen, die aufgrund dieses Sachverhalts zu dem Schluß kommen, die japanische Wirtschaft habe in den siebziger Jahren ihre gespaltene Lohnstruktur überwunden. Ich glaube, im Gegenteil, daß – ungeachtet der oben angeführten Tatsachen – Lohnunterschiede, die auf unterschiedliche Unternehmensgrößen zurückgehen, noch immer beträchtlich sind. Wenn wir das Einkommen im engeren Sinne verstehen als die Summe des regelmäßig gezahlten Entgelts einschließlich der Bezahlung für Überstunden und der Gratifikationen, dann können wir zwar an den Zahlen aus Tabelle 6 B nicht vorbeisehen; aber in der Nachkriegszeit, namentlich seit den sechziger Jahren, seit die Großunternehmen ihren Wiederaufbau abgeschlossen haben, haben gerade diese Großunternehmen damit begonnen, ihrer Belegschaft reichlich Extraleistungen zufließen zu lassen. Es versteht sich von selbst, daß Arbeiter ihre Unterkunft gestellt bekommen, aber daneben gibt es noch viele andere Vergünstigungen, beispielsweise Firmenkliniken (einige Unternehmensgruppen besitzen eigene Großkrankenhäuser), Erholungsheime und betriebseigene Urlaubsheime in den Bergen oder an der See. Obendrein gewähren sie noch Leistungen wie bezahlte Feiertage nebst Pensionszahlungen und Ruhestandsgelder, die in ihrer Höhe jeden Vergleich mit dem, was mittlere bis kleine Betriebe anbieten, verbieten. Das monatliche Entgelt, das ein Arbeitnehmer bezieht, und die Weihnachtsgratifikation sind ja nur *ein* Teil seines gesamten Einkommens, die Extravergünstigungen sind ein weiterer. Da viele Arbeitnehmer ein Leben lang für ein Unternehmen arbeiten, haben die Pensionen und die Ruhestandsgelder großes Gewicht; und wer aus einer Firma in den Ruhestand geht, dem steht es aufgrund seiner früheren Tätigkeit weiterhin zu, die medizinische Betreuung und die Ferienheime der Firma in Anspruch zu nehmen.[3] Mittlere und kleine Unternehmen haben nicht den Rückhalt, derlei Wohlfahrtseinrichtungen zu finanzieren. Selbst wenn also ihre Löhne hoch erscheinen, so hat doch die Angleichung bestenfalls an der Oberfläche stattgefunden.[4]

3. Bildung in einer konfuzianischen Gesellschaft

Selbst heute noch hängt in Japan das Wohlergehen eines ganzen Menschenlebens davon ab, ob es einem gelingt, eine Beschäftigung in einer großen Firma zu bekommen. Da die Japaner insgesamt wohlhabender geworden sind, stimmt es natürlich auch, daß die Beschäftigten mittlerer und kleiner Betriebe, im internationalen Vergleich, nicht mehr ein Leben führen, das man als kläglich bezeichnen könnte; aber im Vergleich mit den Beschäftigten großer japanischer Unternehmen müssen sie einen beträchtlich niedrigeren Lebensstandard hinnehmen. In einer kapitalistischen Volkswirtschaft westlichen

Typs ist das Problem der Klassenzugehörigkeit das größte; und im konfuzianisch-kapitalistischen Japan ist das Problem der dualistischen Struktur, die Spaltung im Arbeitsmarkt, nichts weiter als das Problem der Klassenzugehörigkeit in einem anderen Gewand.

Der Wettbewerb, dem man sich aussetzen muß, wenn man sich bei einem japanischen Großunternehmen bewirbt, ist erwartungsgemäß hart. Die Einstellungsprüfung eines Großunternehmens kann man nur einmal im Leben machen. Da man wenig Aussicht hat, von einer Firma eingestellt zu werden, wenn man nicht von einer guten Schule oder einer guten Universität kommt, gibt es bereits beim Eintritt in die guten Universitäten einen heftigen Wettbewerb, folglich auch harten Wettbewerb beim Eintritt in gute höhere Schulen und so weiter, bis hinunter zur niedrigsten Stufe der Ausbildung. In extremen Fällen ist der Wettbewerb so rücksichtslos, daß er schon beginnt, wenn man ein Kind in den Kindergarten schickt: Man versucht, das Kind in einen guten Kindergarten zu geben, und damit dies gelingt, erhalten einige Kinder schon zuhause Vorbereitungsunterricht. In einer konfuzianischen Gesellschaft hängt das gesellschaftliche Ansehen des einzelnen von dem Maß an Bildung ab, das er genossen hat, daher wollen die großen Unternehmen nur Absolventen einstellen, die aus den – wie man sagt – bestrenommierten Universitäten kommen, denn dies ist offenbar der sicherste Weg, den Rang des Unternehmens zu halten.

Seit der Zwischenkriegszeit zählt das japanische Bildungswesen und seine Universitäten und Hochschulen aller Art zu den besten der Welt. Vor dem Krieg allerdings war Bildung nicht für die Bedürfnisse des einzelnen gedacht, sondern eher für die Belange des Staates. Der erste Satz des „Erlasses über die Kaiserlichen Universitäten" sagt deutlich: „Das Ziel der Universitäten soll es sein, die Wissenschaften und die Künste in Übereinstimmung mit den Belangen des Staates zu lehren und deren Grundlagen zu erforschen", und nicht nur die Universitäten, sondern auch andere Bildungseinrichtungen mußten Menschen hervorbringen, deren Befähigungen der Nation von Nutzen waren. Da der Staat häufig Krieg führte, bestand dieser Nutzen nur darin, daß man als Hochschulabsolvent in der Lage war, im Krieg seinen Mann zu stehen. Vor allem nach 1930, als Japan seine Institutionen auf einen kommenden Krieg vorzubereiten begann, mußten die Universitäten sich voll und ganz der Armee zur Verfügung stellen. Die Künste, die Geisteswissenschaften und die Grundlagen der Naturwissenschaften wurden in ihrer Bedeutung heruntergespielt, während man der Ingenieurausbildung und Fragen der Nationalökonomie, die für die Männer der Wirtschaft nützlich sein konnten, große Bedeutung beimaß. Nach dem Krieg wurde das Bildungswesen nach amerikanischem Vorbild umgeformt. Nun wurde es das höchste Bildungsideal, die Anlagen eines jeden einzelnen zu entwickeln; aber dieses Ziel bestand nur nach außen hin, denn in Wirklichkeit unterwarfen sich die Bildungseinrichtungen der Nachkriegszeit, namentlich die Universitäten, vollständig den Bedürfnissen von Big business. Universitäten machen nichts weiter als ,,in Übereinstimmung mit den Belangen *der Wirtschaftsunternehmen* zu lehren", und die meisten Studenten gehen bloß deswegen zur Universität, damit sie in einem großen Spitzenunternehmen eine Anstellung finden. Mithin entspricht die Situation der in der Zwischenkriegszeit: die Fakultäten mit den größten Studentenzahlen sind die, die Ingenieure, Volks- und Betriebswirte ausbilden.

Diese Eigenart des sekundären Bildungsbereiches in Japan wird augenfällig, wenn man ihn mit dem höheren Bildungswesen Großbritanniens vergleicht, das für die Industrie bekanntlich von geringem Nutzen ist. In England (also ohne Schottland und Nordirland) gab es 1974 170000 Studierende jüngerer Semester, von denen sich 15% – also etwa 24000 – auf Technik spezialisierten. Im Gegensatz dazu gab es in Japan im gleichen Jahr an allen nationalen, öffentlichen und privaten Universitäten 1590000 Anfangssemester, von denen 21% – also etwa 330000 – der Fakultät für Technik angehörten.[5] Ronald P. Dore hat einmal geschrieben, es gebe in Japan etliche Universitäten, ,,die einen intelligenten Schimpansen aufnehmen würden, vorausgesetzt sein Herrchen würde dem Universitätsfonds eine entsprechend großzügige Spende machen".[6] Aus diesem Grund scheint es kaum gerecht zu sein, japanische Universitäten in ihrer Gesamtheit mit britischen zu vergleichen. Die Universitäten, auf die Dore anspielt, haben jedoch in der Regel keine technische Fakultät, weil diese Ausbildung zuviel Geld verschlingt. Japanische Studenten, die Technik studieren, neigen eher dazu, relativ gute Universitäten zu besuchen.[7] Es ist Japan gelungen, seit 1955 seine Produktivität zu steigern, indem es im Ausland Anleihen machte: bereits entwickelte Techniken einführte und sie verbesserte; aber diese Verbesserungen waren nur möglich, weil Japan seit dem Krieg Jahr für Jahr eine Unzahl von Ingenieuren ausgebildet hat. Viele dieser Verbesserungen waren bahnbrechend. Seit den sechziger Jahren sind japanische Produkte auf dem Weltmarkt ungeheuer erfolgreich, und dies ist genau das Ergebnis des hier angesprochenen technologischen Fortschritts.

Man könnte eine Reihe von Beispielen nennen, die in diese Kategorie fallen. Daß Japan heute den Schiffbaumarkt beherrscht, hat es dem Umstand zu verdanken, daß es die Technik des Schweißens phantastisch verbessert hat. Vorher war es nur möglich, Tanker von höchstens 50000 BRT zu bauen, aber die neue Technik ermöglichte es, rundum geschweißte Schiffe mit einer Kapazität von 500000 BRT herzustellen. Gleichzeitig gelang es den Japanern obendrein noch, die Schiffsmotoren so zu verbessern, daß diese Mammuttanker mit hoher Geschwindigkeit fahren können. Was den Eisenbahnbau anlangt, darf man sagen, daß der „Bullet Train", der auf der 1964 in Betrieb genommenen Tokaido-Strecke (Shinkansen) verkehrt, einen technologischen „Sprung nach vorn" bedeutet, wie es ihn im Eisenbahnbau seit George Stephenson nicht gegeben hat; die Staatliche Eisenbahngesellschaft Japans hat sich 1958 dafür entschieden, diesen „Shinkansen" zu bauen, nur dreizehn Jahre nachdem das japanische Volk sich gelobt hatte, sein Land aus dem damals herrschenden totalen Chaos herauszuführen. Wenn eine Gesellschaft, die derart auf die Gruppe hin orientiert ist wie die japanische, die moderne Technologie völlig in den Griff bekommt, dann kann sie leicht eine innere Schubkraft entwickeln, die anderen bedrohlich erscheint – oder die so groß wird, daß sie selbstmörderisch sein kann.

Die Forschung im Bereich Naturwissenschaften – und das ist die Grundlage der Technik – wurde in Japan allerdings vernachlässigt. 1974 machten die Anfangssemester an den naturwissenschaftlichen Fakultäten aller Hochschulen nur 3% aller Anfangssemester aus, und selbst an so guten Universitäten wie Kyoto und Osaka betrug der Anteil lediglich 10%. Im Vergleich zu Großbritannien, wo 24% aller Studenten Naturwissenschaften studieren, sind die Zahlen für Japan gewiß eher kläglich. Daß die japanische Universität den Ingenieurberuf überbetont und die Naturwissenschaften vernachlässigt, geht zurück auf die Meiji-Zeit und kann als eine logische Konsequenz der Politik betrachtet werden, die „Japanischer Geist und westliche Technik" heißt. Seit der Meiji-Epoche hat Japan Wert darauf gelegt, westliche Techniken so schnell wie möglich zu übernehmen, sie zu verbessern und sie dem Produktionsprozeß anzupassen, damit Japan militärisch und wirtschaftlich stark werde. Die Japaner haben wenig Neigung gezeigt, sich mit so fundamentalen Problemen wie der Frage nach der wissenschaftlichen Grundlage dieser Technologie zu befassen. Kann man nicht sagen, daß der japanische Geist, bewußt oder unbewußt, die Naturwissenschaften verworfen hat, weil sie ein so wesentliches Element des westlichen Geistesgutes ausmachen? Japanische Universitäten stellen sich diesen fundamentalen Fragen nicht, sie dienen statt dessen weiterhin den Bedürfnissen des Staates, des Militärs und des Big business. Japan kann weiterhin fremde Technologie einkaufen, sofern es das Geld dazu hat. Solange Japan also ein Ingenieurwesen hat, das in der Lage ist, diese erworbenen Techniken zu verbessern und sie in den Herstellungsprozeß zu integrieren, wird seine Industrie technologisch nie mehr als nur ein bißchen hinter die anderen Länder zurückfallen. Als der Krieg zu Ende ging, hörte man häufig sagen: ,,Japans Anlagen taugen für Experimente wenig, und auch in der Zukunft besteht keine Aussicht, daß es in der angewandten Physik an Boden gewinnt, daher haben japanische Physiker gar keine andere Wahl, als sich mit theoretischer Forschung zu befassen.“ Die Geschichte der über vier Jahrzehnte seit Kriegsende hat jedoch gezeigt, daß genau dies nicht eingetreten ist.

Japan baute Universitäten, weil es deren Absolventen in die Wirtschaft und in die Politik stecken wollte. Japanische Kinder wurden gezwungen, von morgens bis spätabends zu lernen, und dies mit dem einzigen Ziel, auf eine gute Universität zu kommen. Vor allem Oberschüler, die sich auf die Aufnahmeprüfungen der Universität vorbereiten, besuchen als Teil ihrer Examensvorbereitungen nach ihren regulären Unterrichtsstunden noch spezielle Privatschulen *(juku)*. Wenn sie von diesen *juku* nach Hause kommen, wartet dort bereits ein Student auf sie, um ihnen Privatstunden zu geben, und danach müssen sie noch einige weitere Stunden lernen. Sieht man von den Universitäten ab, die ,,selbst einen Schimpansen“ aufnehmen würden, so muß man sagen, daß die Aufnahmeprüfungen der Universitäten sehr streng und, in der Tat, unparteiisch sind. Die Japaner meinen, daß das gerechteste Verfahren, bei diesen Prüfungen Erfolg zu messen, darin bestehe, sämtliche Papiere eines Kandidaten zu benoten und sodann diese Noten mechanistisch zusammenzuzählen; daher sind Examensfragen, soweit dies überhaupt möglich ist, so beschaffen, daß man sie leicht mechanisch auswerten kann. Beinahe alle Eltern legen großen Wert darauf, daß ihre Kinder die Universität besuchen. Eine derartige Bildungsbegeisterung ist in einer konfuzianischen Gesellschaft keineswegs verwunderlich, denn diese Gesellschaft bestimmt den Wert eines Menschen nicht aufgrund seines Besitzes, sondern aufgrund seiner Bildung. Man würde es daher als eine Selbstverständlichkeit erwarten, daß in Japan *von Generation zu Generation* ein beruflicher Aufstieg stattfindet und daß die soziale Mobilität in Japan hoch ist. Wenn, andererseits, ein Mensch erst einmal in einem mittelgroßen oder kleinen Betrieb untergekommen ist, dann ist es für ihn überaus schwierig, in ein Großunternehmen überzuwechseln. Man könnte daher die Hypothese aufstellen, daß die berufliche Mobilität *innerhalb einer einzigen Generation* in Japan extrem niedrig ist. Man würde eigentlich erwarten, daß das Niveau der

Mobilität zwischen den Generationen völlig verschieden ist von der Mobilität innerhalb einer Generation. Man würde außerdem noch erwarten, daß die extrem geringe Mobilität innerhalb einer Generation zur hohen Mobilität zwischen den Generationen beiträgt.

Man kann die Richtigkeit dieser Hypothese prüfen, indem man Untersuchungen über soziale Schichtung und Mobilität in Japan studiert. 1975 wurde die dritte landesweite Untersuchung über soziale Schichtung und Mobilität angestellt; Tabelle 7 zeigt das Ergebnis, die berufliche Mobilität innerhalb einer Generation. Diese Tabelle unterteilt die Beschäftigung in neun Gruppen (freie Berufe; Manager, Angestellte und Arbeiter in Großunternehmen; Arbeiter und Angestellte in mittleren/kleinen Unternehmen; Landwirtschaft und Selbständige), und die Zahlen in jeder Spalte zeigen die gegenwärtige proportionale Verteilung nach diesen neun Beschäftigungskategorien all derer, die ursprünglich in einer ganz bestimmten Kategorie beschäftigt waren, beispielsweise als Arbeiter in einem Großunternehmen. Um dieses Verteilungsschema deutlicher zu machen, wurden Zahlen von weniger als 4,5% durch ein Sternchen (*) ersetzt. Diese Zahlen können wir vernachlässigen, sie seien für unsere Zwecke gleich Null. Wenn wir nun die folgenden vier Beschäftigungskategorien – Freiberufler, leitende Angestellte, einfache Angestellte sowie Arbeiter in Großunternehmen – als Oberschicht bezeichnen, und die verbleibenden fünf Kategorien – leitende Angestellte, einfache Angestellte, Arbeiter in mittleren/kleinen Unternehmen, landwirtschaftlich Tätige und Selbständige – als Unterschicht, dann zeigen die Zahlen oben rechts und unten links die Bewegungen zwischen diesen beiden Gruppen an. Das heißt, je höher die Zahlen im oberen rechten Quadranten sind, desto höher ist der Anteil der Aufsteiger von der Unter- in die Oberschicht, während die Bewegung in die umgekehrte Richtung häufig ist, wenn die Zahlen im linken unteren Quadranten hoch sind. Mit Ausnahme der 9% Arbeiter, die ursprünglich in mittleren bis kleinen Betrieben tätig waren und jetzt als Arbeiter in Großbetrieben beschäftigt sind, sind in Tabelle 7 alle Zahlen im oberen rechten Quadranten so klein, daß man sie vernachlässigen kann. Im Gegensatz zu dieser allgemein niedrigen Mobilität von unten nach oben (die kleine Gruppe Arbeiter ausgenommen) ist die Mobilität von oben nach unten – namentlich in die Kategorie der Selbständigen hinein – ziemlich häufig. Mit anderen Worten: Will man einer Oberschicht-Beschäftigung nachgehen, so ist es absolut notwendig, aber keinesfalls eine Garantie, daß man beim Abgang von Schule oder Hochschule gleich in diese Beschäftigungskategorie findet. Tabelle 7 erhärtet also nicht nur meine Vorstellung einer gespaltenen

Tabelle 7: *Berufliche Mobilität innerhalb einer Generation, 1975 (in %)*[a]

Derzeitige Beschäftigung		Ursprüngliche Beschäftigung: Freie Berufe	Große Unternehmen: Management	Große Unternehmen: Angestellter	Große Unternehmen: Arbeiter	Mittlere/Kleine Unternehmen: Management	Mittlere/Kleine Unternehmen: Angestellter	Mittlere/Kleine Unternehmen: Arbeiter	Landwirtschaft	Selbständiger
Freie Berufe		75	*	*	*	*	*	*	*	*
Großes Unternehmen	Management	*	100	9	*	*	*	*	*	*
	Angesteller	*	*	54	7	*	*	*	*	*
	Arbeiter	*	*	*	37	*	*	9	*	*
Mittleres/Kleines Unternehmen	Management	*	*	*	*	75	9	*	*	*
	Angestellter	*	*	8	10	*	40	8	*	5
	Arbeiter	*	*	5	15	*	13	50	18	13
Landwirtschaft		*	*	*	8	13	*	5	62	*
Selbständig		7	*		14	13	24	22	10	72

[a] Der Asterisk (*) zeigt eine Zahl von weniger als 4,5% an. Die Gesamtanzahl aller Untersuchten betrug 2514. Diese Tabelle wurde mit Hilfe von Professor Hara Junsuke aus den Ergebnissen einer Untersuchung über gesellschaftliche Mobilität unter der Führung von Tominaga Ken'ichi erarbeitet. Siehe dazu auch Tominaga, K., *Nihon no Shakai Kozo* (Die Sozialstruktur Japans), (Tokyo, Iwanami-shoten, 1979).

Struktur, sondern beweist zugleich, wie wichtig es ist, studiert zu haben.

Nun zur Prüfung der zweiten Hypothese, die besagt, daß die Mobilität von Generation zu Generation in Japan sehr hoch ist. Tabelle 8 unterteilt die Beschäftigung in acht Kategorien – freie Berufe, Management, Bürotätigkeit, Vertrieb, gelernte, angelernte und ungelernte Arbeit sowie landwirtschaftliche Beschäftigung. Die senkrechte Zahlenreihe zeigt die Beschäftigung, die der Vater des Betreffenden den größten Teil seines Lebens verrichtete; die waagrechte Reihe zeigt die Beschäftigung des Sohnes. Die Zahlen in den vertikalen Reihen zeigen die proportionale Verteilung nach Beschäftigung all jener Söhne, die der gleichen Beschäftigung nachgehen wie ihre Väter. Zahlen unter 4,5% wurden durch Sternchen (*) ersetzt. Die ersten vier Kategorien stellen nichtkörperliche Arbeit dar, die vier folgenden Kategorien kann man unter dem Begriff Handarbeit zusammenfassen. Die Zahlen in dieser Tabelle zeigen, daß der Aufstieg von Handarbeitern in die Gruppe der Nichthandarbeiter zwischen den Generationen weitaus häufiger ist als die Mobilität zwischen Ober- und Unterschicht innerhalb einer Generation, die wir bereits betrachtet haben. Die von Tominaga erarbeitete Tabelle zeigt außerdem, daß der Aufstieg von ehemaligen Handarbeitern in die Gruppe der Nichthandarbeiter häufiger ist als die Bewegung in umgekehrter Richtung, also von der Nichthandarbeit in die Handarbeit. Dies macht deutlich, daß es in der japanischen Wirtschaft einen Trend zu mehr Nichthandarbeit gibt.

Tabelle 8 scheint also meine Hypothese zu bestätigen. Wir müssen jedoch festhalten, daß die Mobilität in Japan nicht größer ist als in Großbritannien, was ein Vergleich mit einer britischen Tabelle über gesellschaftliche Mobilität in Großbritannien zwischen den Generationen von 1972 verdeutlicht.[8] Wir sehen dort, daß zwar die Bewegung vom Handarbeits-Bereich in den Nichthandarbeits-Bereich in Japan und Großbritannien ziemlich genau gleich groß ist, daß aber die umgekehrte Bewegung (also von Nichthandarbeit zu Handarbeit) in Großbritannien weitaus häufiger ist als in Japan.[9] Die Briten meinen, in ihrem Land sei die soziale Mobilität zwischen den Generationen sehr niedrig; und die Japaner glauben, ihr Land zeichne sich durch ein hohes Maß an gesellschaftlicher Mobilität aus. Diese Selbsteinschätzung beruht nicht auf objektiven internationalen Vergleichsdaten, sie wird eher von Wunschdenken, Einbildung und anderen Faktoren bestimmt. Im Falle Japans ist insbesondere die Mobilität zwischen der Ober- und der Unterschicht innerhalb einer einzigen Generation extrem niedrig (wenn man einmal in der Unter-

Tabelle 8: *Berufliche Mobilität zwischen den Generationen, 1975 (in %)*[a]

Berufstätigkeit des Sohnes	Beruf des Vaters: Frei-berufler	Manage-ment	Büro-tätigk.	Vertrieb	Gelernt	Angelernt	Ungelernt	Landwirt-schaft
Freiberufler	37	9	10	6	6	8	*	*
Management	15	28	14	11	8	11	6	6
Bürotätigkeit	24	26	27	21	14	15	10	11
Vertrieb	7	11	17	30	10	11	9	9
Gelernt	5	10	14	16	39	25	32	17
Angelernt	7	10	10	11	14	23	26	18
Ungelernt	*	*	*	*	6	*	11	5
Landwirtschaft	*	*	*	*	*	6	*	30

[a] Der Asterisk (*) zeigt eine Zahl von weniger als 4,5% an. Die Gesamtanzahl der Untersuchten machte 2338 aus. Erstellt von K. Tominaga, *a. a. O.*, Tabelle 2.9 c.

schicht steckt, ist es fast unmöglich, ihr im Laufe seines Lebens zu entkommen), und dies ist tief im Bewußtsein der Japaner verankert, die sich gerade deswegen verführen lassen, zu glauben, bei ihnen müsse die Mobilität zwischen den Generationen besonders hoch sein, obschon sie in Wirklichkeit ziemlich niedrig ist.

Es ist auf jeden Fall verblüffend, daß die Mobilität zwischen den Generationen in Japan ziemlich genau mit der in England vergleichbar oder sogar noch niedriger ist, obwohl doch die japanischen Kinder aus allen sozialen Schichten an dem rücksichtslosen Wettbewerb der Universitätsaufnahmeprüfungen teilnehmen. Wahrscheinlich hängt es damit zusammen, daß die Kinder von Eltern, die keine Handarbeit leisten, von früher Jugend an zu privaten *juku* geschickt werden und zu Hause Privatstunden erhalten, folglich fällt es ihnen leichter, die Prüfungsfragen zu beantworten als den Kindern aus Bauern- und Arbeiterfamilien. Man sagt der Universität Tokyo nach, sie ziehe die klügsten Studenten aus ganz Japan an; die gesellschaftliche Herkunft ihrer Studenten hat sich in den letzten Jahren immer mehr nach oben verschoben, und die Universität Tokyo erfährt nun zunehmend Kritik, sie sei dabei, eine Universität für die Söhne des Großbürgertums zu werden statt für die besten Studenten. Eine konfuzianische Gesellschaft, die die soziale Stellung eines Menschen ausschließlich aufgrund seiner Bildung festlegt, kann ebenso ungerecht sein wie eine bürgerliche Gesellschaft, die den sozialen Rang eines Kindes nach dem Reichtum seines Vaters bestimmt. Da japanische Jugendliche außerdem gezwungen werden, in der Schule 6 Stunden täglich zu lernen, weitere 3 bis 4 Stunden bei einem privaten Pauker und noch einmal 4 bis 5 Stunden bei sich zuhause, insgesamt also 13 bis 15 Stunden am Tag, unterscheidet sich das Maß an „Ausbeutung", dem sie unterworfen sind, kaum von dem eines Kindes im Viktorianischen England. Mancher japanische Nationalökonom meint, japanische Arbeiter seien von so hoher Qualität, weil sie diese Art von Schwerarbeit und Disziplin in ihrer Kindheit gelernt haben. Aber man darf dabei nicht übersehen, daß als Folge davon auch ihre Individualität zerbrochen wird.

4. Politik und Wirtschaft in Japan heute

Bei Kriegsende befand sich die japanische Wirtschaft in einem kläglichen Zustand. Alle größeren Städte, einige wenige historische Orte wie Kyoto und Nara ausgenommen, lagen beinahe völlig in Schutt und Asche. Nicht nur hatten viele Japaner kein Dach mehr über dem

Kopf, auch die Produktivkräfte des Landes waren vollkommen zerstört. Zudem kehrten nun unzählige Japaner, die in den vormals japanisch besetzten Gebieten gearbeitet hatten, mit ihren Familien nach Japan zurück, desgleichen die Angehörigen der Streitkräfte. Als diese Leute heimkamen, erhielten sie Alimentierungsbeihilfen und Entlassungsgelder. Die Kaufkraft, die sich während des Krieges aufgestaut hatte, bekam jetzt freien Lauf. Es war abzusehen, daß die Preise in Japan ruckartig nach oben schießen würden.

Während des Krieges waren unzählige Arbeitnehmer in die Maschinen- und die Rüstungsindustrie geschickt worden; die Konsumgüterindustrien hingegen litten an Arbeitskräftemangel. In den dreißiger Jahren hatte Japan weder Kosten noch Mühen gescheut und alles getan, um seine Produktion rasch von Konsum- auf Investitions- und Rüstungsgüter umzustellen. Nun mußte das Land genauso schnell den umgekehrten Transformationsprozeß bewerkstelligen. Die japanische Gesellschaft war allerdings so verarmt, daß es kaum eine Möglichkeit gab, die Produktion von Konsumgütern auszuweiten. Jedermann bezog seine Nahrungsmittel direkt vom Erzeuger, und auch der Fisch wanderte aus dem Boot des Fischers schnurstracks in den Magen des Verbrauchers. Das gleiche traf für Fleisch zu. Da die Menschen in den Städten mit Freuden ihr ganzes Geld hinlegten, wenn sie sich nur wieder einmal richtig sattessen konnten, blieb ihnen für den Kauf neuer Kleider kaum Geld übrig. Wer das Glück hatte, die Luftangriffe überlebt zu haben, nahm jetzt seine schönsten Kleider, die er vor den Flammen gerettet hatte, trug sie hinaus auf die Bauern- und Fischerdörfer und tauschte sie gegen Reis und Fisch. Da die Konsumgüterindustrien außerstande waren, die überschüssigen Arbeitskräfte aus den Rüstungs- und den Investitionsgüterindustrien einzustellen, kehrte ein Teil dieser Arbeiter auf die Bauerndörfer zurück, aus denen sie ursprünglich gekommen waren. Nun besaß allerdings Japan kaum genügend Land; die Bauerndörfer konnten diese zusätzlichen Arbeitskräfte nicht aufnehmen. Auf den Straßen wimmelte es von Menschen, die in der Landwirtschaft kein Unterkommen fanden. Sie versuchten nun, ihren Lebensunterhalt zu bestreiten, indem sie sich entweder auf dem Schwarzmarkt nach Erwerbsmöglichkeiten umschauten oder dort zumindest etwas verkauften.[10]

Die japanische Bürokratie, die bislang unter dem eigenwilligen Militär geschickt die Rolle einer zweiten Regierung gespielt hatte, bekam bald Gelegenheit, unter den Besatzungsmächten aufs neue ihre Kompetenz unter Beweis zu stellen. Zwischen Geiseln und Geiselnehmern entwickelt sich zuweilen eine seltsame Beziehung des

Vertrauens und der Freundschaft, und auf ganz ähnliche Weise gelang es der japanischen Regierung binnen kurzer Zeit, mit den Besatzungsstreitkräften auf freundschaftlichem Fuße zu verkehren. Mit tatkräftiger Unterstützung des Alliierten Hauptquartiers wurde im August 1946 ein Rat für Wirtschaftlichen Wiederaufbau eingerichtet (im folgenden RWW abgekürzt), und im März 1947 erließ MacArthur eine Anweisung an die japanische Regierung, in der er sie aufforderte, „entschlossen eine Politik zu verfolgen, die dem RWW Vorrang einräumt, damit die gegenwärtige Wirtschaftsmisere behoben wird". Der RWW wurde sofort erweitert und nahm begabte junge Leute aus Verwaltung und Wirtschaft auf. Daß diese Männer hervorragend waren, erhellt aus dem Umstand, daß sie später fast alle in der öffentlichen Verwaltung, der Politik, Wirtschaft oder Wissenschaft sich einen Namen machten. Auf jeden Fall blieb Japans alte Ordnung weiterhin bestehen, vermittels welcher die erste, die wirkliche Regierung (in diesem Fall war es das Alliierte Hauptquartier) sich der zweiten Regierung als eines „Transmissionsriemens" bediente und die Wirtschaft so lenkte, wie sie es für richtig hielt.

MacArthurs Verfügung lautete, „entschlossen eine Politik zu verfolgen, die dem RWW Vorrang einräumt"; aber die japanische Regierung war außerstande, eine Politik entschlossen zu verfolgen. Da die Besatzungsmächte selber unentschlossen waren – sie machten, wie wir gesehen haben, eine totale Kehrtwendung –, war die Aussicht gering, daß die japanische Regierung, die ihr treuer „Mittelsmann" geworden war, Entschlossenheit zeigte. Weil jedoch der neue Kurs in eine Richtung führte, die für Japan günstig war, begrüßten Regierung wie auch Wirtschaft die Kehrtwendung von ganzem Herzen. Bislang hatte die japanische Wirtschaft Güter exportieren müssen, um sich in die Lage zu versetzen, Lebensmittel einzuführen; und wie die Dinge lagen, konnte Japan seinerzeit nur Rohseide ausführen. Etwa 30 bis 40% der Anlagen, die in der Zwischenkriegszeit, zu Zeiten der Höchstproduktion, in der Baumwollindustrie eingesetzt wurden, waren der Zerstörung des Krieges entkommen. Da aber die Rohstoffvorräte nicht ausreichten, konnten nicht einmal diese Anlagen gänzlich ausgelastet werden. Wenn es einem Land schlecht geht, kann es eigentlich auf solche Exportindustrien ganz verzichten, die auf die Einfuhr von Rohstoffen angewiesen sind, denn in solchen Zeiten lassen sich die Importe nicht beliebig erhöhen. Die baumwollerzeugende Industrie war genau diese Art von Exportindustrie. Als die Meiji-Regierung Japan dem Westen öffnete, machte sie die ersten Anfänge der Industrialisierung, indem sie Rohseide exportierte; und in den ersten Tagen der Herrschaft MacArthurs war dies gleichfalls die einzige Möglichkeit, die sich der japanischen Regierung bot. Die Japaner waren verzweifelt und kopflos, so daß die Kehrtwendung des Alliierten Hauptquartiers für sie wie ein Segen kam.

Als der Korea-Krieg ausbrach, bescherten die „Spezialaufträge“ der amerikanischen Armee der japanischen Textilindustrie einen Riesenboom – es sollte der letzte in ihrer Geschichte sein –, und auch die Eisen-, die Stahl- und die Nichtmetallindustrie prosperierten gewaltig. Außerdem wurde der Kalte Krieg immer schlimmer, und die westlichen, vom Krieg betroffenen Länder waren sehr mit ihrem eigenen Wiederaufbau beschäftigt. In dieser Situation war es für Amerika kaum die richtige Politik, hohe Reparationsleistungen aus Japan herauszupressen. Wenn diese Reparationen Japan vollends zu Boden warfen, dann war Amerika das einzige Land, das im Fernen Osten dem kommunistischen Lager die Stirne bot, und dies hätte die Belastung des amerikanischen Volkes noch erheblich verstärkt. Da der Kalte Krieg weiterging, mußte Amerika die Japaner dazu bewegen, auch einen Beitrag zu leisten. Infolgedessen wurde die Reparationslast beträchtlich gemindert. Die japanische Linke kritisierte solcherlei Schachzüge als Vorbereitung zur Wiederbewaffnung und als Anzeichen für die Wiederbelebung des Monopolkapitalismus, aber die Regierung wie die Geschäftsleute begrüßten sie natürlich. Vom RWW, der auf diese Weise als Japans Fenster nach Amerika und zugleich als Amerikas Fenster nach Japan diente, sagte man zu seinen Glanzzeiten sogar, es sei allmächtig – was man früher nur von der Kaiserlichen Armee gesagt hatte.

Textilprodukte wurden Japans Exportgut Nummer 1, aber bald stellte sich heraus, daß eine wirtschaftliche Expansion unmöglich war, solange derlei Produkte Japans wichtigstes Exportgut waren. Es gab seinerzeit nicht die Möglichkeit, Anteile des chinesischen Binnenmarktes zu gewinnen, und da die Entwicklungsländer gleichfalls dabei waren, im Textilbereich autark zu werden, waren dem japanischen Export Grenzen gesetzt. Die Zukunft der Leichtindustrie sah nicht sehr rosig aus, also mußte sich Japan erneut der Expansion seiner Schwerindustrie zuwenden. Gerade damals konnte man den Eindruck haben, der den „Spezialaufträgen“ folgende Boom, das Produkt des Korea-Krieges, werde sich über einen längeren Zeitraum erstrecken; daher schickten sich Gießereien an, Kapital in die Modernisierung ihrer Werke zu investieren. Die Chiba-Eisenwerke, kurz zuvor von der Gesellschaft Kawasaki-Eisen errichtet worden, waren beispielsweise ein riesiges Werk modernster Art, gleich an der Küste gelegen. Es gelang Japan, die modernisierte Eisenindustrie als Grundlage zur Erweiterung der gesamten Maschinenindustrie einzusetzen. In Anbetracht dieser zweiten Umstellung der japanischen Wirtschaft seit dem Krieg wurde der RWW, der bislang, während der ersten großen Umstellung, als Zentrale (oder eher als zweite Zentrale, denn er war dem Alliierten Hauptquartier untergeordnet) gedient hatte, mit Ende der alliierten Besatzung aufgelöst. An seine Stelle trat eine Wirtschaftliche Planungsbehörde, die allerdings nicht mehr die gleichen, weitreichenden Vollmachten besaß wie zuvor der RWW.

Bei der zweiten industriellen Umstellung spielte das Ministerium für Außenhandel und Industrie die wichtigste Rolle. Die Wirtschaftliche Planungsbehörde erteilte als staatliche Instanz der Wirtschaft ihre Weisungen nicht mehr offen, sie übte ihre Kontrollgewalt jetzt mehr unter der Hand aus. Als eine führende Behörde war sie zuständig dafür, die amtlichen Wirtschaftspläne zu entwerfen. Ganz ähnlich wie die Meiji-Regierung, die als ihr Ziel die Parole „Ein reiches Land mit einer starken Armee" auf ihre Fahnen geschrieben hatte, so erklärten auch in der Nachkriegszeit mehrere Kabinette die Ziele ihrer Politik. 1955 veröffentlichte das Kabinett Hatoyama einen „Fünf-Jahresplan der Wirtschaftlichen Selbständigkeit", der es sich zum Ziel setzte, Importe und Exporte einander anzugleichen und Vollbeschäftigung zu erreichen. Auch die folgenden Kabinette veröffentlichten ihre Wirtschaftspläne. Der berühmteste, und wahrhaftig der erfolgreichste, war der „Plan zur Verdoppelung des Volkseinkommens" des Kabinetts Ikeda, der innerhalb von zehn Jahren das Volkseinkommen verdoppeln wollte; ferner gab es einen Plan des Kabinetts Ohira, veröffentlicht unter dem Namen „Neuer Sieben-Jahres-Wirtschaftsplan", der allerdings anderthalb Jahre später nur noch Makulatur war.[11]

Da die Regierung nicht die Vollmacht besaß, diese Pläne in die Realität umzusetzen, wich die tatsächliche Wirtschaftsleistung oftmals weit ab von den Zielvorstellungen der Pläne, vieles davon stand also bloß auf dem Papier. Aber während die Pläne aufgestellt wurden, fanden zwischen Vertretern der zuständigen Ministerien, Interessenverbänden und Wissenschaftlern häufig Besprechungen statt, so daß diese Pläne mithalfen, zwischen diesen Gruppen das Verständnis zu fördern. In einem Land wie Japan, wo Harmonie geschätzt wird und wo allenthalben die Neigung besteht, zu glauben, Harmonie bedeutet, daß man auf die Regierung hört, haben diese Pläne als Richtlinien gedient. Daher darf man den Beitrag der Wirtschaftlichen Planungsbehörde keinesfalls gering schätzen. Doch im Vergleich mit dem Ministerium für Außenhandel und Industrie, das selbst bei solchen Plänen, die selber durchzuführen es nicht befugt war, ein gewisses Maß an Zwang geltend machen konnte, führte die Wirtschaftliche Planungsbehörde nur ein Schattendasein, obwohl sie doch eine Neuauflage des mächtigen RWW war.

Im „Neuen Langfristigen Wirtschaftsplan" (1957) und im „Plan zur Verdoppelung des Volkseinkommens" (1960) bekräftigte die Regierung ihre wirtschaftspolitischen Ziele: die Förderung der chemischen und der Schwerindustrie. Dies sollte auf folgende Weise geschehen: Zuerst bezeichnete das Ministerium für Außenhandel und Industrie die Bereiche der chemischen und der Schwerindustrie, die von Staatswesen gefördert werden sollten. Dazu zählten Ölraffinerien, die petrochemische Industrie, künstliche Fasern, die Automobilindustrie, der Maschinenbau, Flugzeuge, Elektronik und elektrische Geräte. Diesen Bereichen wurden Schutz- und Förderungsmaßnahmen des Staates zuteil. Der Staat sorgte dafür, daß ihnen ausländische Konkurrenz nichts anhaben konnte, indem er über ausländische Erzeugnisse direkt wirksame Einfuhrkontingentierungen verhängte, beispielsweise durch die Einführung von Importlizenzen; und er drosselte die Einfuhren, indem er hohe Zollbarrieren errichtete, während er auf einheimische Produkte nur eine niedrige Steuer erhob.

Die Entwicklung dieser Industriezweige wurde außerdem noch durch regierungseigene Kreditinstitute gefördert, wie die Japanische Entwicklungsbank oder die Japanische Import-Export-Bank, die ihnen Kapital zu niedrigem Zinssatz zur Verfügung stellten, ihnen Subventionen gaben oder sie steuerlich bevorzugten, indem sie sie von der Körperschaftssteuer befreiten oder ihnen zumindest einen niedrigeren Satz gaben, wenn sie ihre Erlöse aus Exportgeschäften versteuerten. Außerdem gab das Ministerium einigen Unternehmen ein bißchen Planungshilfe. Wenn diese amtlichen Stellen die Produktion eines Industriezweigs für zu hoch hielten, empfahlen sie diesem Sektor, seine Produktion zu drosseln; und wenn sie den Eindruck hatten, die Investitionen einiger Unternehmer seien übertrieben hoch, dann gaben sie ihnen den Rat, etwas langsamer zu treten. Um die Preise für Eisen- und Stahlprodukte hoch zu halten, führte das Ministerium für Außenhandel und Industrie den Verkauf dieser Produkte auf dem freien Markt ein.

Diese Art von Wirtschaftsplanung gehörte in die Zuständigkeit dieses Ministeriums. Aber selbst wenn es nicht zuständig war, genügte eine Äußerung aus seinem Haus, um weitreichende Folgen zu zeitigen. Seit der Meiji-Zeit hatte die Regierung die Wirtschaft gelenkt, und die Wirtschaft profitierte davon, daß sie vor der Regierung scharwenzelte. Dies war noch immer der Fall, als die Regierung den

Besatzungsmächten unterstand. Die Regierung zeigte einer bestimmten Gruppe von Unternehmen größtes Wohlwollen – allen anderen zeigte sie die kalte Schulter. Ein regierungsamtliches Schreiben mochte also nichts weiter sein als eine Anregung, eine Bitte oder eine Mitteilung, ohne jeden bindenden Charakter; aber jedes Unternehmen fürchtete, es könne beim Ministerium für Außenhandel und Industrie – falls das Schreiben von ihm kam – in Ungnade fallen, wenn es der Anregung nicht augenblicklich Folge leistete. Die Betriebe glaubten also, gar keine andere Wahl zu haben, als dem Rat zu folgen. Von der Regierung im Stich gelassen zu werden, bedeutet für ein japanisches Unternehmen, auf den zweiten Platz verwiesen zu werden. Infolgedessen zogen nicht nur die größeren Unternehmen mit ihren Hauptsitzen nach Tokyo, sondern sie stellten auch ehemalige hohe Beamte des Ministeriums für Außenhandel und Industrie und des Finanzministeriums als Direktoren an, um den engen Kontakt mit der Regierung zu behalten.

Tabelle 9 macht deutlich, wie erfolgreich diese Industriepolitik war. Die Zahlen zeigen für jedes Jahr an, welchen wertmäßigen Anteil (in Prozent) die Produkte eines Industriebereiches an der Gesamtindustrieproduktion ausmachten. Der Einfachheit halber zeigen wir für jeden Bereich nur die höchsten und die niedrigsten Anteile. (Der niedrigste Wert steht in Klammern.) So erreichte beispielsweise der Anteil beförderter Nahrungsmittel (wertmäßig) seinen Höhepunkt im Jahr 1955 (da machte er 18% aller beförderten Industrieprodukte aus), seinen Tiefstand 1973 (mit 10,2%).

Aus Tabelle 9 wird auch ersichtlich, daß sich zuerst die Konsumgüterindustrie erholte, und zwar in folgender Reihenfolge: Bauholz und andere Holzprodukte, Chemikalien, Textilien und die Nahrungsmittelindustrie; sie zeigt ferner, daß bis etwa 1955 die Umwandlung von einer vornehmlich auf der Chemie und der Schwerindustrie basierenden Fertigung, wie sie während des Krieges vorherrschte, zu einer Konsumgüterproduktion mehr oder weniger erfolgreich abgeschlossen war. Sodann faßte die Eisen- und Stahlindustrie wieder Tritt, und auf dieser Grundlage entwickelte sich die Schwerindustrie. In den sechziger Jahren erfolgte eine neuerliche Umwandlung: von einer Bevorzugung der Konsumgüterindustrie zu einer Produktion, die ihr Augenmerk vorzüglich auf Investitionsgüter richtete; der Versand von Produkten der Konsumgüterindustrie nahm relativ ab, während der Versand von Investitionsgütern im Steigen war. In den siebziger Jahren war dieser Prozeß der Rückumwandlung in gewissen Bereichen abgeschlossen, und der Versandanteil von Maschinenwerkzeugen (einschließlich Waffen), Elektroma-

Tabelle 9: *Wertmäßig höchster (niedrigster) Anteil beförderter Fertigwaren innerhalb des produzierenden Gewerbes 1948–1977 (in %)*

	Nahrungs-mittel	Textilien	Bauholz und andere Holzprodukte	Chemie-produkte	Öl- und Kohle-produkte	Stahl	Metall-waren	Einfache Maschinen	Elektr. Maschi-nen	Trans-port-güter	Präzi-sions-instrumente
1948			5,8			(7,5)					
1949				14,1	(0,7)		(2,7)				
1950		21,5								5,2	
1951										(3,0)	(0,7)
1952											
1953											
1954											
1955	18,0							(4,8)			
1956											
1957						11,7					
1970								9,9	10,6		
1971											
1972											
1973	(10,2)			(7,2)			5,8				
1974											
1975					5,9						
1976											
1977		(4,6)	(2,7)							12,2	1,5

Quelle: Kogyo Tokei Hyo (Tabellen der Industriestatistik)

schinen und Investitionsgütern erreichte 1970 einen Höhepunkt. Metallwaren und Produkte aus Öl und Kohle machten 1973 beziehungsweise 1975 den größten Anteil aus. Hingegen erreichten die Nahrungsmittel und die chemischen Industrieprodukte 1973 ihren geringsten Anteil. Doch der Produktionsbeitrag von Maschinen und Transportausstattung, sowie von Präzisionsinstrumten und Investitionsgütern, war 1977 noch im Anstieg begriffen, während Textilien sowie Bauholz und andere Holzprodukte noch immer sanken. Auf alle Fälle zeigt diese Tabelle, daß die erneute Umwandlung zugunsten der Schwerindustrie mit ziemlich genau der gleichen Geschwindigkeit vollzogen wurde wie die erste Umwandlung vor dem Krieg.

Einige Publizisten haben die Bezeichnung ,,Japan Inc." verwendet, um damit anzudeuten, daß hinter der japanischen Wirtschaft die starke Industriepolitik der Regierung steckt; andere haben diese Art von Förderung der Industrie als eine Formel der Kooperation zwischen Staat und Volk betrachtet oder sogar als eine Formel der Zusammenarbeit zwischen Regierung, Industrie und Finanz. In einer Wirtschaft und Gesellschaft wie der japanischen werden die Industriezweige, die für das Land als von strategischer Bedeutung gelten, sorgfältig beobachtet und verhätschelt; aber die Industrien, denen die Regierung für die Zukunft keine großen Aussichten einräumt, erhalten von ihr absolut keine Hilfe, kein Kapital, nichts – sie sind gezwungen, auf eigenen Füßen zu stehen. Die Regierung führte diese einseitige Politik in der Nachkriegszeit weiter. Sie förderte das Wachstum einiger ausgewählter Bereiche, hörte sich ungeniert die Meinung von Industriellen, Finanziers und anderen Geschäftsleuten mit solchen Erfahrungen und Kenntnissen an, wählte gewisse strategische Sektoren aus und begünstigte sie auf Kosten der anderen Industriezweige. Und dann erwartete sie auch noch, daß nicht nur die begünstigten Wirtschaftssektoren ihre Maßnahmen unterstützten, sondern auch diejenigen, zu deren Lasten diese Politik ging.

Dies ist das Ethos, das unter japanischen Erwachsenen vorherrscht. Es steht in scharfem Gegensatz zu dem, was die Japaner von ihren Kindern erwarten. Die Kinder werden streng und unparteiisch bewertet: Man zählt alle Punkte zusammen, die sie bei einer Prüfung bekommen haben; andere Maßstäbe läßt man nicht gelten. Auf den ersten Blick mutet es seltsam an, daß in ein und demselben Land diese beiden Verhaltensweisen nebeneinander bestehen, denn sie scheinen sich zu widersprechen. Wenn wir aber daran denken, daß es seit der Meiji-Zeit der Wunsch des japanischen Volkes war, die Länder des Westens einzuholen, ja sie zu übertreffen, und daß das japanische Volk auch nach dem Krieg immer noch den gleichen

Wunsch hegte, dann wird klar, daß diese scheinbar schlecht zusammenpassenden Verhaltensweisen – die der Eltern und die der Kinder – einfach den japanischen Umständen entspringen. Wenn man einzelne, strategisch wichtige Industriebereiche fördert, damit sie erfolgreich gegen den Westen antreten können, dann muß man in gerade diesen Bereichen die besten Fachleute zusammenziehen – und um solche Leute zu finden, muß man die Kinder einem rücksichtslosen Wettbewerb aussetzen. Wenn diese Leute einmal auf dem richtigen Platz stehen, dann ist es ihre Aufgabe, diese Industriebereiche weiterzuentwickeln und zu stärken, und die Regierung gibt ihnen dazu ein Höchstmaß an Rückendeckung.

Das japanische Unternehmen stärkt sich außerdem noch von innen her, indem es die Loyalität seiner Beschäftigten gegenüber dem Arbeitgeber fördert und den Arbeitnehmern ein Höchstmaß an innerbetrieblicher Bildung angedeihen läßt. Dies ist auch der Grund, warum die Unternehmensleitungen wenig geneigt sind, neue Leute aus anderen Betrieben, selbst sehr tüchtige, bei sich einzustellen: Diese Neuen haben nicht die gleiche Ausbildung genossen, sie würden nur die Eintracht des Unternehmens stören. Harmonie innerhalb der Belegschaft und Ergebenheit des Personals gegenüber der Firma werden als wichtig angesehen; nicht so wichtig dagegen ist der Wettbewerb zwischen den einzelnen Beschäftigten. Die Belegschaften all jener Großunternehmen, die die japanische „Nationalmannschaft" bilden, konkurrieren wie eine einzige, in sich geschlossene Mannschaft gegen ihre ausländischen Rivalen. Aber auch der Wettbewerb zwischen den japanischen Großunternehmen ist scharf, ein Mitglied des Nationalteams zu werden, beziehungsweise sich die Vergünstigungen der Regierung zu erhalten, wenn man bereits zu diesem Kreis zählt. Die anderen Betriebe, die kleinen bis mittelgroßen, die keinerlei Aussicht haben, dort Zugang zu finden, sind gleichfalls gezwungen, um ihr Überleben mit anderen Firmen zu konkurrieren. In diesem Sinne ist Japan eine Gesellschaft, in der es durchaus Wettbewerb gibt, aber es ist kein Wettbewerb zwischen Einzelpersonen; der einzelne muß unter Einsatz seines Lebens mitkämpfen in dem großen Wettbewerb, der nach Körperschaften organisiert ist. Diese Strategie ermöglichte es Japan, den Westen in den siebziger Jahren in mancher Hinsicht einzuholen und ihn in einigen Bereichen sogar zu überholen.

VI. Schlußbemerkung

Es gibt im wesentlichen drei Arten von Religion; eine, die sich mit der Regierungsgewalt des Staates verbündet, als Hüterin der staatlichen Legitimität auftritt und es für ihre Aufgabe hält, die Fortdauer der herrschenden Dynastie zu rechtfertigen. Und es gibt, zweitens, die Religion, die den Herrschenden den Rücken zukehrt und sich den Klassen zuwendet, die beherrscht werden. Die einen sind meist die Handlanger der Politik der Mächtigen, die anderen ihre Kritiker – es sei denn, sie seien unpolitisch. Wenn eine Religion, deren Endzweck es ist, den Beherrschten beizustehen, rational ist, dann wird sie dem bestehenden Regime höchst kritisch gegenüberstehen, und solche Religionen verleugnen auch die Götter der herrschenden Eliten. Gleichzeitig versuchen sie aber auch, die beherrschten Kräfte zusammenzuführen und eine neue politische Vereinigung in der Opposition oder eine neue geistige Bewegung zu bilden. Diese Art politischen oder religiösen Zusammenhalts ruht fest auf rationalen Grundlagen, die jedwede Klassenbindung bei weitem übersteigen – auf allgemeinen, universellen Grundsätzen, denen sich jeder unterwerfen muß, zu welcher Klasse er auch gehört. Die höchste Pflicht der Religionen dieser Art besteht darin, dem einzelnen beizustehen, nicht die Macht zu legitimieren. Drittens gibt es aber auch Religionen, die zwar zuvörderst den Beherrschten helfen wollten, die aber irrationale, ja magische und mystische Züge haben, und die die unterworfenen Gesellschaftsschichten lehren, sich von der Politik abzuwenden und das mystische Leben von Einsiedlern zu führen, nur nach immerwährender Jugend, einem langen Leben und anderen Dingen zu trachten, die das leibliche Wohlergehen fördern.

Konfuzianismus und Taoismus zählen zum ersten (dem staatstragenden) beziehungsweise zum dritten (dem mystisch-unpolitischen) Typ. In Westeuropa wuchs eine moderne, bürgerliche Gesellschaft heran, deren geistige Stütze der Protestantismus war; wohingegen in China der Konfuzianismus sich für die Legitimität der kaiserlichen Herrschaft einsetzte und das taoistisch gesinnte Volk der Politik gänzlich den Rücken kehrte.

In Japan allerdings, das den Konfuzianismus wie auch den Taoismus aus China einführte, verwandelten sich diese beiden Glaubensformen zu Religionen des ersten, staatstragenden Typs. Der japanische Konfuzianismus war eine weitaus zuverlässigere Stütze des herrschenden Regimes als der chinesische Konfuzianismus; während der Tokugawa-Zeit erfüllte er die Funktion einer Ideologie, die das Bakufu als eine Herrschaftsform legitimierte, welche das Vertrauen des Kaisers genoß; während der Meiji-Zeit rechtfertigte er die scheinbare kaiserliche Herrschaft *(tennosei)*. Den Schintoismus, die japanische Spielart des Taoismus, kann man keineswegs als eine Religion des dritten Typs bezeichnen, er wurde die Religion der kaiserlichen Familie in ihrer Eigenschaft als herrschender Clan. In Anbetracht der Tatsache, daß es Mitglieder des herrschenden Stammes beziehungsweise der herrschenden Klasse waren, die diese Religion nach Japan brachten, muß man diese Verwandlung wohl als ganz natürlich bezeichnen. Außerdem war sich Japan immerzu des überwältigenden zivilisatorischen beziehungsweise technologischen Gefälles bewußt, das zwischen ihm und den fremden Nationen (dem Chinesischen Reich wie den Ländern des Westens) bestand. Dieses Bewußtsein seiner Unterlegenheit machte die herrschenden Klassen Japans zugleich defensiv und aggresiv, und alles, was Japan von außen einführte, wurde so verändert, daß es Japans Schutz und seinem Weiterkommen dienlich sein konnte. Selbst der japanische Buddhismus macht da keine Ausnahme. Als Glaubenslehre war der Buddhismus teils eine Religion des zweiten, teils des dritten Typs, wobei er, je nach Sekte, sein Schwergewicht eher da oder dort hatte. Als der Buddhismus nach Japan kam, wurde er, soweit dies möglich war, dazu verwendet, den Ruhm des Staates zur Schau zu stellen. Da der Buddhismus seinerzeit in vielen Ländern des Ostens Eingang gefunden hatte, könnte man das kulturelle Niveau der einzelnen Länder miteinander vergleichen, indem man herauszufinden versucht, in welchem Maße der Buddhismus in jedem Land gedieh. Indem Shotoku Taishi den Buddhismus förderte, wollte er ihn als ein Instrument benützen, um die damals innerhalb der Oberschicht bestehenden Konflikte zu versöhnen, aber es ist nicht von der Hand zu weisen, daß auch der Wunsch, Japans kulturelle Stellung gegenüber anderen Ländern anzuheben, eine Rolle spielte.

Wenn man sakralen Texten eine neue Deutung gibt, kann dies dazu führen, daß das Leben eines Volkes einen völlig anderen Lauf nimmt; Max Weber hat dies für Westeuropa hinlänglich aufgezeigt. Genau das gleiche Phänomen ist auch im Osten zu finden. China besaß Religionen des ersten und des dritten Typs, und es sah (vor dem Aufstieg der Kommunistischen Partei Chinas) so aus, als seien der ausschweifende Lebensstil der Oberschicht und die Armut und Trägheit seiner Unterschicht eine unabänderliche Tatsache der chinesischen Geschichte. Die Gesellschaft wurde niedergehalten; und selbst wenn eine neue Dynastie ans Ruder kam, folgte diesem Wandel keine gesellschaftliche Veränderung. Wie anders liegen doch die Dinge in Japan! Es hat zwar die gleichen Religionen wie China, aber Japan hat sie dermaßen verändert, daß sie zu Trägern des Regimes wurden. Dies erlaubte es Japan, sich nach der Meiji-Revolution in eine Position zu bringen, wo es die Technologie des Westens für die Entwicklung seines Staates einsetzen konnte.

Japan hatte allerdings nur den ersten Typ von Religion (das ist die Art, die die Stellung der Mächtigen rechtfertigt und im übrigen alles beim alten läßt), der zweite Typ fehlte dort gänzlich. Als Folge davon entwickelten sich in Japan weder der Individualismus noch der Internationalismus, und das Volk hatte eigentlich keinen rechten Glauben, sondern war ganz und gar areligiös. (Shinshu, die größte Sekte des japanischen Buddhismus, muß ihrer Lehre nach zu unserem zweiten Typ gerechnet werden; aber faktisch hörten ihre Anhänger auf, sich gegen die herrschenden Gewalten aufzulehnen, nachdem Oda Nobunaga den Ikko-Aufstand niedergeschlagen hatte.) Die Religionslosigkeit machte das japanische Volk zugleich materialistisch und nationalistisch, und diese beiden Eigenschaften gingen ein Bündnis miteinander ein und kannten bloß noch ein Ziel: das materielle Wohlergehen der japanischen Nation.

Infolge dieser Neigungen des japanischen Volkes zeigte auch die Wirtschaft einen Hang nach rechts. Da jeder Japaner tief beseelt war von diesem Geist des Nationalismus, ließ es die öffentliche Meinung (sozusagen ganz demokratisch) zu, daß jede freie Regung der Wirtschaft unterdrückt wurde – und zwar ohne daß ein starker Mann die politische Bühne betrat. Nach 1932, als Japan schon mit einem Bein im Krieg stand, sehnte sich das Volk nach einer starken Rechtsregierung. Die Zeitungen und andere Medien errieten den Willen der Nation; sie redeten der öffentlichen Meinung nach dem Mund und fachten sie sogar noch an, bis es zu einem Meinungsklima kam, in dem man den Faschismus herbeisehnte. Und als die Räder erst einmal in diese Richtung liefen, gab es keine Möglichkeit mehr, sie anzuhalten; selbst die Wirtschaft war völlig der staatlichen Kontrolle unterworfen. Auch nach dem Krieg, als Japan ein – allem Anschein nach – liberales Wirtschaftssystem hatte, fiel es dem Land nicht schwer, die Eintracht seiner öffentlichen Meinung zu wahren.[1] Die Mächtigen brauchten nur ihren Willen zu bekunden, und schon gab das Volk seine Zustimmung – schließlich war es so erzogen, daß es nicht den Mut hatte, sich zu widersetzen. Obschon also die „Wirtschaftspläne“ der Regierung in der Nachkriegszeit keinerlei bindende Kraft hatten, wurden sie doch widerspruchslos hingenommen, und das Volk arbeitete Schulter an Schulter, damit sie in die Realität umgesetzt wurden. Wenn man das japanische Regime der dreißiger Jahre als ein „demokratisch-faschistisches Herrschaftsgebilde" bezeichnet, dann könnte man die Wirtschaft der Nachkriegszeit vielleicht als eine „demokratische Planwirtschaft" ansehen.[2] Auf jeden Fall wurde die moderne Wirtschaft, die in Westeuropa unter einer Religion des zweiten Typs florierte – eine Wirtschaft, deren Grundlagen man in den modernen Naturwissenschaften findet –, in Japan mit Erfolg einer Religion des ersten Typs aufgesetzt, das heißt: einer Religion, die alles beim alten belassen möchte.

Die Religionen Chinas waren der Konfuzianismus und der Taoismus, mithin besaß China eine Religion des ersten und des dritten Typs (individualistisch, mystisch). China war stärker individualistisch und weniger nationalistisch als Japan, dessen Glaubenssysteme allesamt zum ersten Typus gehören. In gewisser Weise lag China auf halbem Wege zwischen Japan und dem Westen; aber nach der industriellen Revolution war China schließlich in einer Position, die von China wie vom Westen weit, weit entfernt lag. Und für China war es nun gleichermaßen schwierig, den Kapitalismus westlichen Stils oder den Kapitalismus japanischer Prägung zu übernehmen. Chinas Rückständigkeit dauerte lang; die imperialistischen Übergriffe Japans und der westlichen Nationen verwüsteten das Land und zwangen es in die Knie.

Es war zu erwarten, daß in China eine Bewegung auf den Plan treten würde, die die Nation zu retten hoffte. Die Boxer, eine religiöse Gemeinschaft mystischer Provenienz, die die Fremden aus China vertreiben wollten, zerstörten anno 1900 Eisenbahnen und Telegraphen und brannten christliche Kirchen nieder. Sie drangen in Peking ein und griffen die Gesandtschaften der westlichen Mächte an. Dieser blinde Ausbruch von Gewalt war, ebenso wie die terroristischen Übergriffe, zu denen die Japaner vor der Meiji-Revolution ihre Zuflucht gesucht hatten, nichts weiter als der Ausdruck einer völlig irrationalen, fanatischen patriotischen Bewegung. Die chinesische Regierung half den Boxern, aber letztendlich wurden sie von einer vereinigten Streitmacht aus Westmächten und Japanern geschlagen.

Auf diese Weise erhielten die Chinesen die Lektion eingebleut, daß Patriotismus allein das Problem nicht lösen würde. Mit Japans Erfolg unmittelbar vor Augen sandte China viele Studenten dorthin, um von diesem Land zu lernen. In China, wo der Konfuzianismus weniger kollektivistisch war als in Japan, erwies es sich allerdings als weitaus schwieriger als in Japan, auf der Grundlage eben dieser

Glaubensform ein Gebilde der nationalen Einheit aufzubauen, deren Kern die Intelligenz bildete. Da die offizielle chinesische Weltanschauung nicht ausreichte, die schlafenden Chinesen aufzuwecken, gab es in China nur die eine Möglichkeit, eben diese Weltanschauung neu zu überdenken und sie zu stärken.

Der Taoismus hatte in China der Politik normalerweise den Rükken zugekehrt und seinen Anhängern ein mystisches, abgeschiedenes Leben empfohlen, aber dann und wann hatte er auch seine umstürzlerische Kraft gezeigt und war mit der konfuzianischen Regierung heftig zusammengestoßen. Der Taoismus war in der Tat eine Religion des Volkes, da er die Rettung jedes einzelnen zu fördern suchte, aber bedauerlicherweise war er auch eine mystische Religion, ganz und gar unfähig, die Realitäten des Lebens rational zu analysieren. Jede Religion, die eine wahrhaft revolutionäre Kraft entfalten möchte, darf nicht bloß die Rettung des einzelnen als ihr Ziel ansehen, sie muß auch rational sein. Daher führten chinesische Revolutionäre, wie Sun Yat-sen und Mao Tse-tung den Liberalismus, den Marxismus und anderes westliches Ideengut ein, und sie brachten damit den chinesischen Widerstandsgeist in eine Form, die sowohl logisch als auch von zeitlicher Beständigkeit war.[3] Die Meiji-Revolution bewirkte bloß die Umwälzung einer politischen Struktur, aber die Ursache dieser Revolution war die geistige Einstellung der Japaner. Die kommunistische Revolution in China hingegen war mehr als eine politische Umwälzung, sie war eine Revolution der geistigen Einstellung, und zwar so grundlegend, daß sie sich sogar der Gehirnwäsche bediente.

China bedurfte einer solchen geistigen Erneuerung. Betrachtet man das jahrhundertelange Auf und Ab der chinesischen Dynastien aus einem anderen Blickwinkel, so wird daraus die Geschichte des Kampfes zwischen den konfuzianischen Beamten und der taoistischen Bauernschaft. Selbst wenn ein Bauernaufstand die alte Dynastie hinwegfegte und eine neue die Bühne betrat, geriet die Bauernschaft doch gleich wieder unter die Fuchtel der Beamten, die nun dieser neuen Dynastie dienten. Die Bauern lebten ihr unterjochtes, geistloses Dasein weiter, bis sie sich wieder erhoben. Da dieser Zyklus sich in der chinesischen Geschichte ein um das andere Mal wiederholt hatte, war auch nach der Revolution der Kommunisten (1949) zu erwarten, daß die chinesische Gesellschaft bald wieder unter die Herrschaft der Beamten kommen würde, denn die Schwungkraft der kommunistischen Revolution würde eines Tages nachlassen und alles würde wieder einmal in allgemeiner Regungslosigkeit verharren. Und letzten Endes würden sich die Bauern wieder erheben und das neue Regime – das kommunistische – hinwegfegen. Diese Gedankengänge legen nahe, wessen China bedurfte, damit das kommunistische Herrschaftssystem sich fest aufsetzen und dauerhaft einrichten konnte: Der chinesische Konfuzianismus mußte von Grund auf erneuert werden.[4] Zugleich mußte die Weltanschauung des Bauernvolkes zu einer rationalen, kritischen Denkweise umgeformt werden; und indem man diese Veränderung vollzog, mußte man zugleich den Unterschied aufheben, der bislang zwischen der Weltanschauung der Geistesarbeiter und der der Handarbeiter – Konfuzianismus und Taoismus – bestanden hatte. China brauchte einfach eine neue Einstellung (beispielsweise den Maoismus), den die ganze Nation teilte. Zugegeben, während der Kulturrevolution kam es oft zu Ausschreitungen, aber wenn wir die Geschichte aus diesem Blickwinkel betrachten, dann ist es zumindest möglich, das Ziel der Kulturrevolution zu verstehen. Während dieser Revolution wurden Partei und Staatsführung heftig kritisiert; die Revolutionären Garden machten sich den Slogan zu eigen, die „drei Unterschiede" (zwischen Stadt und Land, zwischen Industrie und Landwirtschaft, zwischen geistiger und manueller Arbeit) abzuschaffen.

So kann man die Kulturrevolution verstehen als den Angriff des – durch den Marxismus gestärkten und rational gemachten – Taoismus auf den Konfuzianismus (und die Technokraten, die ihn unterstützten). Es bleibt freilich festzuhalten, daß der Weg, dem die Kulturrevolution folgte, in eine ganz andere Richtung führte als der, den die japanische Meiji-Regierung nach 1868 einschlug. Die japanische Regierung trieb die Modernisierung voran und machte damit die sogenannten drei Unterschiede sogar noch deutlicher. Die Modernisierung berührte nicht alle Teile des Landes, und sie betraf nicht alle Teile der Gesellschaft im gleichen Maße, und sie erfolgte für verschiedene Bereiche mit unterschiedlichem Tempo. In Japan ließ man in jedem Bereich einen Kern entstehen, der weitaus höher entwickelt war als seine Umgebung und in jeder Hinsicht dem entsprechenden Gegenstück im Westen glich. Und die Modernisierung bestand darin, diese Kernbereiche größer und größer zu machen. Infolgedessen gelang es Japan, zumindest in der Vergangenheit, schnell, in der technischen Entwicklung den Anschluß zu erreichen, und indem das Land das, was es auf diese Weise gelernt hatte, auch anderweitig einsetzte, förderte es die Modernisierung in anderen Bereichen. Diese Art ungleichmäßiger Entwicklung verhärtete jedoch die dualistische Struktur der japanischen Wirtschaft und führte zur Entstehung eines riesigen Proletariats, das von einem kleinen Teil der Bevölkerung – den Kapitalisten und der Arbeiteraristokratie – ausgebeutet wird. Die Kommunistische Partei Chinas hingegen, und namentlich die Anhänger des Maoismus, wollen Ausbeutung dieser Art beseitigen, desgleichen auch die „zehntausend Unterschiede", die bislang bestanden. Das bedeutet, daß es sehr lange dauern wird, bis China in allen Bereichen mit an der Spitze stehen wird. Wenn wir zudem bedenken, wie riesengroß China ist, dann wird klar, daß diese Methode der Modernisierung sehr wohl zur Folge haben kann, daß das Land für alle Zeiten rückständig bleibt. Die Chinesen machten es allerdings zu ihrem vorrangigen Ziel, ihren Arbeitern der Faust und ihren Bauern die Härten zu ersparen, denen die japanischen Unterschichten ausgesetzt waren, insbesondere in den Jahren zwischen 1915 und 1950. Man könnte vielleicht sagen, daß die Japaner einen Gewaltmarsch in die Modernisierung gemacht haben, wohingegen sich die Chinesen die gewundene Route des „Langen Marsches" aussuchten, auf dem Bauern und Arbeiter Seite an Seite nebeneinander marschieren.

Wie immer auch, diese wirtschaftlichen politischen Entscheidungen hängen davon ab, welche Stellung die Weltanschauungen im Laufe der Geschichte eines Volkes eingenommen haben. Natürlich ist auch richtig, daß der geistige Überbau von den wirtschaftlichen Entwicklungen beeinflußt und verändert wird, und sie können ihn sogar zerstören. Diese Wirkungsweise von „unten nach oben" darf man nicht übersehen. Wir haben allerdings in dieser Studie bemerkt, daß eine bestimmte Weltanschauung nicht nur an den Wendepunkten der Geschichte in Erscheinung tritt, sondern daß sie auch dem tagtäglichen Geschehen in der Wirtschaft Grenzen setzen kann. Somit waren Japan andere Grenzen gesetzt als dem Westen, und zwar selbst dort, wo die materiellen Bedingungen die gleichen waren. Natürlich trifft dies auch, umgekehrt, für den Westen zu, und zwar vor allem dann, wenn man seine Überlegungen auf eine relativ kurze Zeitdauer beschränkt.[5] Japan hat ein anderes Glaubenssystem als der Westen, und dies ist auch der Grund, warum die japanische Wirtschaft sich von der Marktwirtschaft des Westens beträchtlich unterscheidet; aus dem gleichen Grund hat auch die Wirtschaft des kommunistischen China ein völlig anderes Gesicht als die Wirtschaft der Sowjetunion. Daher wäre es auch grundfalsch, China und Japan lediglich als Modelle anzusehen, denen unterentwickelte Länder nachstreben sollten.

Kein Land kann auf der Straße des Fortschritts marschieren und dabei seine Vergangenheit vergessen, denn die Vergangenheit bestimmt den künftigen Gang seiner Entwicklung. Ebenso wichtig ist es, daß die Sozialwissenschaften historische Überlegungen anstellen.

Sozialwissenschaftliches Denken, das der Geschichte kein Augenmerk schenkt, mag zwar eine gewisse Ähnlichkeit mit der Realität haben, aber es kann auch gefährlich sein. So sind auch wirtschaftspolitische Überlegungen, die der historischen Betrachtung ermangeln, überaus gefährlich. Eine Politik, die in Japan erfolgreich war, mag in Großbritannien scheitern – und umgekehrt, und zwar infolge unterschiedlicher ethischer Normen, unterschiedlicher Verhaltensweisen seiner Menschen und infolge all der anderen zivilisatorischen Eigentümlichkeiten, die jedem Volk aus seiner Geschichte nachhängen.

Anmerkungen

Einleitung

1. Max Weber, *Gesammelte Aufsätze zur Religionssoziologie,* Bd. I–III Tübingen, 1920–1921. Die berühmten Schriften „Die protestantische Ethik und der Geist des Kapitalismus" und „Konfuzianismus und Taoismus" sind beide im ersten Band enthalten.

   Natürlich fehlt es nicht an Kritik an Max Webers These, beispielsweise durch Luigi Brentano, der die Auffassung vertreten hat, daß es den Geist des Kapitalismus bereits vor der Geburt des Protestantismus gegeben habe. Max Weber hat sich allerdings für die Beziehung zwischen der protestantischen Ethik und dem „modernen Kapitalismus" interessiert, und er glaubte, zwischen dem „modernen Kapitalismus" und dem Kapitalismus einer früheren Zeit bestehe ein grundsätzlicher Unterschied. Daneben besteht die Kritik, die Richard H. Tawney vorgebracht hat: Weber habe nicht nur sowohl den Calvinismus als auch den Geist des Kapitalismus übermäßig vereinfacht, sondern er habe auch andere Faktoren vernachlässigt, die zwar mit Religion nichts zu tun haben, trotzdem aber der Entwicklung des Wirtschaftsindividualismus förderlich waren (beispielsweise die politischen Ideen der Renaissance). Wahrscheinlich könnte von Fachleuten weitere Kritik an Webers Werk über China vorgebracht werden. Uns berührt jedoch hier nicht, ob Weber recht hatte oder nicht. Hier geht es darum, die Fragen zu erörtern, die Weber mit Blick auf Japan stellte. Siehe L. Brentano, *Die Anfänge des Modernen Kapitalismus,* 1916, und R. H. Tawney, *Religion and the Rise of Capitalism,* 1922 und 1926.
2. M. Weber, *Gesammelte Aufsätze zur Religionssoziologie,* I, 1920, S. 535.
3. Max Weber geht allerdings in seinem Aufsatz „Die asiatischen Sekten und Heilandsreligiosität" auf Japan ein (Siehe *Gesammelte Aufsätze zur Religionssoziologie,* II, S. 295–309). Aber sein Wissen über Japan reicht nicht sehr weit, und es scheint, daß sein Verständnis nicht sehr tief ging. Er meint, daß in Japan der Kriegerstand die wichtigste gesellschaftliche Rolle spielte, und glaubt, daß sich das gesamte Ethos und die Lebenseinstellung der Japaner ohne Bezug zur Religion gebildet hätten. Wir werden jedoch später sehen, daß der Kriegerstand während der Tokugawa-Epoche eine zutiefst konfuzianische Ausbildung erhielt (während der Kamakura-Zeit waren die Samurai stark beeinflußt vom Zen-Buddhismus), und daß das Volk in der Meiji-

Zeit nach Einführung der allgemeinen Schulpflicht als Ganzes eine konfuzianische Bildung erhielt. Weber bezieht sich nur so nebenbei auf den Konfuzianismus, vielleicht deswegen, weil er den Konfuzianismus nicht als die wichtigste Weltanschauung Japans ansah.

4. Siehe den Aufsatz von Ozaki Tomoe (auf japanisch) in *Dai-ikki Heika Yobi – gakusei no Ki.*
5. Übersetzungen aus der Nippon-Gakujutsu-Shinkokai-Version des *Manyoshu*, Tokyo 1940.
6. Die Struktur der Familie war in Japan völlig anders als in China. Daher war die Vorstellung von Kindesliebe in den beiden Ländern selbstverständlich nicht die gleiche.
7. Siehe unten, S. 34.
8. Diese Art Prüfungssystem wurde sogar noch fortgesetzt, als China von fremden Völkerschaften beherrscht wurde. Während der Yüan-Zeit (1280–1367), als China einer Mongolen-Dynastie unterstand, gab es zunächst (bis 1313) keine Prüfungen, erst danach wurden sie wieder aufgenommen. Die Ch'ing, eine Dynastie aus der Mandschurei 1644–1911), waren in so hohem Maße von chinesisch-konfuzianischen Werten durchdrungen, daß sie die Prüfungen fast bis zuletzt beibehielten.
9. Siehe beispielsweise Kaizuka Shigeki, *Chugoku no Rekishi* (Geschichte Chinas), Bd. I–III, Tokyo 1964–1970.
10. Das chinesische Schriftzeichen für Brunnen *(ching)* besteht aus zwei senkrechten und zwei waagrechten Strichen, die einander kreuzen (#). Die Unterteilung eines rechteckigen Feldes in neun Einzelteile auf der Grundlage dreimal drei bedeutete, daß es genauso unterteilt wurde wie die Gestalt dieses Schriftzeichens. Folglich wurde es als Brunnenfeld *(ching-tien)* bezeichnet.
11. Die japanische Gesellschaft – und dies trifft sowohl für die Politik als auch für die Wirtschaft zu – ist überaus bürokratisch. Da die Gesellschaften des Abendlandes in zuzunehmendem Maße bürokratisiert wurden, heißt dies, daß zumindest in dieser Hinsicht die Unterschiede zwischen Japan und diesen westlichen Gesellschaften abgenommen haben.

I. Die Taika-Reform und die folgenden tausend Jahre

1. Anführer ließen sich riesige Grabmäler bauen, die für die Kaiser waren so groß, daß man sie ohne zu übertreiben mit den ägyptischen Pyramiden vergleichen könnte. Zum Bau dieser Grabstätten wurden so viele Menschen eingesetzt, daß die landwirtschaftliche Produktion davon in Mitleidenschaft gezogen wurde.
2. Es ist fraglich, in welchem Maße Shotoku Taishi seine Wunschvorstellungen – das Vorrecht der Geburt abzuschaffen und den Tüchti-

gen alle Ämter zu öffnen – unter seiner Herrschaft durchsetzen konnte. Tatsächlich muß man es als wahrscheinlich erachten, daß alle einflußreichen Personen in der Regierung die Stellen erhielten, die ihrem jeweiligen politischen Einfluß entsprachen. Aber diese Klassifizierung der Chefs der mächtigen Familien als Regierungsbeamte war höchst bedeutsam, denn wenn sie in den Staatsdienst aufgenommen wurden, dann hieß dies, daß sich die kaiserliche Verwaltung auch in die jeweiligen Clans hinein erstreckte. Wahrscheinlich war dies die einzige Möglichkeit für die kaiserliche Regierung, die bis dahin keinen überwältigenden politischen Einfluß besessen hatte, den Verteidigungsgürtel der anderen Clans aufzubrechen und die kaiserliche Verwaltung in diese Familien hineinzutragen.

3. Das Diktum ‚Harmonie ist unschätzbar', das Shotoku in Artikel 1 verwendete, stammte aus den Analekten des Konfuzius. Ich stimme der Folgerung von Watsuji Tetsuro zu, daß Shotoku Taishi Buddhist war, wo es um die täglichen Probleme des einzelnen ging; aber er war Konfuzianer im Hinblick auf die politischen und staatlichen Probleme. (Watsuji, *Nihon Rinri Shiso Shi* [Eine Geschichte des ethischen Denkens in Japan], Bd. I, Tokyo 1979, S. 116–18.) Shotoku Taishi nutzte den Buddhismus häufig zu politischen Zwecken, doch die Grundlagen seiner politischen Anschauung waren konfuzianisch.
4. Nach der Meiji-Revolution wurde die Ständegesellschaft abgeschafft, und alle Japaner wurden einander gleich. Die ehemaligen Feudalherren und die Samurai von einst waren jedoch in der günstigen Lage, auch in der neuen Gesellschaft leicht einen hohen Rang einzunehmen. Ganz ähnlich war es im Falle der Taika-Reform: Den Anführern mächtiger Familien und ihren Kindern fiel es bedeutend leichter als dem Volk, in der neuen Regierung ein Amt zu bekleiden. In Japan waren Reformen, Revolutionen und Staatsstreiche niemals total, sondern eher gemäßigt. Trotzdem ist nicht zu bestreiten, daß die Taika-Reform für Japan eine Reform von größter Wichtigkeit war.
5. Wie ich bereits in der Einleitung erklärt habe, unterscheidet sich der japanische Konfuzianismus beträchtlich vom chinesischen. Wenn fortan das Wort Konfuzianismus allein verwendet wird, sollte es als Verweis auf diesen Konfuzianismus japanischen Stils verstanden werden.
6. Konfuzius wurde 551 v. Chr. geboren, er starb 479 v. Chr. Er soll Lao-tse im Jahr 522 begegnet sein, aber einige Historiker bezweifeln, daß Lao-tse wirklich gelebt hat.
7. Diese Auffassung bezüglich des Schintoismus wurde in Japan nicht von allen rechtgläubigen Historikern akzeptiert. Als der Entwurf dieses Kapitels mehr oder weniger fertig war, kam mir das Buch von Fukunaga Koji, Ueda Masaaki und Ueyema Shunpei in die Hände, das den Titel trägt *Dokyo to Kodai no Tennosei* (Taoismus und das

alte Kaisertum), Tokyo 1978, in dem eine Theorie vertreten wird, die meiner eigenen Denkweise sehr nahe kommt. Fukunaga ist Experte für Alte Chinesische Geschichte, Ueda für die Geschichte Japans und Ueyama für Philosophie.

8. Soka Gakkai hatte seine Ursprünge offenbar in der buddhistischen Nichiren-Sekte und zeigt heute ein deutliches Interesse für Politik. Die Religionen, die seit der Meiji-Revolution entstanden sind, zeigen allerdings ein etwas anderes Verhalten als die traditionellen buddhistischen Sekten.
9. Die Bakufu, die auf das Kamakura-Bakufu folgten (die Bakufu der Ashikaga- und der Tokugawa-Zeit), wurden gleichfalls vom Hof eingerichtet und entstanden mit dessen Zustimmung. In der modernen japanischen Armee kann man eine Parallele dazu erkennen: Seit etwa 1920 begann die Armee, der Regierung gegenüber ihre Unabhängigkeit zu behaupten und sich nur dem Kaiser gegenüber unmittelbar verantwortlich zu fühlen; und seit etwa 1930 fing sie an, eine mehr als nur rein militärische Rolle zu spielen. Das Bakufu entstand zwar, formal betrachtet, nicht wieder; aber man kann den Verlauf der japanischen Geschichte in dieser Zeit nur dann richtig verstehen, wenn man diese Epoche als eine Zeit der Doppelregierung versteht.
10. Als Soldaten und Bauern voneinander getrennt waren, entwickelten die Berufssoldaten wie von selbst eine eigene Bürokratie. In der Spätzeit der Kriegergesellschaft (Tokugawa-Gesellschaft), bestand diese Lehnsbeziehung, die auf dem Prinzip von „Schutz und Dienst" beruhte, zwischen dem Feudalherrn *(daimyo)* und seinen Gefolgsleuten fort, aber die Begünstigung, die das Gefolge von seinem Herrn erfuhr, hieß nun nicht mehr, daß der Herr den privaten Landbesitz seiner Gefolgschaft anerkannte, sie bestand vielmehr in einer bestimmten Geldsumme, deren Anrecht erblich war. Als Gegenleistung für diese Begünstigung seitens ihres Herrn (die einfachen Leute – ob Bauern, Kaufleute oder Handwerker – waren von diesen Begünstigungen ausgeschlossen) leisteten die Krieger ihrem Herrn treue Dienste.
11. Es ist interessant zu sehen, daß der Satsuma-Clan, der während der Meiji-Revolution eine höchst fortschrittliche Rolle spielte, die mittelalterliche Gutsherrschaft bis zu einem bestimmten Grad bis zum Ende der Tokugawa-Zeit beibehalten hatte.
12. Was die Entwicklung des Moralkodexes der Kaufleute in der Tokugawa-Zeit anlangt, siehe Watsuji Tetsuro, *History of Japanese Ethical Thought*, Bd. 2, Tokyo 1952, S. 588–624.

II. Auf dem Weg zur Meiji-Revolution

1. Oka Yoshitake, *Kindai Nihon Seiji Shi* (Politische Geschichte des modernen Japan), Bd. 1, Tokyo 1967, S. 29–57.
2. Man kann sagen, daß diese Isolationspolitik dem Bakufu von den Niederländern aufgedrängt wurde. Die Niederlande wollten nicht nur Portugal vom Handel mit Japan abdrängen, sondern auch den Handel mit Südostasien ganz für sich haben, was ihnen gelang, wenn sie die Japaner, die damals dort tätig waren, dazu bewegen konnten, ihre Handelsaktivitäten einzustellen. Die Holländer machten die Portugiesen gegenüber dem Bakufu immer schlecht. Als die Nachricht von der Entscheidung zur Isolation beim niederländischen Generalgouverneur in Batavia eintraf, soll der eine riesige Freudenfeier veranstaltet haben. Siehe dazu beispielsweise Iwao Seiichi, *Sakoku* (Abschottung), Bd. 14, in: *Nihon no Rekishi* (Geschichte Japans), Chuo Koronsha 1974. Siehe auch Hayashi Yujiro, *Watakushi no Seijuko Shakai Ron* (Eine Persönliche Ansicht von der Reifen Gesellschaft), Sangyo Noritsu Shuppanbu 1981.

   Es besteht auch die Auffassung, der von Christen inszenierte Shimabara-Aufstand von 1637/38 sei der unmittelbare Anlaß für die vollständige Abschließung des Landes im Jahr 1639 gewesen, aber der Wunsch, das Land gänzlich abzuschotten, war schon vor der Erhebung sehr ausgeprägt.
3. *Das Kapital,* Bd. 1, Marx-Engels-Werke, Bd. 23, Berlin 1962, S. 690.
4. Bevor Japan sich von der Außenwelt abschloß, hatte es von Spanien, Portugal, Holland und Britannien solche Waren bezogen wie Waffen, Schießpulver, wollene Tuche, Teppiche, Rohseide, Seidenwaren und Zucker. Im Gegenzug hatte es Güter ausgeführt wie Silber, Kupfer, Eisen, Reis, Weizen, Weizenmehl und Bohnen. Diese Güter zeigen, in welchen Produktionsbereichen die japanische Wirtschaft dieser Zeit einen komparativen Vorteil besaß.
5. Die Isolation spielte beim Schutz von Japans jungen Industrien bestimmt eine Rolle, aber dies heißt keineswegs, daß Japans Manufakturen ohne diese Abschließung unweigerlich eingegangen wären. Iwao erwähnt jedoch in seinem obengenannten Buch, daß es in Japan einen Beleg dafür gibt, wonach Japan 1619 große Mengen Gewehrkugeln ausführte. Es könnte sehr wohl der Fall gewesen sein, daß Japan schon im siebzehnten Jahrhundert – wie es später der Fall war, während der Meiji-Zeit – imstande gewesen wäre, seine Importindustrien zu Exportindustrien umzuwandeln, aber dazu wäre eine protektionistische Handelspolitik vonnöten gewesen ohne völlige Abschottung des Landes.
6. Es stimmt, daß in der Tokugawa-Zeit zahlreiche Gelehrte, die sich mit den abendländischen Wissenschaften beschäftigten, grausam ver-

folgt, bestraft und sogar hingerichtet wurden. Aber man sollte diese Übergriffe nicht als Verfolgung der rationalen Denkweise ansehen, welche die moderne Wissenschaft verlangt, sondern eher als Maßnahmen gegen diese Gelehrten und ihre Kritik am Feudalsystem und der Isolationspolitik. Mit Ausnahme der Angriffe schintoistisch-taoistischer Ultranationalisten in den letzten Jahren der Tokugawa-Zeit und während der faschistischen Showa-Zeit, die zum Zweiten Weltkrieg hinführte, hat es in Japan niemals ernsthafte Auseinandersetzungen zwischen Religion und Wissenschaft gegeben.

7. Watsuji Tetsuro, *Nihon Rinri Shi* (Geschichte des Ethischen Denkens in Japan), Bd. 2, Tokyo 1952, S. 695–701.
8. Für Japan kam die ernsthafteste Bedrohung aus der technologischen Lücke zwischen Japan und dem Westen in den letzten Jahren der Tokugawa-Zeit aus der Schiffbauindustrie. Das japanische Volk hatte vor den westlichen „schwarzen Schiffen" große Furcht, ähnlich der Furcht vor der Atombombe in den Schlußtagen des Krieges im Pazifik. Zur Zeit der Meiji-Revolution soll Großbritannien, so glaubt man, ungefähr 400 Dampfschiffe besessen haben, ferner dampfgetriebene Züge und andere Fahrzeuge dieser Art. London hatte eine Untergrundbahn; und ein Telegraphenkabel auf dem Boden des Atlantik hatte seine Arbeit aufgenommen.
9. Die Handelsverträge, die das Bakufu 1858 mit mehreren Ländern abschloß, waren ausgesprochen ungleiche Verträge. Die Vertragsbedingungen erlaubten 1872 eine Revision, und die Meiji-Regierung eröffnete gerade in diesem Jahr diesbezügliche Verhandlungen; 1892 gelang es ihr schließlich, Großbritannien und die anderen Länder zu Vertragsveränderungen zu bewegen. Diese neuen Verträge traten erst 1899 in Kraft, und erst 1911, neununddreißig Jahre nachdem die Revisionsverhandlungen begonnen hatten, erlangte Japan seine volle Zollautonomie. In dieser Zeit ließ man die Japaner immer wieder spüren, welches Elend es war, ein schwaches Land zu sein. Angesichts dieser Lage versuchte die Meiji-Regierung, eine Politik zu treiben, die man als „Reiches Land mit starker Armee" charakterisiert hat. Man darf nicht vergessen, daß dies die Erfahrungen waren, die den Ideen Kita Ikkis und Konoe Fumimaros von Frieden und Weltordnung – sie werden im vierten Kapitel beschrieben – als Hintergrund dienten, und eben diese Ideen führten zum Krieg im Pazifik. Da die japanischen Unternehmen infolge der ungleichen Verträge gezwungen waren, unter allen Umständen ihre Exportfähigkeit zu entwickeln, mußten sie, umgekehrt, hinreichenden staatlichen Schutz erhalten. Erst nach Revision dieser Verträge und auch infolge des Ersten Weltkriegs, der kurz darauf ausbrach – begann die japanische Volkswirtschaft ihren großen Vormarsch.
10. Oka Yoshitake, *a.a.O.*, S. 90ff.

11. Z. B. T. C. Smith, „Japan's Aristocratic Revolution", in: *The Japan Reader*, Bd. 1: Imperial Japan: 1800–1945, hrsg. von Jon Livingston u. a., Harmondsworth 1973, 1976, S. 91–101.
12. Tsuchiya Takao, Ono Michio (Hg.), *Meiji Shonen Nomin Sojo Roku* (Aufzeichnungen über Bauernunruhen in den frühen Jahren der Meiji-Zeit), Keiso Shobu 1953; ferner Sakamoto Taro, *a. a. O.*, S. 404 f.
13. E. M. Satow, *A Diplomat in Japan*, London 1921.
14. Oka Yoshitake, *a. a. O.*, S. 56.
15. Auch der plötzliche Tod von Shimazu Nariakira, der ein ernster Befürworter der Eintracht zwischen Hof und Shogunat war, zeitigte für die Errichtung der Meiji-Herrschaft günstige Ergebnisse.
16. Eine Gruppe marxistischer japanischer Historiker (der sogenannte Rono-Kreis) hält das Meiji-Regime für ein modernes Herrschaftsgebilde, das allerdings noch befleckt gewesen sei von Absolutismus. Sie meinen ferner, daß in Japan auf das Feudalzeitalter (die Tokugawa-Zeit) unmittelbar die Epoche einer modernen Regierung folgte. Im Gegensatz dazu betrachtet die andere große Gruppe (der sogenannte Koza-Kreis) die Meiji-Regierung nicht als ein modernes (kapitalistisches) Regime, sondern als eine absolutistische Monarchie. Sie glauben, daß Japan, wie auch England, am Ende des Feudalismus in ein Zeitalter des Absolutismus trat. Ich persönlich halte die Meiji-Regierung für eine moderne Regierung und sehe in der Tokugawa-Zeit ein Feudalzeitalter voller absolutistischer Versatzstücke. Es ist richtig, daß das Tokugawa-Bakufu nicht mit dem gleichen Eifer wie die englische Monarchie im Zeitalter des Absolutismus merkantilistische Aktivitäten entfaltete. Dies muß mindestens teilweise der Abschottungspolitik zugeschrieben werden. In Japan nahm das Handelskapital, das sich in den Händen des Shogun und der Feudalherren konzentrierte, in der Tokugawa-Zeit beträchtlich zu.
17. M. Weber, „Die protestantische Ethik und der Geist des Kapitalismus", in: *Die protestantische Ethik*, Bd. I, hrsg. von Johannes Winckelmann (Tübingen 1975), S. 52.

III. Das erste japanische Imperium (1895–1931)

1. Die Einführung der Wehrpflicht war eine der Maßnahmen, die die Unzufriedenheit der Samurai schürte.
2. Die Krise der Meiji-Regierung, die durch den Zwist zwischen den Anhängern und den Gegnern einer Invasion Koreas hervorgerufen wurde, kann man mehr oder weniger vergleichen mit der Krisensituation, der sich die Regierung später, zur Zeit des Aufstandes vom 26. Februar 1936 (des Showa-Staatsstreiches), gegenübersah. Was die politischen Vorstellungen anlangt, so ist der Unterschied zwischen Itagaki Taisuke und Kita Ikki keineswegs groß. Itagaki rief Japan zu

einer Invasion Koreas auf, überwarf sich jedoch infolge der Meinungsverschiedenheiten über diese Frage mit der Regierung und gründete anschließend die „Bewegung für Freiheit und Volksrechte", die Unruhen gegen die Regierung schürte; Kita galt als der ideologische Anführer der jungen Armeeoffiziere, die am Staatsstreichversuch des 26. Februar teilnahmen. Darüber hinaus entstammten viele Gruppen, die im Japan der Meiji-Zeit auf dem rechten Flügel standen (z. B. die Genyosha, die Kokuryukai usw.) den Überresten der Satsuma, die für die Invasion Koreas waren.

3. 1937 zog Nissan (Nihon Sangyo) in die Mandschurei und nahm einen neuen Namen an: „Mandschurische Schwerindustrie-Gesellschaft". Die außergewöhnliche Vorzugsbehandlung, die Nissan genau zur Zeit dieses Umzugs zuteil wurde, erregte den Neid der anderen *zaibatsu*. Nissan hatte finanzielle Engpässe und konnte dank seines Umzugs in die Mandschurei wieder Atem schöpfen. In der Folgezeit arbeiteten alle *zaibatsu* mit dem Militär und der Regierung zusammen und drangen während des Krieges gegen China in die besetzten Territorien vor. Sie errichteten zwei riesige Organisationen, die Nordchinesische Entwicklungs-Gesellschaft und die Zentralchinesische Förderungs-Gesellschaft, deren Ziel es war, die Politik der Regierung auszuführen.
4. Er fiel beispielsweise von 35,4% im Jahr 1899 auf 33,4% (1910), weiter auf 31,1% (1925) und schließlich, 1935, auf 30,9%.
5. Man bemerke, daß nur zwei Jahre vergangen waren, seitdem Großbritannien sein Bildungsgesetz erlassen hatte, und nur sieben Jahre, seitdem die Vereinigten Staaten die Sklaverei abgeschafft hatten, als Japan dieses fortschrittliche Schulpflichtgesetz erließ.
6. Mit Ausnahme der Jahre 1909 und 1914 gibt es für Japan vor dem Weltkrieg keine Statistiken über Löhne, die nach der Größe des Betriebes gemessen wurden. Die Angaben in Tabelle 2 B wurden von Umemura Mataji geschätzt aufgrund eines Überblicks über die Industrie in den Städten Osaka, Kyoto, Nagoya, Yokohama und Kobe sowie im Großraum Tokyo, ausgeführt im Jahr 1932. Heute meinen japanische Nationalökonomen allerdings, daß sich seit etwa 1920 Lohnunterschiede größeren Ausmaßes entwickelten. Bis dahin kontrollierten Arbeitsvermittler einer sehr traditionalistisch japanischen Art das Angebot an Arbeitskräften, so daß ironischerweise gänzlich „unjapanische", nämlich gleiche Löhne, vorherrschten.
7. Siehe *Meiji-Taishi Kokusei Soran* (Allgemeiner Überblick über die Lage im Japan der Meiji-Taisho-Zeit), hrsg. von Toyo-Keizai Shimposha, Tokyo 1927, S. 540ff.
8. Seit 1940 zogen die wirtschaftlichen Kontrollen an. Industriebetriebe, die für Kriegszwecke nicht absolut notwendig waren, und mittlere und kleine Unternehmen mit niedriger Produktivität erhielten all-

mählich nicht mehr genügend Rohstoffe und Arbeitskräfte; sie gingen entweder völlig ein, oder sie wurden von großen Unternehmen übernommen bzw. in diese eingegliedert. Dies führte dazu, daß die Produktivität der weiter bestehenden mittleren und kleineren Unternehmen anstieg. Da es, andererseits, große Unternehmen gab, die nur größer geworden waren, weil sie sich nämlich unterlegene Betriebe einverleibt hatten, reduzierte sich der Produktivitätsunterschied zwischen großen und mittleren/kleinen Unternehmen.

9. Das heißt nicht, daß es zwischen Arbeitnehmern keinen Wettbewerb gab. Wenn es darum ging, wer als treuer Arbeitnehmer angesehen wurde, war der Wettbewerb besonders hart. Bei diesem nichtökonomischen Wettkampf gab es vielerlei unsinnige Dinge, die mit der Produktivität der Firma absolut nichts zu tun hatten, beispielsweise wenn man sich darum stritt, wer vor hochrangigen Angestellten den tieferen Bückling machte oder bei Sportveranstaltungen der Firma anwesend war. Der Umstand jedoch, daß japanische Firmen infolge dieses „Wettkampfes um Treue" zu allen Zeiten ihre streng gegliederte Ordnung behielten, war für sie ein beträchtlicher Vorteil.
10. Was wir als „treue Arbeitskräfte" und Söldnerarbeitskräfte" bezeichnen, hat viel Ähnlichkeit mit Hicks' Verwendung der Begriffe „Sklaverei" und „freie Arbeitskräfte". Siehe John Hicks, *A Theory of Economic History,* Oxford 1969, S. 122–40.
11. Cho, Y. (Hg.), *Jitsugyo no Shiso* (Betriebswirtschaftliches Denken in Japan), Tokyo 1964, S. 371.

IV. Das zweite japanische Imperium (1932–1945)

1. Aus dem Japanischen übertragen und mit einem Nachwort versehen von Oscar Benl, Zürich 1976, S. 355f.
2. Das berühmte *Joko Aishi* (Jammervolle Geschichte der Arbeiterinnen), das die armseligen Schicksale der Fabrikarbeiterinnen jener Zeit beschreibt, wurde 1925 veröffentlicht. Sowohl 1909 als auch 1914 stellten Frauen einen hohen Anteil aller Arbeiter in Großunternehmen dar und Männer einen hohen Anteil in den kleinen Unternehmen, daher ist es fast unmöglich, den Lohnunterschied zwischen Männern und Frauen zu ermitteln. Der Lohnunterschied zwischen Mann und Frau, der infolge ihrer Beschäftigung in Betrieben unterschiedlicher Größenordnung bestand, wurde beinahe völlig verschleiert durch die großen geschlechtsspezifischen Lohnunterschiede; dies traf namentlich für das Jahr 1909 zu. (Siehe Tabelle 2 A.)
3. Um zu verhindern, daß sich Arbeiter von einem Unternehmen zum andern locken ließen, erließ die Regierung 1939 die Verfügung zur Beschränkung von Neueinstellungen. Infolgedessen durften erfahre-

ne Arbeiter aus Schwerindustrie und Bergbau ihre Unternehmen nur noch mit amtlicher Erlaubnis verlassen, wenn sie anderswo arbeiten wollten.

4. Unter der Verfügung zur Regelung der Löhne in Notzeiten von 1939 wurden die Löhne eingefroren, diese Verfügung ging im Jahr darauf in die Lohnkontroll-Verfügung ein. Diese Regelung legte die Löhne genau fest, und zwar hinsichtlich Lebensalter, Dienstjahren, Betriebsstandort und Art der Tätigkeit; auch der Lohngesamtbetrag war gleichfalls beschränkt.
5. Nakayama Shigeru „Kokuei Kagaku" (Staatswissenschaften) in: Sugimoto Isao (Hg.), *Kagaku Shi* (Geschichte der Wissenschaft), Yamakawa Shuppansha 1967, S. 368.
6. Der Washingtoner Vertrag spaltete die Marine in eine vertragstreue Gruppe und eine Flotten-Gruppe. Bis 1930 entwickelte sich auch in der Armee eine sichtbare Kluft zwischen der Tosei-Gruppe (Herrschaft) und der Kodo-Gruppe (Kaiserlicher Weg). Die Tosei-Gruppe arbeitete mit der Flotten-Gruppe und den sogenannten neuen Verwaltungsfachleuten zusammen und forderte, begleitet darin von den neuen *zaibatsu,* eine stärker gelenkte Wirtschaft. Die Kodo-Gruppe drang, zusammen mit jungen Offizieren des Heeres und der Rechten darauf, den Staatssozialismus einzuführen. Die Regierung, die *zaibatsu* und die vertragstreue Gruppe in der Marine unterstützten ein marktwirtschaftliches System und wollten mit Großbritannien und Amerika zusammenarbeiten. Außerdem gab es auch eine verbotene Kommunistische Partei. Die Hoffnungen waren groß, Konoe sei der Mann, der mit dieser breiten Palette von Auffassungen zusammenarbeiten könne; er setzte sich, soweit wie möglich, für die Einheit des Landes ein, erreichte aber fast nichts. Es war Japans Tragödie, daß es Konoe überschätzt hatte, und auch Konoe selber hatte von sich eine allzu hohe Meinung und litt an einer krankhaft gesteigerten Einbildung.
7. Konoe war nicht der Mann, der in Krisenzeiten das Land als Premierminister führen konnte. Es fehlte ihm an Mut, an Entschlußkraft, an Beharrlichkeit, und seine Entscheidungsgewalt geriet schnell ins Wanken. Überhaupt war er so egoistisch, daß er alles schnell wieder hinwarf, wenn die Dinge nicht so gingen, wie er gern wollte. Siehe beispielsweise Oka Yoshitake, *Konoe Fumimaro,* Iwanami Shoten 1972.
8. In späteren Lebensjahren erhielt Kita von Mitsui erhebliche finanzielle Zuwendungen. Folglich müssen wir annehmen, daß er in der Erhebung vom 26. Februar kein Rädelsführer war, sondern eher ein Doppelagent, der beide Seiten ausspionierte: die jungen Armeeoffiziere ebenso wie den Mitsui-*zaibatsu.* Wie immer auch, auf alle Fälle wollte er den Aufstand vom 26. Februar 1936 nicht provozieren.

9. Kita Ikki, *Shina Kakumei Gaishi* (Eine Nichtamtliche Geschichte der Chinesischen Revolution), 1921, S. 6.
10. Kita Ikki, *Nippon Kaizo Hoan Taiko* (Ein Entwurf für den Neuaufbau Japans), 1919.
11. Kita, *a.a.O.*

V. Das japanische Wirtschaftswunder

1. Yoshida Shigeru war Premierminister, als der Verfassungsentwurf beraten wurde. Er meinte dazu: „Die Forderung dieses Entwurfs, auf das Recht, Kriege zu führen, zu verzichten, bedeutet an sich noch nicht, daß man das Recht zur Selbstverteidigung aufgibt; aber da es im zweiten Satz des Artikels 9 heißt, daß Japan kein Kriegspotential unterhalten wird und das Recht des Staates auf Kriegführung nicht anerkennt, folgt daraus, daß es selbst auf das Recht verzichtet, einen Verteidigungskrieg zu führen.
2. Bei Kriegsende leistete eine Gruppe von Offizieren Widerstand, indem sie die Rundfunkübertragung zu verhindern suchten, in der der Kaiser die Annahme der Potsdamer Erklärung bekanntgab, aber im großen und ganzen zeigten die Einwohner Tokyos großen Gleichmut. Sie versammelten sich auf dem Platz vor dem Kaiserpalast und weinten; aber niemand versuchte, sich gegen diese Entscheidung aufzulehnen.
3. Es besteht außerdem die hohe Wahrscheinlichkeit, daß Arbeitnehmer eines großen Unternehmens, die das Ruhestandsalter erreicht haben, in einem kleineren Unternehmen der gleichen Unternehmensgruppe eine Stelle als Geschäftsführer bekommen. Aber wenn ein gewöhnlicher Arbeitnehmer eines mittleren/kleinen Unternehmens infolge Alters ausscheidet, ist für ihn die Aussicht gering, eine solche Stelle zu erhalten.
4. P.J.D. Wiles hat darauf hingewiesen, daß dort, wo sich Gewerkschaften nicht nach Industriezweig, sondern auf Betriebsebene organisieren, unabhängig von der Wirtschaftsordnung (in Jugoslawien also ebenso wie in Japan), enorme Lohnunterschiede zwischen einzelnen Betrieben bestehen. Siehe Wiles, *Die freie Marktwirtschaft und die sozialistische Wirtschaft* (auf japanisch), (Bulletin Nr. 310 des Japanischen Forschungszentrums der Wirtschaft, 1978).
5. Was Studierende nach der Zwischenprüfung anlangt, so studieren in England 13% von insgesamt 61000 (also etwa 8000) Ingenieurwissenschaften, wohingegen es in Japan 33% der insgesamt 46000 Studenten sind (also etwa 15000).
6. Ronald P. Dore, *The Diploma Disease: Education, Qualification and Development*, London 1976, S. 48.
7. In Japan zählen die Universitäten Kyoto und Osaka zu den hervorra-

gendsten. In beiden Universitäten machen die Studierenden in den technischen Fakultäten mehr als 40% aller Anfangssemester aus.

8. Die folgende Tabelle zeigt jüngste Forschungsergebnisse über schichtenspezifische Mobilität in Großbritannien. Klasse I umfaßt die oberen Schichten der freien Berufe und des Managements, Klasse II enthält die übrigen freiberuflichen und dispositiven Tätigkeitsbereiche, Klasse III beinhaltet Büro- und Vertriebstätigkeit, Klasse IV die Selbständigen (Kleinladenbesitzer und selbständige Handwerker) sowie die Landwirte, Klasse V einfache technische Berufe und Vorarbeiter, Klasse VI gelernte Arbeiter, Klasse VII angelernte und ungelernte Arbeiter und landwirtschaftlich Tätige. Eine ausführliche Beschreibung gibt J. H. Goldthorpe, *Social Mobility and Class Structure in Modern Britain,* Oxford 1980, S. 39–42.

Schichtenspezifische Mobilität zwischen den Generationen in Großbritannien, 1972 (in %)

	Klassenzugehörigkeit des Vaters						
Klassenzugehörigkeit d. Sohnes	I	II	III	IV	V	VI	VII
I	45	29	18	12	14	8	7
II	19	23	16	11	14	9	8
III	12	12	13	8	10	8	8
IV	8	7	8	24	8	7	7
V	5	10	13	9	16	12	13
VI	5	11	16	14	21	30	24
VII	7	9	17	21	17	26	35

Quelle: Tabelle 4.2 in Goldthorpe, *a.a.O.*, S. 105. Die Gesamtzahl der Untersuchten betrug 9534. Vernachlässigt man die Auf- bzw. Abrundungen, addiert sich jede vertikale Reihe auf 100.

9. Studien über gesellschaftliche Mobilität in Japan von Generation zu Generation zeigen, daß 31% der Handarbeiter in den Bereich der Nichthandarbeit aufsteigen und 28% der Nichthandarbeiter in den Handarbeitsbereich absteigen. Die entsprechenden Zahlen für Großbritannien lauten 33 bzw. 36%. Siehe Tominaga (Hg.), *a.a.O.*, S. 53, ferner Goldthorpe, *a.a.O.*, S. 105.

10. Die Besatzungsmächte befahlen, die Armee und die Marine aufzulösen und alle Rüstungsbetriebe zu schließen, aber die Manager und die Arbeiter dieser Betriebe waren schlau genug und verbargen ihre Rohstoffe und machten aus Duraluminium, das ursprünglich für den Flugzeugbau vorgesehen war, solche Gegenstände wie Töpfe oder

Kessel. Ferner machten sie statt Präzisionsinstrumenten *pachinko* (Spielautomaten) und statt Kugeln für Gewehre Kugeln für diese Automaten. Gegen 1950 waren Spielhallen mit solchen Automaten Japans einzige Vergnügungsstätten.

11. Es besteht überhaupt keine Frage, daß die Wirtschaftspläne der verschiedenen Kabinette von hohem Wert waren. So wurde beispielsweise Premierminister Tanaka Kakueis Plan, *Neugestaltung des japanischen Archipels* im *Journal of Economic Literature,* veröffentlicht von der American Economic Association, mit folgenden Worten kommentiert: „Wahrscheinlich besitzt kein anderer Politiker dieser Erde ein derart enzyklopädisches Wissen über die Probleme seines Landes, und ganz gewiß gibt es keinen zweiten Staatschef, der es wagen würde, Lösungen auszudenken und vorzulegen, die solch ungeheuerliche Umwandlungen erforderlich machen" (*JEL,* Juni 1974, S. 547).

    Das Kabinett Tanaka war freilich kurzlebig, da Tanaka in den Lockheed-Bestechungsskandal verwickelt war.

VI. Schlußbemerkung

1. Selbst nach dem Krieg fanden mehrmals Veranstaltungen statt, die man als „demokratische Hexenjagden" bezeichnen könnte – konzentrierte, weitreichende Angriffe auf Personen, deren Ansichten als unerwünscht galten. Seinerzeit gab man nicht nur den Betroffenen keine Gelegenheit sich zu verteidigen, sondern auch Dritten wurde es verwehrt, sich für sie einzusetzen.
2. In materieller Hinsicht war dieses System höchst erfolgreich. Es gibt jedoch eine notwendige Vorbedingung, damit sich ein solches Regime ausbreiten kann: Es darf keine Weltanschauung geben, die an den herrschenden Kräften herummäkelt oder gegen sie rebelliert. Individualismus, Liberalismus und Internationalismus waren daher außerstande, unter einem solchen Regime zu gedeihen. Die Japaner sind davon überzeugt, daß Familie und Verwandtschaftsbande wichtig sind; sie sind Nationalisten, und sie sind rassebewußt; sie sind Menschen ihres eigenen Kulturkreises gegenüber herzlich, aber kalt gegenüber jedem Außenseiter. Zwar hat sich die Ansicht, wie weit dieser Kreis reicht, im Laufe der Jahre verändert, aber es sind weiterhin zwei unterschiedliche Verhaltensweisen, derer sich die Japaner bedienen: die eine gegenüber Menschen aus dem eigenen Kreis, die andere gegenüber Außenstehenden. In diesem Sinne waren die Japaner weder logisch noch haben sie gezeigt, daß sie das geringste Gespür besitzen für die Vorstellungen von allgemeiner Gerechtigkeit.
3. Zu diesen Revolutionären zählte Chiang Kai-shek, der selbst ein glühender Anhänger des Konfuzianismus war, seine Frau war allerdings

Protestantin. Chiang lehnte eine kommunistische Revolution ab, er hing der Idee einer bürgerlichen Revolution an.

4. Mao Tse-tung sprach selber davon, „Erfolg zu haben, wobei das Auge kritisch auf dem historischen Erbe von Konfuzius bis Sun Yatsen ruht", und die gegenwärtige Kommunistische Partei Chinas hat, obwohl sie den Konfuzianismus heftig kritisiert hat, den Reformgeist bis zu einem gewissen Grad geschätzt, der dem frühen Konfuzianismus innewohnte.
5. In diesem Sinne ist es irrig, unbedingt anzunehmen, daß man sich ein abstraktes Wirtschaftsmodell ausdenken und dessen Logik auf die Realitäten eines beliebigen Landes anwenden könne.

Zeittafel

4. Jh. n. Chr.	Beginn der historischen Zeit
6. Jh. n. Chr.	Erste Berührungen mit China. Japan übernimmt Buddhismus, Konfuzianismus und Taoismus sowie die chinesischen Schriftzeichen.
um 600 n. Chr.	Japan modernisiert seine Herrschaftsstrukturen nach chinesischem Vorbild.
603 n. Chr.	Shotoku Taishi führt die Zwölf-Mützen-Rangordnung ein.
604 n. Chr.	Shotoku Taishi erläßt einen aus 17 Artikeln bestehenden Kodex, eine Art Verhaltenskodex für den Öffentlichen Dienst; der japanische Kaiser wird zum *tenno* (Himmlischer Kaiser) erklärt.
645–649	Die Taika-Reform stärkt die japanische Zentralregierung.
702–713	Veröffentlichung des *Nihon-shoki,* des *Kojiki* und des *Fudoki;* diese Schriften regen das japanische Nationalbewußtsein an.
1192–1333	Kamakura-Zeit – ein sehr kriegerisches Zeitalter.
1274 und 1281	Die Japaner schlagen zwei Versuche der Mongolen zurück, Japan zu besetzen. (Die Mongolen sind von 1280 bis 1367 als Yüan-Dynastie die Herrscher über China.)
1336–1573	Ashikaga-Zeit.
1467–1567	Bürgerkriegsähnliche Zustände.
1543	Erste Berührung mit dem Westen.
1588	„Schwertjagdedikt" gibt der Zentralregierung ein Gewaltmonopol.
nach 1637	Mehrere Erlasse des Shoguns, die das Christentum verbieten. Japan schließt sich völlig ab.
1603–1867	Tokugawa-Zeit. In diesem Zeitalter der Doppelherrschaft hat die Familie Tokugawa das Shogunat inne.
1745	Das Einfuhrverbot auf westliche Bücher wird aufgehoben; christliche Bücher bleiben verboten.
gegen 1750	Das Bevölkerungswachstum wird langsamer; hoher Verstädterungsgrad.
1853/54	Japan öffnet sich dem Westen.
1867/68	Meiji-Revolution. Nach dem Sturz des Shogunats übernimmt der Kaiser – formal – wieder die Herrschaftsgewalt.

nach 1868	Weitreichende politische, gesellschaftliche und wirtschaftliche Reformen.
1872	Japan führt den Gregorianischen Kalender ein.
nach 1875	Japan erreicht das Stadium des *take-off* (nach Walt Rostow).
1880	Allgemeine Schulpflicht (3 Jahre; 1907 auf 7 Jahre erweitert).
1889	Japan gibt sich eine Verfassung, die der Verfassung des Deutschen Reiches vom 16. April 1871 stark ähnelt.
1894/95	Chinesisch-Japanischer Krieg.
1904/05	Russisch-Japanischer Krieg.
1910	Japan annektiert Korea.
1914–1918	Teilnahme am Ersten Weltkrieg.
1915	Japan richtet an China ,,Einundzwanzig Forderungen" und übernimmt die deutschen Besitzungen auf der Shantung-Halbinsel.
1919	Pariser Friedenskonferenz anerkennt Japans Herrschaft über Shantung.
1921/22	Washingtoner Konferenz. Japan muß abrüsten und die Shantung-Halbinsel aufgeben.
1923	Kanto-Erdbeben im Raum Tokyo.
1925	Allgemeines Wahlrecht für Männer über 25 Jahre.
seit 1929	Weltwirtschaftskrise.
1930	Vertrag von London; weitere Abrüstungsbestimmungen.
1931	Japan dringt gewaltsam in die Mandschurei ein.
1932	Gründung des Marionettenstaates Mandschukuo.
1937	Nach dem ,,Zwischenfall" an der Marco-Polo-Brücke beginnt der Chinesisch-Japanische Krieg.
1941–1945	Nach dem Überfall auf Pearl Harbor (7. 12. 1941) beginnt der Krieg im Pazifik.
6./9. 8. 1945	Die USA werfen je eine Atombombe auf Hiroshima und Nagasaki. Am 15. August (bzw. 2. September) kapituliert das Japanische Kaiserreich.
1946	Unter amerikanischer Aufsicht entsteht eine demokratische Verfassung; sie tritt 1947 in Kraft.
1951	Friedensvertrag von San Francisco erklärt – ohne die Teilnahme der Sowjetunion – den Kriegszustand zwischen Japan und seinen westlichen Kriegsgegnern für beendet.

Register

Chinesische und japanische Familiennamen werden in der Regel vorangestellt, der „Vorname" (Rufname) folgt an zweiter Stelle, ohne durch ein Komma abgetrennt zu sein. Chinesische Orts- und Personennamen wurden im folgenden nach der bislang üblichen Transkription nach Wade-Giles umschrieben (z. B. Peking, Mao Tse-tung usw.).

Allgemeine Bezeichnungen (wie z. B. Bildungswesen, Gewerkschaften usw.) beziehen sich im folgenden, soweit es nicht anders vermerkt ist, stets auf Japan.

Buchanzeigen